德经演义

周立举 著

知识产权出版社
全国百佳图书出版单位

图书在版编目（CIP）数据

道德经演义 / 周立举著. —北京：知识产权出版社，2019.10
ISBN 978-7-5130-6397-5

Ⅰ.①道… Ⅱ.①周… Ⅲ.①道家②《道德经》—研究 Ⅳ.①B223.15

中国版本图书馆 CIP 数据核字（2019）第 167049 号

内容提要

本书作者谨遵《道德经》原著，参考历代名家对《道德经》的智慧解读，融合儒、释、道的精华，结合中外心理学、哲学、自然科学和社会科学的发展成果，借鉴中国古代经典的问答模式，结合新时代与时俱进的变化和发展特点，用通俗大众化的语言，对《道德经》义理及智慧进行全方位深度推演，试图运用全新的视角和思路，抛砖引玉式地解读、理解、应用、传承《道德经》。

责任编辑：杨晓红	责任印制：刘译文
封面设计：熊仁丹　王江风	责任校对：谷　洋

道德经演义

周立举　著

出版发行：知识产权出版社有限责任公司	网　　址：http://www.ipph.cn
社　　址：北京市海淀区气象路 50 号院	邮　　编：100081
责编电话：010-82000860 转 8114	责编邮箱：1152436274@qq.com
发行电话：010-82000860 转 8101/8102	发行传真：010-82000893/82005070/82000270
印　　刷：三河市国英印务有限公司	经　　销：各大网上书店、新华书店及相关专业书店
开　　本：787mm×1092mm　1/16	印　　张：19.5
版　　次：2019 年 10 月第 1 版	印　　次：2019 年 10 月第 1 次印刷
字　　数：320 千字	定　　价：69.00 元
ISBN 978-7-5130-6397-5	

出版权专有　侵权必究
如有印装质量问题，本社负责调换。

order | 序
道德经演义

道是什么？道是宇宙及万物的本原，是自然的规律。《中庸》中讲："道也者，不可须臾离也，可离非道也。"道不远人，道始终隐藏在宇宙、自然、万物、人和社会生活的方方面面之中。

宇宙之有日月星辰，大地之有山川草木，社会之有长幼尊卑，无不是起源于道，相合于道，按照道的规律生生不息，存在发展。

春秋楚国苦县厉乡曲仁里圣人老子，姓李，名耳，字聃，周守藏室之史，久居周王室，见周王朝衰败，遂离去西行至函谷关，受尹喜强托，著述《道德经》。其文观天地，法万物，后学者莫不对之顶礼膜拜，皓首穷研，以求参悟。周立举先生的《道德经演义》便是万千自悟与启他之作中独到而又深邃的一部。

展卷在手，作者兀兀穷年昂首前行之身影如在字里行间。

于个人，他深思：道存在于每一个人的基因之中，若要修身求道，唯一的路径就是自己去真修实证。在真修实证中脱尽尘俗，成就旷达。

于团队，他感悟：德、道同行，不轻不躁，大制不割，才能防止过与不及，保持和谐平衡，长生久视。

于教育，他有言：合于道的教育才是真正的教育，违背客观规律的教育，只会误人子弟，害人慧命。

于自然，他看到：宇宙万物只有按照各自的规律生长繁育，整个世界才有真正的繁荣进步，和谐大同。

于治国，他有思：任何一位社会的管理者，用符合道义的正道来管人、齐家、治国、平天下，才是唯一可行的治理模式。如此，未来的中国是世界的，世界也是中国的。

细细品读书中跳跃的文字，感悟立举先生思想的深邃：政治、经济、军事、文化、体育、自然、人生——还有什么不在他的观照之内？还有哪些游离于他的目光之外呢？没有！我真真切切地感到他在读人生、社会这本大书，在读宇宙、自然这部天书，并把毕生的思索融汇在《道德经演义》中，用他的智、他的情、他的真诚为我也为世人捧出这部雅俗共赏的经典之作。

有人说，个人的力量是有限的。可我从《道德经演义》中分明看见了道的烛、德的光，经典的圣辉笼罩在江河山川之上，润泽于滚滚红尘之中。

有人说，个人的力量是渺小的。可我分明看到，立举先生在探经索道的路上，一步一个脚印，积跬步而致千里，正在无限地接近他人生的大目标，踏上他人生的最高峰。

当今时代，物质与文化共进，智能与思想并举，立举先生用他智慧之珠的光芒，把《道德经》的深邃照亮，从而为自然、社会和人生，指明正确的前进方向。

大道至简。立举先生的演义，能让世人于上下求索中发现伟大的宝藏：原来，道——就在我们的日常生活里，就在我们的一言一行中。

如果说《道德经演义》是一种味道，那么这味道必然芬芳世人的心田；如果说《道德经演义》是一粒种子，那么这颗种子必定会生根发芽，并收获累累硕果；如果说《道德经演义》是一滴水，那么这滴水将足以藏海，容纳广袤无垠的大千世界，让读者的内心得以宁静，让生命之河得以奔腾不息。

立举先生是一位知道从何处来，又到何处去的人，是一位超越了永恒时间，洞悉"道德"真意的人。他将以这本书引领我们从此岸走向彼岸，从已知走向未知。捧读本书，就如听先哲娓娓而谈，它一定会让每一位读者如沐春风、如饮甘露。

正如作者所言，生命的全部意义和价值就在于利他与奉献，把自己的光芒普照人间。他正是用这本书践行着这个诺言。

道不远人，立举先生做到了这一点，我钦佩。

立举先生是原淮阴人，我是淮阳人。机缘辐辏，我们在道学的鼻祖——老子的升仙处——老君台相遇相识。同一条淮河哺育了我们成长，同一位圣人塑造了我们的友谊，并把我们紧紧联系在一起。

因为《道德经》，我来到了鹿邑；因为老子，他寻根于明道宫。在老子的圣像前，他郑重地邀请我为《道德经演义》作序，让我们以书为媒，演绎高山流水之情谊，我心惴惴然。

随着时间的推移，我观其人：学贯东西、满腹经纶、妙旨玄深；听其言：舌绽莲花、妙语如珠，如沐浴春风；聆其音：醒愚顽、化迷痴、妙用无穷。我终于有了一种欲罢不能的感觉。遂操笔在手，展卷有言。

如果说这篇短文还可以称为序言的话，那也是我反复研读立举先生《道德经演义》后的心得、思索和感悟。由此，我更愿意和立举先生一道，学习《道德经》，推广《道德经》，弘扬《道德经》，让道行天下，泽被苍生；让世界大同，自然和谐，长生久视……

学者：刘磊（刘亚儒）
2019 年 4 月 11 日

| 前言

道德经演义

　　《道德经》又称《老子》，相传为春秋时期的老子——李耳所著，分为上、下两篇：原著上篇《德经》，下篇《道经》，不分章；后改为《道经》在前，《德经》在后，共分为81章。《道德经》是中国历史上首部完整的哲学著作，是道家哲学思想的重要来源。

　　《道德经》是中国传统文化的基石，也是全人类最宝贵的精神财富。鲁迅先生说："懂得了道家，便懂得了中国。"德国哲学家尼采说："《道德经》像一个永不枯竭的井泉，满载宝藏，放下汲桶，唾手可得。"《道德经》是世界上唯一一部发行量超过《圣经》的古典著作，在德国，几乎人手一本，其思想和智慧早已风靡全世界。

　　《道德经》是中华民族的一部千古奇书，是人人必备的超级枕边书：成功的人，用它汲取智慧，规避风险，成就圆满；失败的人，用它重塑信心，构建正道，获得新生；心理健康的人，用它推演义理，开启智慧，成就幸福人生；心理不健康的人，用它解除心魔，获得正能量，成就健康人格；觉悟的人，用它合道顺德，利益万物，成贤成圣；迷失的人，用它拨云见日，回归本性，找回自我；骄傲的人，用它折损傲气，消灾减祸；自卑的人，用它催生力量，树立自信；自信的人，用它规范言行，合道而行，避免自信过头；学生用它找到人生的目标；军人用它坚定保家卫国的信念；为政者用它勤政爱民；从商者用它规避风险……

诚然，《道德经》是一部世界公认的玄妙、深奥、难懂的中国古代经典。古往今来，关于《道德经》的诠释数不胜数，各有千秋，但都毫无例外地陷入无法穷尽、无法通解的怪圈。为什么会这样呢？一方面，人类是道所派生的宇宙万物的一员，相对于整个茫茫宇宙来讲，人只不过是小到不能再小的一粒尘埃，受到自身的局限，很难完全通晓道；另一方面，语言及语言的载体——汉字，只是人类的创造物，受到语言及汉字本身的局限，要完全通解道就更加困难。因此，人类对道的认知和解读，尽管仁者见仁，智者见智，往往也只能是对道部分或某个层面的阐述和解读，很难完全穷尽。

毫无疑问，《道德经》如同《易经》一样，微妙玄通，晦涩难懂，让人读后不知所云。道的玄妙深奥，道的无形无状，道的虚无缥缈，道的超越常规，总是自然而然地挡住了普通人学习、认识、理解、应用《道德经》的神圣之门。经典的思想、智慧和价值，体现在它对人类及社会普遍而又广大的指导性和适用性，体现在后人对它的理解、运用、传承和弘扬。如果人对经典既不能读懂，又不能理解，那么它即便再好、再有价值，也往往如同空中楼阁一样，让人可望而不可即。

《易经》中讲："物以类聚，人以群分。"万物同频才会共振，同类才能相合。人与经典也一样，人只有与经典相匹配，才能与经典同频，才能与经典相通相融。对于与经典格格不入的人，或者不能同频的人，他会视而不见，认为经典没有什么用处和价值。因此，古文就如同一道深深的鸿沟，硬生生地把不懂古文的人挡在经典的大门之外，使他们无法进入经典思想和智慧的海洋，无法享受经典所带来的福报。

众所周知：人在刚出生时都是白纸一张，没有人生来就能读懂古文，就能与经典结缘。人之所以能够读懂古文，能够与经典同频，与经典相通相融，是因为长期不间断地学习古代文字，不断自我提升，不断学习、领悟、实证经典。因此，《大学》中阐述的"格物、致知、诚意、正心、修身、齐家、治国、平天下"的人生递进阶梯，也是人通达经典最佳程式化的阶梯。

对于普通大众来讲，系统化、通俗化、大众化，人人能懂、人人能学、人人能用的《道德经》智慧解读，必定是久旱逢甘霖般的造化。面对浩瀚无垠的中华道统，本人始终战战兢兢，如临深渊，如履薄冰，坚持集思广益，坚持博览群书，谨遵《道德经》原著，参考历代名家对《道德经》的智慧解读，借鉴中国古代经典的问答模式，结合新时代与时俱进的变化和发展特点，尝试运用老师和弟子"一问一答"的对话模式，用通俗大众化的语言，对《道德经》义理及智慧进行全方位深度推演，试图运用全新的视角和思路，抛砖引玉式地解读、理解、应用、传承《道德经》，为中国传统文化的传承和发展尽自己的绵薄之力。

本书自开始编写到定稿，经历了十余年的时间。从最初对《道德经》文本的粗略通读、逐字逐句地反复精读、广泛涉猎古今各种《道德经》版本，到后来的全文背诵，脱离书本后逐字逐句地思考、领悟，反复写作和修改，所用的时间和精力无以数计。本书最大的特色：一是对《道德经》历代解读有争议的内容进行了开创性的整合和完善；二是对《道德经》原著中极易引起人们误解和引发消极负能量解读的内容进行积极正能量的诠释；三是对《道德经》原著中重点字句进行深入、细致、全面的导引式解读；四是抛弃了考据模式，不依赖于书本和他人的言论，完全用自然化的思想和语言来诠释《道德经》；五是走自然路线，坚持书中的所有内容都在户外自然的天地空间中思考完成；六是以哲学思辨为中心，以人为根本，运用中外哲学思想和理论，对人与人、人与物、人与社会、人与自然、人与德、人与道等进行全面、系统而又深入的剖析和探讨，以求拨乱反正，明心见性。

精通经典一部，胜读杂书万卷；

融入经典，智慧如海；

悟透道统，福德如洋！

此书必将打开您的脑洞，开启您的智慧，丰满您的人生！

道不远人，人不离道，道尊和生，道即生活。

德不远身，身不离德，德贵睦成，德即生命。

学习《道德经》，应内悟智慧，外行道统，内外结合，动静相宜，知行合一，与时俱进，古为今用。

鉴于《道德经》原著没有分章，更没有章节名称，而目前市面上各种版本的《道德经》章节名称不尽相同，无法统一借鉴，因此，对《道德经》的81章标题，借鉴《论语》《孟子》等经典章节取名法，每一章取开篇字句作为标题。

本书对《道德经》的对话解读属演义性质，属于文字之推演，不持立场，不持成见。由于书中诸多观点属个人一孔之见，加之本人学识、水平和能力有限，错误和不足之处在所难免，敬请专家、学者、大德们摒弃成见，包容海涵，多多批评指正，不胜感激！

CONTENTS | 目录
道德经演义

第一章	道可道	1	第十七章	太上	52
第二章	美之为美	5	第十八章	道废	54
第三章	不尚贤	9	第十九章	绝圣弃智	57
第四章	道冲	13	第二十章	唯之与阿	60
第五章	天地不仁	15	第二十一章	孔德之容	65
第六章	谷神	18	第二十二章	曲全枉直	67
第七章	天长地久	20	第二十三章	希言自然	72
第八章	上善若水	24	第二十四章	企者不立	76
第九章	持而	27	第二十五章	有物混成	78
第十章	营魄抱一	30	第二十六章	重为轻根	81
第十一章	三十辐	33	第二十七章	善行无辙	85
第十二章	五色	35	第二十八章	知雄守雌	90
第十三章	宠辱若惊	38	第二十九章	取天下	93
第十四章	视之不见	42	第三十章	以道佐主	95
第十五章	善为士	45	第三十一章	兵者	101
第十六章	虚极静笃	49	第三十二章	道常无名	103

第三十三章	知人者智	……	106
第三十四章	道泛	……	114
第三十五章	大象	……	117
第三十六章	欲翕固张	……	121
第三十七章	道常无为	……	125
第三十八章	上德不德	……	128
第三十九章	得一	……	134
第四十章	反者道动	……	139
第四十一章	闻道	……	142
第四十二章	道生一	……	146
第四十三章	天下至柔	……	150
第四十四章	名与身	……	153
第四十五章	大成若缺	……	158
第四十六章	天下有道	……	161
第四十七章	不出户	……	166
第四十八章	为学日益	……	169
第四十九章	圣人无常心	……	172
第五十章	出生入死	……	175
第五十一章	道生德畜	……	178
第五十二章	天下有始	……	180
第五十三章	介然有知	……	183
第五十四章	善建不拔	……	188
第五十五章	含德之厚	……	190
第五十六章	知者不言	……	194
第五十七章	以正治国	……	196
第五十八章	政闷民淳	……	202
第五十九章	治人事天	……	207
第六十章	治大国	……	210
第六十一章	大国下流	……	214
第六十二章	万物之奥	……	218
第六十三章	无为无事	……	223
第六十四章	其安易持	……	228
第六十五章	善为道者	……	232
第六十六章	江海	……	235
第六十七章	道大不肖	……	238
第六十八章	善士不武	……	244
第六十九章	用兵	……	248
第七十章	易知易行	……	251
第七十一章	知不知	……	253
第七十二章	民不畏威	……	256
第七十三章	勇于敢	……	259
第七十四章	民不畏死	……	263
第七十五章	民之饥	……	266
第七十六章	人之生	……	272
第七十七章	天之道	……	274
第七十八章	柔弱于水	……	277
第七十九章	和大怨	……	282
第八十章	小国寡民	……	286
第八十一章	信言不美	……	292

「第一章」道可道

一、原文

道可道，非常道；名可名，非常名。无，名天地之始；有，名万物之母。故常无，欲以观其妙；常有，欲以观其徼。此两者，同出而异名，同谓之玄。玄之又玄，众妙之门。

二、译文

能够用语言表述的道，不是恒常的道；能够用语言表述的名，不是恒常的"名"。无，是天地的开端；有，是万物的本原。因此常常通过无，来观察道的精深和神奇；常常通过有，来观察道的边界。无和有本原相同而名称不同，都深奥玄妙。深奥玄妙又深奥玄妙，是洞察宇宙一切奥妙的门径。

三、演义

道可道，非常道

老师：道是宇宙的大统，是自然的规律，是万物的主宰。道看不见，摸不着，无形无状，无物无象，深奥玄妙，不可捉摸。以人类目前的智慧和能力，是不能把道讲清楚的，能够用语言表述的道，根本不是恒常的道。

弟子：道为什么讲不清楚呢？

老师：在茫茫宇宙中，人只是一粒小到可以忽略不计的尘埃。自然万物都是有局限和缺陷的，人类渺小的个体，不仅有物质方面的局限，有思想认知和精神方面的局限，更加有语言和文字方面的局限。渺小的人类，用局限之局限而成的语言和文字来阐释道，能讲清楚恒常的大道吗？

弟子：人和道，如同细菌和大象，微小的细菌，想把庞大的大象准确描述，难度可想而知。

老师：道之所以深奥玄妙，是因为道内隐于事物的内核之中。道的幽微不可见性，决定了道根本无法用语言或文字穷尽。自古高明的工匠，即便穷尽一切也无法将他们的技术精髓完整无缺地传于后人；大成至圣先师孔子，一生持守述而不作的师风；佛祖传道拈花微笑而一言不发，摩诃迦叶微微一笑便得衣钵真传。人类智慧的精髓往往就是道的化身，是不能用语言来穷尽的，一切尽在不言中。

弟子：道的不可穷尽性，是不是意味着道不可知？

老师：人用肉眼能看见各种光吗？

弟子：不能，人用肉眼只能看见波长为390～780nm范围的可见光，在此范围之外的光，是看不到的。

老师：用耳朵能听到各种声音吗？

弟子：不能，人只能听到20～20000分贝的可听波，低于20分贝的次声波和高于20000分贝的超声波，是根本听不到的。

老师：用鼻子能闻到所有味道吗？

弟子：也不能，人只能闻到所能感知到的特定的味道。

老师：人的触觉是不是也有特定的局限呢？

弟子：这个自然，触觉信号过弱或过强，人都无法正常感知。

老师：人类认识世界的门径无非就是人的眼睛、耳朵、鼻子、舌头和身体等感知觉系统，而这些门径统统都不是万能的，都是有范围和界限的，这能说明什么问题呢？

弟子：说明人认识世界是受到自身严重局限的，人类无法探知的世界比人类所能探知的世界范围更大更广。

老师：从古至今，随着科学技术的进步和人类的发展，人类的认知范围越来越大，越来越深入和宽广。然而，无论人类的认知如何扩展和延伸，但总是会存在特定的范围和界限，永远不可能达到真正的无所不知。

弟子：这岂不就是不可知？

第一章 道可道

老师：道不能用语言穷尽，是指道的玄妙深奥没有穷尽，无法用语言来说清楚，但并不意味着完全不可知，完全不能说。人类完全可以通过自身的智慧和能力，不断地探索追寻，不断地了解和探知道。

弟子：人类渺小的个体，哪有穷尽道的能力啊！

老师：个体的力量和智慧自然是有限的，但是整个人类群体的力量和智慧就没有穷尽了。以人类群体的力量和智慧，经过漫长不间断的追寻和探索，是能够不断地了解和探知道的，也是能够无限地接近道的。

弟子：无限接近，并不是完全知道啊。

老师：人类能够无限接近道，就已经非常伟大了，为什么一定要穷尽呢？比如圆周率的值，人类无论如何也不能穷尽，也没必要穷尽。

名可名，非常名

老师：名是人类所赋予有形或无形事物的特定称谓，因此，名往往是对事物本质或特征的总体综合描述。自然界任何事物的本质都是隐而不现的，事物的特征又千变万化，莫衷一是，因此，人类所赋予的命名，往往都是对事物本质或特征部分或局部的把握，是一种主观强加的称谓，并不是恒常的名。恒常的名是与道相合的，是永恒不变的；人类所给予事物的命名，却是会随着人的主观意愿而变化的。恒常的道无法用语言来表述，恒常的名同样无法用语言来表述。

无，名天地之始；有，名万物之母

老师：无，是指宇宙生成之前的混沌状态，是虚空、缥缈、神秘、不可预知的，是宇宙天地的开端；有，是指天地万物的本原，是宇宙生成之后，由恒星、行星为主体的空间系统所派生出来的天地万物。无和有，是老子为了方便人们了解道而提出的两个哲学概念：无是道性，有是道体；无是道的内核，有是道的外显。

弟子：据说宇宙在最初阶段是虚空一片，什么也没有。

老师：是的，现代宇宙观认为，宇宙来源于最初的宇宙大爆炸。在宇宙大爆炸之前，宇宙根本不存在，就是一个虚无缥缈的混沌状态。也只是在宇宙大爆炸形成宇宙之后，无产生了有，有衍生了天地万物。

弟子：无是绝对的虚空无物吗？

老师：无是一种真实的存在，并非什么也没有，只是人类所不能感知而已。

弟子：原来无中生有，并不是凭空生出有来啊！

老师：所谓无中生有，本质是人类无法感知的存在，按照特定的规律转化成能够被人类感知的有。绝对纯粹的无，是生不出真正的有的。

弟子：无和有是一体的吗？

老师：道分有无，有无相生。无产生有，并通过有来显现无；有来自无，最终回归于无。有和无是对立统一的整体，相互依存，不可分割，并在一定条件下相互转化。

故常无，欲以观其妙；常有，欲以观其徼

老师：人类常常通过无，来观察道的精妙和神奇；常常通过有，来观察道的边界。人类通过对无和有的观察，通过主观能动性的思考和领悟，实现对道的探索和把握。

此两者，同出而异名，同谓之玄。玄之又玄，众妙之门

老师：所谓玄，本义是深奥玄妙，引申为正能量的正道，是自然万物合于道的存在。

「第二章」 美之为美

一、原文

天下皆知美之为美，斯恶已；皆知善之为善，斯不善已。故有无相生，难易相成，长短相形，高下相倾，音声相和，前后相随。是以圣人处无为之事，行不言之教。万物作焉而弗始，生而不有，为而不恃，功成而弗居，夫唯弗居，是以不去。

二、译文

天下人都知道美为什么是美，是因为丑陋的存在；都知道善为什么是善，是因为恶的存在。所以，有和无相互转化，难和易相互形成，长和短相互显现，高和下相互充实，音和声相互应和，前和后相互跟随。因此，圣人处事总是顺其自然而不妄为，施教不用言语。万物自然兴盛而不干涉，滋养万物而不占有，施惠万物而不自恃，功业有成而不居功。正因为不居功，所以才不会失去。

三、演义

天下皆知美之为美，斯恶已

老师：世间万物本无美丑之分，所谓的美丑，只不过是人类把自身的好恶或价值取向，主观强加给世间万物的结果。

弟子：事物的美与丑不是自然天生的？

老师：当然不是，事物的美与丑，皆因人而发，而且美与丑的标准，就是人类自己说了算。实践证明：但凡属于美好的事物，往往都是人所喜好的；但凡属于丑陋的事物，通常都是人所厌恶的。人对美与丑的评判标准，总是与自身的主观好恶相关，并不是一成不变的。因此，美与丑都是相对的，美丑同根，好恶同体，是非同门。如果没有丑的存在，那么何来美呢？丑陋越是彰显，美好就越是珍贵。反过来讲，人们越是追求美，丑陋也就越是盛行。

弟子：美与丑是人类特有的存在吗？

老师：不能一概而论。事物的美与丑，是人类主观分别的结果。没有了主观分别，自然就不存在美与丑。对于特定的事物，人类认为是美的，其他生物可能认为是丑的；人类认为是丑的，其他生物则可能认为是美的。比如在人的眼中，只有人是最美的，人看猪是丑陋的。如果转换视角，猪看猪，永远是最美最好的，猪看人，可能比人看猪还要丑陋。立场不同，角度不同，结果完全不同。

皆知善之为善，斯不善已

老师：世间万物无所谓善与不善。善与不善，是人类主观界定分别的结果。如果世间没有不善的存在，那么善从何而来呢？如果世间本来就没有善，那么何来不善呢？善恶美丑，是非好恶，都是人建立在自身利好基础上的主观分别。

有无相生，难易相成，长短相形，高下相倾，音声相和，前后相随

弟子：有无、难易、长短、高下、音声、前后等，都是相反相成的存在吗？

老师：是的。有无相生，阴阳和谐，是宇宙自然永恒的规律。世间万物都是既对立又统一的，彼此在对立中产生，在对立中发展，在对立中消亡，循环往复，无休无止。二元对立规律，等同于马克思主义哲学中的"对立统一律"，是老子哲学的基本定律，贯穿整部《道德经》的始终。

圣人处无为之事

老师：无为并不是什么也不做，而是顺其自然不妄为，是无为而无不为，是通过克服或消除人类或事物自身消极、负面、邪恶等逆于道的方面，遵循自然规律，让事物在正确合于道的道路上发展前行，通过看似无为而最终实现无所不为。

弟子：无为而治，并非绝大多数人所理解的消极不作为啊。

老师：是的，无为而治，是老子哲学思想的核心，是老子提出济世安民的法宝之一。处无为之事，并不是消极的宿命观，而是通过对自然规律的把握和应用，克服人类自身主观妄为可能带来的祸患和障碍，用最省力的方式，获得最佳的结果。无为而治，并不是谁都可以做到的，只有合于道并遵循自然规律的人才能真正做到。

不言之教

老师：言教，注重的是言，是说教，是浅层次的教育和引领，是知识的灌输和信息的传递。大道是无形的，是无处不在的，是用语言无法确切表述的。用言语来实施教育，受到人类自身和言语的双重局限，所教育的内容总是与真正的道相去甚远，甚至根本就失道。言教，是所有人都能做的事情，因此，言教并不是完全合于道的教育，自然不是圣人所为。《易经·蒙卦》揭示教育的原则是自然感应、潜移默化和循序渐进，说明真正的教育所注重的并不是言，而是不言，即通过对自然规律的把握，通过榜样示范和引领，实施对教育对象潜移默化的教化。真正的教育是无须多言的，是要靠身体力行，靠潜移默化地影响和施为。行不言之教，才是教育的真谛。

弟子：看来要行不言之教，首先是要合道才行啊！

老师：是的。不言，核心在道，教育者唯有能够与道相合并贯彻应用才能胜任。如果教育者本身就不在道上，或者逆道而行，如何能用道教化他人呢？

万物作焉而弗始，生而不有，为而不恃，功成而弗居，夫唯弗居，是以不去

老师："不干涉，不占有，不自恃，不居功"并不是什么也不做，而是遵道而行，看似无为最终却达到无不为的理想结果。

弟子：现代人怎么做才好呢？

老师：在以物的依赖为主导的社会里，人凡事追求急功近利，追求有用，追求症状快速解决，导致了就事论事，就问题解决问题，就目标达成目标的主导生存模式。然而，真正导致人失败受挫的并不是目标本身，而是目标对立面的因子。只有彻底解决了目标对立面的诸因子，才能保障目标顺利达成。如果忽略事物相对立的一极，舍本逐末颠倒行事，那么出问题是必然的，不出问题才是偶然的。

弟子：事实还真是这样的。

老师：人做事行为，只有做对才能达成目标。因此，人若想达成目标，符合客观规律的方法模式是从简单入手，从目标的对立面入手，即正者反求：有向无中求，易向难中寻，长从短处始，高从下处起，外向内中觅，前从后中得。解决了对立面的问题，促进对立面向目标面转化，达成目标是自然而然的事情。

弟子：《道德经》真的是千古智慧第一奇书啊，奥妙无穷，深不可测。"

老师：老子的思想和智慧，对合于道的人而言，本质上并不深奥玄妙；对与道相悖的人而言，则非但玄妙，简直是妙不可言，妙到神乎其神。"

弟子：道也很简单？

老师：大道至简。对于能够悟道和合道的人而言，道是异常简单，易懂易行的；而对于不在道上的人而言，道却是极端复杂、难懂，难以实行的。道是简单还是复杂，取决于人能不能悟，能不能合，能不能行，而不是取决于道。

弟子：一切的一切，最终的根源就是人类自己吗？

老师：道是客观存在的，无论人能不能悟和行，道都一直存在，并不以人的意志为转移。因此，对道的领悟和践行，靠天靠地最终还得靠自己，没有任何更好的选择。

弟子：也就是说，悟道行道是人自己的事情，与别人无关，与他物也无关吗？

老师：道存在于每一个人的基因之中，只能自己向内寻找并感悟。道不可说，不可教，只能自己去实修实证，依靠任何人或物都是不行的。

弟子：如此看来，现实生活中的人求道，大多做反了啊！

老师：道在心中不自求，外求不得徒迷茫。人，如果一直走在错误的道路上，那么怎么也上不了正道。外面的花花世界，往往使人丢掉自我，沦为外人外物的工具或奴隶，这也是人的一切麻烦和祸患的总根源。人若要快乐、健康、幸福、成功和长久，能且只能走正道，能且只能持守'真、善、美'，以德归道，和谐自我。

「第三章」 不尚贤

一、原文

不尚贤，使民不争；不贵难得之货，使民不为盗；不见可欲，使民心不乱。是以圣人之治，虚其心，实其腹，弱其志，强其骨。常使民无知无欲，使夫智者不敢为也。为无为，则无不治矣。

二、译文

不崇尚贤能，百姓就不会争名夺利；不珍惜难得的财物，百姓就不会偷盗；不彰显能满足的欲望，百姓就不会迷乱。所以，圣人的治理之道，是端正净化百姓的心灵，充实百姓的衣食，削弱百姓的欲求，强壮百姓的体魄。永远使百姓没有巧伪奸诈的心智，没有争名夺利的欲望，使那些奸巧伪诈之徒不敢胡作非为。施行无为之治，就没有不能治理的。

三、演义

不尚贤，使民不争

老师：如果整个社会崇尚贤能，那么贤能者会很自然地高高在上，占尽优势资源和平台，名利双收。而非贤能之人，则由于其平庸和平凡，只能被迫居贫困低下的位置，丧失优势资源和平台，至于名和利，就离他们更加远了。

弟子：这样对非贤能之人，也太不公平了啊！

老师：社会崇尚贤能，必然造成人与人之间差别加大，贫富悬殊，不公平、不平等泛滥。

弟子：如此整个社会岂不是处处有冲突，人人在争斗吗？

老师：大家都在自保，都在争取上位，都在争斗，你不争能行吗？

弟子：争斗是麻烦、祸患的根源，如何才能不争呢？

老师：社会和平稳定是建立在与道相合的公平、公正、和谐基础之上的。百姓互相争夺，无非是利益驱使，如果没有严重的不平等和利益的失衡，百姓争夺什么呢？事实上，百姓才是真正要求和平稳定的群体，只要给予他们相对的平等、公正和尊严，避免贫富差距过大，百姓享受自己幸福快乐的生活都来不及，怎么还会陷入争夺之中呢？因此，让百姓去争利，必然问题百出，祸患不断；让百姓利他，问题与祸患自然就消失无形。积德行善生德福，利他奉献成大同啊！

弟子：处在社会底层的百姓都属于弱势群体，争名夺利怎么会有好结果呢？

老师：百姓争斗皆因利，贫富差距祸患源。若无贤能去崇尚，百姓何苦争祸端？

弟子：如果不崇尚贤能，那么谁还愿意做贤能之人呢？

老师：真正的贤能者，无论社会崇尚与否，他的贤能都会彰显和成就。而如果把贤能建立在功名利禄之上，以功名利禄来彰显贤能，那么人的聪明才智就自然而然地被转移到争名夺利上，这样的贤能是伪贤，并非真贤。贤能不崇尚尚且争斗没完，更何况还要崇尚呢？

老师：那什么是真贤呢？

老师：真正的贤能之人，是集善、德和道于一身的智者，是能够充分发挥自己的聪明才智，利他为民，造福一方，利益全人类，而不是利己为私。

不贵难得之货，使民不为盗

老师：人的欲望是没有止境的，自私自利是人的本性。人对欲望满足的贪念和对物质追求的不满足，使人总是以功名利禄和物质占有为能事，并以拥有和独占奇珍异宝为荣耀。于是乎，人人追求功名利禄，人人追求物质占有，人人贪婪没有止境。奇珍异宝数量总是极少的，是不可能让人人都轻而易举地得到的。当人日思夜想却又无论如何也无法得到时，很多人便动了违法犯罪的邪念。

弟子：有没有奇珍异宝，人一样能过一生，为什么非铤而走险不可呢？

老师：人痴迷于功名利禄而又长期得不到满足，天长日久就会心理变态。一旦心理变态，就没有不敢想，也没有不敢做的事。奇珍异宝对绝大多数人而言，非但不是福祉，反而是个祸害，铤而走险地去争夺，就更加祸上加祸了。

弟子：人就不能理智一点吗？

老师：世上有多少人面对奇珍异宝，能够不动心、不动念？是非祸福，唯人自招，怪不得别人的。

不见可欲，使民心不乱

老师：人的欲望可抑不可纵。人心不足蛇吞象。任何人，只要让他的本能欲望不停地得到满足，那么他的欲望就会不停地膨胀，对外物的追求和占有就越来越厉害，越来越疯狂，最后连自己都无法控制。世界上哪有那么多资源来供他消耗和占有？如果好的东西都让他一个人消耗和占有了，那别人怎么存活呢？因此，人的本能欲望非但不能无休止地满足，更加不能彰显和失控。

弟子：是啊，每个人的欲望都是个无底洞，如果每个人的所有欲望都能得到满足，那人将多么可怕。人都有强过他人之心，都有攀比的念头。凭什么只能你满足、你享受，我只能看着或者连想也不能想呢？在这种不平衡的欲望彰显中，人心不迷乱才是怪事了。

老师：人类的贪欲和邪恶总是相伴相生的。人类的贪欲和邪恶，如同潘多拉魔盒，一旦被打开，将会产生无法控制和收拾的恶劣局面。贪欲是争斗之根，邪恶是万恶之源。人类要想太平，要想和谐和幸福，就必须牢牢抑制住人性的贪欲和邪恶。人类的文明和进步，本质就是对人性贪欲、邪恶的压制和疏导。圣人之治，是对民众邪恶和唯利是图的削弱和抑制，是对人自私自利和争强好胜的打压，更是对人性"真、善、美"的弘扬和彰显，是最具智慧的人类生存发展之道。圣人治理的结果，是使民众面对世俗的功名利禄不动心，不迷乱，能够心如止水，冷眼看世界，智慧对人生。

是以圣人之治，虚其心，实其腹，弱其志，强其骨

老师：虚心实腹，弱志强骨，就是让老百姓实实在在地生活，使他们内心纯正，身体健康，衣食无忧。如此百姓还要那么多不必要的非分之想做什么呢？安全稳定，幸福快乐，是生命的终极追求，没有人愿意舍吉追祸，舍近求远。

常使民无知无欲，使夫智者不敢为也。为无为，则无不治矣

弟子：让老百姓无知无欲，怎么可能呢？

老师：圣人怎么会让百姓丧失智慧呢？人，又怎么可能没有欲望呢？人有智慧才能悟道行道，而人追求欲望的满足是一种本能，是根本不可能完全消除的。

弟子：人应当如何满足自身的欲望呢？

老师：运用自己的智慧，持守正道，通过自己合于道的努力，来满足自己正当的欲望。

弟子：也就是说，非正当的欲望是不能够满足的吧。

老师：勿以善小而不为，勿以恶小而为之。人的非正当欲望，本身就是一种邪恶，如何能够助纣为虐呢？人应当抑恶扬善，任何邪恶的欲望，无论多么微小，都不可满足，这是原则。

弟子：无知无欲是一种什么样的状态呢？

老师：是敦厚纯朴合于道的状态。当百姓都能够遵纪守法，持守正道，安定和谐时，那些奸巧伪诈之徒自然就会成为过街老鼠——人人喊打，整个社会没有他们为非作歹的土壤，他们如何敢胡作非为呢？

弟子：当天下没有人敢胡作非为，违法犯罪时，整个社会就大治了啊。

老师：社会大治的终极目标是天下大同，天下大同虽然是一种理想，但并不是不能实现。只要天下百姓都能行合道统，遵循自然规律，生生不息，前进发展，人类社会必然和谐安定，天下大治，天下大同！

「第四章」道冲

一、原文

道冲，而用之或不盈。渊兮，似万物之宗。挫其锐，解其纷，和其光，同其尘。湛兮似或存。吾不知谁之子，象帝之先。

二、译文

道虚空虚幻，使用起来却无穷无尽。它幽深辽远，好像是宇宙及万物的本原。它折损锋芒，解除纷繁，和合光芒，混同尘世。它幽隐虚空又好像实际存在。我不知道它从哪里来，好像在天地诞生之前就存在了。

三、演义

道冲，而用之或不盈。渊兮，似万物之宗

弟子：人们都习惯于相信眼见为实，耳听为虚，对于看不见、摸不着、感觉不到的东西，往往是很难去相信的。道既然是虚空的，又如何使用呢？

老师：这是人们惯常的思维模式，但并不是客观现实。在整个自然界中，有形有相，人看得见、摸得着的实物数不胜数，但是看不见、摸不着、感觉不到的实际存在同样多到不可胜数。

弟子：难以理解。

老师：地球的磁场，人看不见、摸不着、感觉不到，存在不存在？空气，人看不见、摸不着、感觉不到，存在不存在？万有引力，人同样看不见、摸不着、感觉不到，存在不存在？黑洞、各种射线、能量场、电磁场、电磁波等，人同样看不见、摸不着、感觉不到，存在不存在？

弟子：这些都是被科学所证实的实际存在。

老师：以上所列举的这些看不见、摸不着、感觉不到的客观存在，对自然万物具不具有影响和作用呢？

弟子：自然界中每一种客观存在的事物都有它特定的价值和功能，都是宇宙自然不可或缺的有机组成部分，因而必然或多或少地对他物存在影响和作用。

老师：所以说，宇宙中人类所不能看见、摸到、感知到的实际存在，不但数不胜数，而且往往具有决定性的功能。道作为一种无形无状的客观存在，表现在具体的物上就是物质和能量运动变化的规律。道大，大到无形；广，广到无边；空，空到虚无；实，实到包容万物。正因为道的无所不在，无所不包，无时不有，所以运用起来自然就无穷无尽。

挫其锐，解其纷，和其光，同其尘

老师：世间万物总是遵循物极必反的规律。作为万物灵长的人类，同样凡事不能走极端，必须遵循道及自身的规律行事，在日常生活中能及时锉掉自我身上锐利的锋芒，及时化解和消除影响自身的各种各样消极因素，让自我散发出的光彩与自然相和谐，时刻保持自己与现实世界的同步，使自己生于群体和自然之中，同时又相对独立于群体和自然，只有这样，才能确保人生无忧，幸福美满。

湛兮似或存。吾不知谁之子，象帝之先

老师：道是宇宙的主宰，是万物的本原。作为宇宙万物中小到可以忽略不计的人类，根本就不要，也不能问道究竟从何而来，就如同人不能问"先有鸡还是先有蛋""先有男还是先有女"一样，人类的智慧和能力目前是无法穷尽道的。因此，老子才说，我不知道它从哪里来，好像在天地诞生之前就已经存在了。

弟子：人类只有敬畏道，遵循道，才是生存发展的正道？

老师：人类凭借自身的智慧和能量，不断地探索、发现自然规律，然后遵守、运用自然规律，让自然规律为人类的存在和发展服务，这是人类恒久不变的追求。而常存敬畏之心，遵道顺德，才是人类长生久视的根本。

第五章 天地不仁

一、原文

天地不仁，以万物为刍狗；圣人不仁，以百姓为刍狗。天地之间，其犹橐籥乎？虚而不屈，动而愈出。多言数穷，不如守中。

二、译文

天地无所谓仁爱，对待万物如同稻草狗一样，任其自生自灭。圣人无所谓仁爱，对待百姓如同稻草狗一般，任其繁衍生息。天地之间，不就如同一个大风箱吗？静时虚空而不枯竭，动时变化而更加生生不息。过多的言论会快速穷尽，不如持守中道。

三、演义

天地不仁，以万物为刍狗

老师：道是一种无形的存在，是看不见、摸不着的，它具有神奇的魔力，随时随地左右和控制着天地万物的生生不息，循环往复。道是没有情谊可言的，它创造了万物，但不会偏袒和优待任何一种事物，而且总是任其自由存在和发展。因此，道是无所谓仁爱的。天地是一种物理的、自然的存在，是由道派生的，天地的本质也是没有理性和情感的，自然也是无所谓仁爱与不仁爱，无所谓有情和无情，对待万物与对待祭祀用的稻草狗没有什么不同。

圣人不仁，以百姓为刍狗

弟子：圣人怎么能没有仁爱呢？

老师：圣人是得道之人，是与道相通的，圣人之性也即道性。因此，圣人也无所谓仁爱和情感，对待百姓也跟对待稻草狗一样。

弟子：圣人岂不是很绝情？

老师：圣人不是没有人情味，更不是绝情，而是最具人情味，最有情。因为只有圣人才能行合道统，才能平等地对待天下苍生，实施无为而治，使天下百姓自然而然地繁衍生息。

弟子：不人为地干预控制百姓，就表示圣人有情吗？

老师：对百姓没有强力干涉，没有意志强加，给百姓完全自然的休养生息的自由和空间，就是对百姓最大的仁爱。圣人对百姓没有施加恩惠，没有强加干涉，百姓才能按照自身的发展轨迹稳定发展，这是对百姓最大的关爱和尊重。因此，圣人看似不仁，实则是大仁；看似无情，实则最有情。

天地之间，其犹橐籥乎？虚而不屈，动而愈出

弟子：老子为什么把天地比喻成一个大风箱？

老师：风箱有什么特点呢？

弟子：风箱中空，静止时好像什么也没有，动起来时风却源源不断。

老师：如果风箱无穷大呢？

弟子：风箱无穷大？具体形象不好形容。

老师：风箱如果无穷大，那么就与天地之间的状态相类似了，静止时空虚无物，不会枯竭；动起来源源不断，没有穷尽。老子把天地比作一个大风箱，就是让人们更加形象、更加直观地去理解道，因为道是"虚而不屈，动而愈出"的。

多言数穷，不如守中

弟子：话说多了不如适可而止，这是真理，如何才能守中呢？

老师：执两用中，持中致和。守中是当静则静，当动则动，始终把握火候，持守阴阳和合的最佳状态，无过而无不及。《易经》倡导阴阳平衡，儒家倡导中庸，佛家倡导中道，根本就是遵道顺德，行合道统。

弟子：遵道顺德，行合道统，谈何容易啊！

老师：守中，是人或物合于道的最佳状态，只有遵道顺德这一条阳光

大道，没有捷径可走。但凡违背道和德的所谓捷径，统统都是错路或邪路，是祸患无穷的路。对于普通人来说，遵道顺德确实难了些，但并不是不能做到，而是一定能做到，只要普通人能够修身悟道就可以了。

弟子：如何修身悟道呢？

老师：人的心在哪儿，身就在哪儿。只要人心在修身悟道上，那么身自然也会在修身悟道上；如果心在修身悟道之外，却要收获修身悟道的结果，怎么可能做到呢？人的修身，首先在修心，心不修，一切都等于零。

弟子：如此说来，人要守中，首先要修心，然后修身，最终悟道，达到圆满。

老师：人的圆满来自于智慧，来自于觉悟，来自于对道的相合，而不是来自于主观欲望的满足和对功名利禄的贪求。

「第六章」谷神

一、原文

谷神不死，是谓玄牝。玄牝之门，是谓天地根。绵绵若存，用之不勤。

二、译文

道是玄妙深奥永恒存在的，这就叫玄妙的雌性。道的门户，是天地的本原。它若有若无地存在着，生发自然万物没有穷尽。

三、演义

谷神不死，是谓玄牝

老师：谷神，指山谷的变化循环规律。山谷是虚空的，是幽深的，是遵循一定规律变化循环的，因此，山谷的特性如同道的特性。谷神不死，从字面上理解是山谷的幽深变化循环往复是永恒的，但本意是指道是幽深变化循环往复的，是永恒的，是老子更直观、更形象的对道的比喻。

弟子：自然界的万事万物，似乎都不可能是永恒的，山谷怎么会永恒呢？

老师：山谷自然不会永恒，但相对于只有短短百十年寿命的人来讲，山谷就趋向于永恒。

弟子：山谷并不是道，道也不是山谷。

老师：这个自然，由于道无形无象，看不见、摸不着、听不到，人要想了解道，就只能通过现实世界中有形的事物作为媒介，实现对道间接、部分的了解和把握。山谷相对于人而言，是长寿的，是恒久的，因而用它的特性来描述道，还是比较贴合的。

弟子：玄牝指的是什么呢？

老师：玄牝，指的是玄妙深奥的雌性。山谷虚空旷达，变化无穷，其中生发出各种各样的生物，如同雌性生养后代一样；道同样虚空玄妙，生养万物，因此，道也如同生养后代的雌性一样。道和山谷一样，都能催生万物，因此才将其比喻为雌性。

玄牝之门，是谓天地根

老师：世界上任何生物的雌性，都是此类生物的本源。因此，雌性生养后代的门径，是此类种群生生不息的本源；同样的道理，山谷养育各种各样生物的门径，也是各种各样生物生生不息的本源；道是创生之根，道生养万物的门径，自然也是万物生生不息的本源。

弟子：说到底，门径就是指万事万物生发的源头。

老师：也是万事万物的来处和起始之所。

绵绵若存，用之不勤

老师：至尊至上的道，谁来使用？谁又能使用？

弟子：当然是道自己。

老师：道的本性是自然和谐，当然不会刻意使用任何东西，有意去做任何事情，而是自然地生发。

弟子：原来如此。

老师：道虚空玄妙，若有若无，充满了神奇又不为人知的奥妙。道永不停息地生化万物，生养万物的功能是无限的，永远也不会停止，无所谓开始，也无所谓结束。

弟子：原来"绵绵若存，用之不勤"指的是道而不是山谷啊。

老师：山谷只是老子用来形象、直观地反映道的一种现实的存在，远远不是真正的道。《道德经》通篇所列举的每一个现象或每一个实例，都是为了更好、更直接地诠释道，而不是代表道，自然不能就事论事地去解读和应用道。

「第七章」天长地久

一、原文

天长地久。天地所以能长且久者,以其不自生,故能长生。是以圣人后其身而身先,外其身而身存。以其无私,故能成其私。

二、译文

天长地久。天地能够长生和久远,是因为它们的生存不为自己,所以能长生。因此圣人遵道顺德,把自己的利益放在百姓之后,反而能居百姓之前;把自己安危置之度外,反而使自身得到保存。正因为圣人无私,所以才能成就圣人的事业。

三、演义

天长地久

老师:相对于人类而言,天地是长久的。但相对于茫茫宇宙而言,天地却并非长久,也只是短暂的存在而已。也就是说,人类居住的地球是不会永恒存在的,太阳也不是永恒存在的,总有衰老和消亡的一天。

弟子:那岂不是很可怕?

老师:有什么好怕的呢?人的生命只有短短一百余年,相对于天地几十亿年、几百亿年,甚至几千亿年的存在,几乎微不足道,难道你要担心未来几亿年或者几十亿年的事情?那是你所能担心得了的吗?

弟子:天地都不存在了,哪还有人类?

第七章 天长地久

老师：即便天地存在，人类就一定能长久存在吗？恐龙在地球上生活了几亿年，同样不是一朝灭绝。

弟子：意思是说，如果有突发灾难，人类同样会灭绝？

老师：根本不需要外来突发性的大灾难，人类自己也能够将自己灭绝。

弟子：为什么呢？

老师：现在的人类为了所谓的强盛和发展，真是无所不用其极。各种环境破坏和污染暂且不论，仅人类发明的核武器一项，就能足足把人类毁灭几十次甚至上百次。

弟子：看来真正可怕的不是天地能不能长久，而是人类自己的胡作非为。

老师：人类能否长久生存，取决于人类自身能否遵道顺德，而不是科技发展与强盛，更不是天地能不能长久。

天地所以能长且久者，以其不自生，故能长生

老师：日月星辰、水等生存都不为自己，它们长生吗？

弟子：这个自然。

老师：人类通过长久的观察和领悟，发现天地无所谓年轻和衰老，是永恒的。天地为什么能永恒呢？因为它们遵道而行，没有自私自利之心，既不因孕育万物而有所增益，也不因生养万物而有所减损，无益无损，无增无减，就是一种永恒啊！

弟子：人类为什么为自己生存呢？

老师：为自己生存，是人类的本性和本能。

弟子：得是增益，失是减损，人类总是处于无止境的增益、减损动荡之中，难怪不能长生。

老师：但是人类之中也有能够长生的。

弟子：世界上哪有长生不老之人呢？

老师：自古至今也没有一个长生不老的人，但人的身体消失后，思想和精神却能一直存在并传承，这也是一种永恒，属于人类的长生。

弟子：原来人的长生并非指肉体的长生不老，而是指思想和精神的永存。人死万事空，人都死了，还要那虚名干什么呢？

老师：人活着是为了什么呢？就是为了自己活着吗？只为自己活着的

人都属于自私自利的人。人的高贵和伟大，就在于能够做到不仅仅为自己而活，而且能够利益众生，让众生能够更好更高质量地活着，这是人活着的意义和价值所在，也是人区别于动物的重要标志。

弟子：人的本能是自私的，是为自己生存的，为什么有的人能够不为自己生存呢？

老师：因为人是有思想、有意识、有智慧的，是能够自己控制和管理自己的，是能够效法天地的，是能够遵道顺德的。

弟子：不为自己生存的人就能永恒吗？

老师：天地不为自己生存，所以永恒；日月星辰、空气、水等不为自己生存，所以长久；同样的道理，人若不为自己生存，也能实现长生久视。因此，天地万物，若要长久，就要无私，凡事不为自己，以爱和奉献成就世间万物。因为天地万物都是相依相生，合作共存的，如果万物都自私自利，只为自己，那么世间必然时时在斗争，处处在夺命，整个世界处在一种你死我活的生存斗争之中。这种短视的行为，这种自己给自己掘墓的行径，如何能够长久呢？人人为我，我为人人，才能真正长生久视。

是以圣人后其身而身先，外其身而身存。以其无私，故能成其私

弟子：圣人效法天地，无私利他，所以圣人才会恒久地活在人们的心中吧。

老师：非常准确。天地遵循道，无私利他，故能天长地久；圣人效法天地，遵道顺德，无私利他奉献；他们面对功名利禄等世俗利益，总是谦虚地退让于民众之后，让民众先得利、先获益，自己用爱和无私的奉献为民众造福，最终被民众所拥戴，成为民众的领袖；面对危险和困难，他们总是将自己的生死置之度外，用自己的一切来保全民众，他们会因此得到民众的拥护而得以保全。也正是他们的无私、爱和奉献，最终成就了他们自己所追求的事业。神农因"尝百草"而永恒，大禹因"治水"而不朽，老子因"道学"而成仙，孔子因"儒学"而成圣，释迦牟尼因"佛学"而成佛，毛泽东因全心全意为人民服务而永生，周恩来因为党和人民的事业鞠躬尽瘁、死而后已而成就了他的伟大。历史上名垂千古的圣贤伟人，无不是利益众生的代表，无不是因为无私利他而最终成就了自我，获得永生的。

弟子：原来圣人成就他们的事业，是因为他们的无私和大爱啊。

第七章 天长地久

老师：人总是这样的：要想有所得，就必须有所失；要想有收获，必须先播种；要想有回报，必须先付出；要想获得爱，必须先给予爱。圣人之所以是圣人，就是因为他们不为功名利禄所动，不为自我私利所迷，更不为他人干扰和影响而改变初心，他们一心向善，无私奉献，最终得到世人的拥护和爱戴，故而成就了他们自己的私——事业。

弟子：成大事就要不拘小节，就要不为物役，不为人制，顺道而行。

老师：人，如果能够低下谦卑，遵道顺德，遵循"后其身"和"外其身"的立身处世原则，就能成为人中之龙，就能成为圣贤伟人；相反，如果总是高高在上，主观妄为，总是"先其身"和"内其身"，那么无论他怎么努力，都是普通人一个，是成不了大事的。

弟子：看来那些依靠功名利禄而成就的人，最终也会同功名利禄一样，很快消失于无形。

老师：使人真正永恒的不是功名利禄，更不是人的身体和外形，而是人的德和善，这是人的思想和精神。人的物质存在会很快消失，但思想和精神却能永恒。

「第八章」上善若水

一、原文

上善若水。水善利万物而不争,处众人之所恶,故几于道。居善地,心善渊,与善仁,言善信,政善治,事善能,动善时。夫惟不争,故无尤。

二、译文

上等的善如水。水善于利益万物而不与万物相争,居民众所厌恶的地方,所以接近于道。圣人如水,他们身处善的处所,思想清明深邃,与人交往善施仁德,言谈恪守信用,为政善于治理,做事善于发挥特长,行动善于把握时机。正因为不与世人相争,所以没有过失。

三、演义

上善若水

老师:水是生命之源,是道的典范,是圣人的标杆。人身体70%以上是由水组成的,人性自然也包含水的特性。在《韩诗外传》里,子贡问孔子:"君子看见水总是要观察,这是为什么呢?"孔子回答说:"君子是用水来比拟人的道德啊!水到处给予而无私,这不是像很有德行吗?所到之处万物生长,这不是像很有仁爱吗?流向总是循着一定的道理,这不是像很有正义吗?浅处流淌,深处莫测高深,这不是像很有智慧吗?奔赴深渊大谷而毫无疑惧,这不是像很有勇气吗?任何细微之处也不放过,这不是像很明察秋毫吗？遇到险恶地势也不避让，这不是像很容忍大度吗？脏东西进去，干干净净出来，这不是像很善于化育吗？水面永远是平的，这不是像很公正吗？不求一概满盈，这不是像很有节度吗？无论经过多少曲折，始终向东流淌，这不是像意志很坚毅吗？正因为水的这些特性，所以君子看见水就一定要观察。"由此推知：观水就是思源，思源就是悟道。水利他、柔弱、谦卑处下、不争等特性，就是上善的特性，所以说上善若水。

水善利万物而不争，处众人之所恶，故几于道

老师：上善，由三个要素构成，一是利益万物；二是不与万物相争；三是谦卑低下。做不到这三点，就不能称之为上善。

弟子：必须要三者都具备吗？

老师：这个自然。如果只是能够利益他人，却同时与他人相争，甚至高高在上，那么就只能称为下善，或者称为小恩小惠；如果能够利益他人的同时而不与人相争，就能称为中善；只有三者全部具备，才能称为上善。善首先要利他，其次不争，再次谦下，次序不能颠倒。利他才能称为善，如果不利他，即使再不争，再谦下，也不能称为善。

弟子：善也有原则和标准啊！

老师：如果没有原则，没有标准，那么怎么判定善与不善呢？

弟子：善为什么要谦下呢？

老师：佛家讲"善心如水"。行善的人如果高高在上，对于受善者而言，会由于自我卑贱而产生心理压力，会因亏欠而心理失衡，这样会在无形中伤害受善者的人格和尊严。当人的人格或尊严受到伤害时，即便对方给予的好处或利益再多，也不会感觉到对方善的存在。

居善地，心善渊，与善仁，言善信，政善治，事善能，动善时

老师：这是老子提出上善之人的七条行为准则：一是慎独，能够身处善的处所，避开世俗尘世的干扰和影响修身养性，悟道传道，即居善地；二是心地明净，虚空静笃，思想灵透纯正，幽深辽远，即心善渊；三是与人相处博爱仁德，无私利他，助人益人，即与善仁；四是言谈真诚，信用第一，以诚信立人，即言善信；五是为政善于治理，能够施恩于民众，能够解救民众于水火之中，能够齐家治国平天下，即政善治；六是个人德才兼备，素质高，能力强，品德好，做事能够充分发挥特长，即事善能；七是遵道顺德，思想不偏离道，行为合于道，只要行动，必定能够把握时机，在最正确的时机作出最合理的行动，即动善时。如果普通人能够遵循此准则修炼和行事，也终能成为上善之人。

夫惟不争，故无尤

老师：争，无非就是争个高低、短长、功名、利禄等世俗形而下层次的东西，也是麻烦和祸患的根源。如果人不与他人相争，就能最大限度地减少麻烦和祸患，哪会有多大的过失呢？

弟子：那什么是不争呢？

老师：不争，是水之德，是圣人之德，是道之性。圣人的所谓不争，是指圣人遵循自然之道，抛弃世俗之人的唯利是图、功名利禄之争，以无私的大爱，利益他人，成就自己。圣人的不争，不是什么也不做，是逆道的事情不去做，背德的事情不去争，是顺其自然、谦卑低下、以柔克刚、滴水穿石，最终达到无争而无不争，无为而无不为。也正因为圣人不逆道行事，不背德而行，所以才不会有过失。道无须与任何事物相争，永恒地主宰宇宙万物；圣人也无须与世人相争，同样永恒地照亮人类前行的路。

「第九章」持而

一、原文

持而盈之，不如其已；揣而锐之，不可长保；金玉满堂，莫之能守；富贵而骄，自遗其咎。功成身退，天之道。

二、译文

执持盈满，不如适可而止；磨砺铁器过于尖锐锋利，不能长久保持；满屋的金玉珍宝，没人能守住；富贵而又骄横，自己给自己遗留灾殃。功成名就退身归隐，是自然的规律。

三、演义

持而盈之，不如其已

老师：事实证明，人，如果手里拿的东西过多，就会无法把持，最后可能什么也拿不住；推而广之，人，如果拥有的东西过多，不知道适可而止，就会给自己招致祸端，最终什么也得不到，远不如恰到好处地拿或拥有。因为祸福相依，好坏相伴，正邪相映，善恶相随，物极必反，适可而止才是最理想的选择。

揣而锐之，不可长保

弟子：锐利的东西一定不能长久保持吗？

老师：凡事不能过于绝对。通常情况下，但凡尖的、利的东西，都比较硬、比较细、比较薄、比较脆，抗破坏的能力都比较弱。它们在刺穿或切割外物的同时，必然受到外物的反作用、反破坏，极容易钝化，当然不容易长久保持。

金玉满堂，莫之能守

弟子：历史实践证明，奇珍异宝，总是在不停地更换主人，天下没有人能一直占有它们，哪怕是全天下最强大的人也不行。

老师：奇珍异宝，由于它们特殊的价值和功用，从古至今一直是人们追逐争夺的目标。更为可怕的是，只要奇珍异宝存在，以它们为中心的争夺就永远不会停止。对于奇珍异宝的拥有者而言，争斗或邪恶往往给自己或家人带来灾难，甚至因此而送命。人为财死，鸟为食亡。金玉珍宝，终其一生都难逃邪恶灾祸的魔咒，它们所能带给人的，往往只是短暂的风光和无限的伤害！

弟子：那些奇珍异宝拥有者，即使是死后带入地下，也会有贼惦记，不得安宁啊！

老师：自古以来，无论是至尊皇帝、达官显贵、名门望族，还是富商大贾，都习惯把大量的奇珍异宝带入地下。然而，从他们入土的那一天起，就有无数人开始惦记并试图盗掘、破坏和损扰，不到财宝被盗掘一空，不会终止。中国人历来都强调入土为安，因为奇珍异宝而使墓穴和尸骨频繁遭受骚扰和毁坏，绝不是死者及其亲人们所愿意看到的。但这是他们所能左右和控制的吗？在贪婪的人面前，只有奇珍异宝最宝贵，至于人的生命，死人的尸骨，算得了什么呢？

富贵而骄，自遗其咎

老师：人富贵是好事，人人都希望大富大贵，这是人之常情，也是芸芸众生追求的终极目标。但那些为富不仁者，往往因为占有了比常人更多的资源，拥有比常人更多的特权，享受常人无法享受的安逸等原因，会自觉不自觉地在内心拥有高高在上、高人一等，甚至把众生踩在脚下的思想意识和言语行为。本质上，人生于天地之间，都是平等的。你比别人强，并不代表永远会比别人强，或许在某一天或某个时段，弱者就会强过你。因此，富贵之人根本没有必要洋洋自得，没有必要看不起人，更不能恃强凌弱。富贵之人，只要开始骄傲，那么灾祸就不请自来了。

弟子：看来富贵也未必是好事。

老师：世间万物都是正反相依，祸福相连的，富贵之中潜藏着灾祸，

贫困之中潜藏着富贵。只要富贵拥有者逆道而行，必然灾祸降临；只要贫困者顺道而生，自然富贵相随。

功成身退，天之道

弟子：功成名就本身就是极端困难和不容易的，人历经千辛万苦，克服重重困难，获得成功，自然应当好好地占有和享受自己的成就，为什么还要退身归隐呢？这对成功者也太不公平了吧。

老师：要想功成名就，确实困难和不容易，成功者耗费毕生的时间、精力和心血而功成名就，享受成功的果实是应该的，也是符合人道的。通常情况下，人一旦功成名就，他的利、他的名、他的功、他的禄会自然而然地来到，往往无须再努力，就能得到他人终其一生也无法得到的资源、平台、权势、财富和尊贵，在他们功成名就之时，就已经毫无悬念地在享受和占有成功的果实。如果他们一直在显要处立足，那么他们所在的显要位置就是其他人所不能望背的，显要位置所派生的资源和各种福利待遇，也是其他人所不能企及的，成功者会在不知不觉中得到超出他们成功所应得到和享受的东西。《易经》中讲："德不配位，必有灾殃。"人一旦付出小于所得，那么必然就德不配位，当人享受成功的果实太久、过多时，灾祸就会随之而来。

弟子：原来是这么回事啊，难怪历史上那些功高盖世的人，比如韩信、李斯、商鞅、伍子胥等历代功臣，都没有善终。

老师：人生一世，草木一秋。适可而止、功成身退是人安身立命、成就完美人生的黄金法则。与韩信、李斯、商鞅、伍子胥等盖世功臣相反，张良、范蠡等名臣大家，在他们事业如日中天的时刻，毅然选择退身，隐晦自身的光芒，最终能够善始善终得以保全。因此，功成身退，才是人生真正的大智慧。

「第十章」营魄抱一

一、原文

载营魄抱一，能无离乎？专气致柔，能如婴儿乎？涤除玄鉴，能无疵乎？爱民治国，能无为乎？天门开阖，能为雌乎？明白四达，能无知乎？生之畜之，生而不有，为而不恃，长而不宰，是谓玄德。

二、译文

形体和精神合二为一，能不分离吗？集中精气达到柔和，能如赤子般的纯真吗？洗涤清除私心杂念，能没有瑕疵吗？仁爱百姓，治理国家，能自然无为吗？眼耳口鼻的打开和闭合，能如雌性般地柔和守静吗？清楚明白古今天地，能没有巧智吗？生育万物，养育万物，滋养万物而不占有，施惠万物而不自恃有功，领导万物而不主宰，就是深奥玄妙的德。

三、演义

载营魄抱一，能无离乎

老师：人的肉体是一种物质的存在，而人的精神又依附于这个物质性的肉体。精神依附肉体，但却总要脱离肉体，这是人灵性的一种本能欲求。人的精神需要肉体来滋养和保障，人的肉体同样需要精神来支撑和引领，两者互为因果，相互依存。如果人通过自身的修炼，能够实现肉体和精神的合二为一，和谐平衡，那么人就能幸福圆满。

第十章 营魄抱一

专气致柔，能如婴儿乎

老师：在现实生活中，只有两类人能够超脱世俗，不为尘事所困扰：一是婴儿，二是圣人。婴儿纯真无私，自然朴素，一切顺应自然本性，肉体和精神合一，身心健康和谐而又生命力旺盛。圣人效法天地，遵道顺德，凡事顺应自然之道，修身养性，自然和谐，也能达到婴儿般身心合一的和谐状态，因而尘俗的事情很难影响到他。"专气致柔"就是圣人自我修炼的方法，通过集聚内在的精气，调适肉体和精神的矛盾和纠缠，使身心达到和谐的状态，达到婴儿般的纯真和自然。普通人的修炼，当然要以圣人为标杆，效法圣人并努力践行，虽然比较难，但却是自我修炼的最佳途径。

涤除玄鉴，能无疵乎

老师：人之所以痛苦纠结，难于达到圣人的境界，就是因为人受到本能欲望的支配，受到世俗功名利禄的影响。人若要修炼提升，首要任务就是排除各种私心杂念。载营魄抱一、专气致柔、涤除玄鉴三个方面，都是指人的自我修炼之道。

爱民治国，能无为乎

老师：无为，并不是什么也不做，而是表面无为，实质无所不为，是人合于道的作为。人，只有先内圣而后才能外王，无为而治就是外王的基本原则。老子认为，道是无为而无不为的，圣人效法天地治理国家，也要遵循道的规律，实施无为而治，实现自然和谐。

天门开阖，能为雌乎

老师：从人的人生历程来讲，天门开，喻指出世；天门阖，喻指入世。入世需守法，出世需守朴，安身立命则贵在守弱处静。人的降生属于出世，出世是为了入世，入世才能更智慧、更圆满地出世。因此，雌是人入世和出世的最高境界，也是守静和守弱的必然要求。人，只有像雌性般地守弱和守静，才能长久安立、圆满人生。

明白四达，能无知乎

老师：老子并不是要求人们抛弃智慧，而是要杜绝巧智、伪智。如果没有智慧，怎么能通达古今天地呢？这是必然要受到惩罚和报应的。如果抛弃巧智和伪智，用道的规律来安身立命，那么就能拥有大智慧，人生就能大圆满。

生之畜之，生而不有，为而不恃，长而不宰，是谓玄德

老师：这是老子提出安身立命的黄金准则，也是普通人自我修炼达到内圣外王的终极目标。人，遵道必立德，建立在道基础上的德，必然与道一样，是最玄妙深奥的。

「第十一章」三十辐

一、原文

三十辐共一毂，当其无，有车之用。埏埴以为器，当其无，有器之用。凿户牖以为室，当其无，有室之用。故有之以为利，无之以为用。

二、译文

三十根辐条聚集在轮毂的周围构成一个车轮，正因为存在中空，才成就了车的用途。糅合黏土制成器皿，正因为它的中空，才成就了器皿的用途。开凿门窗建造房屋，正因为它的中空，才成就了房屋的用途。所以，有成就便利，无成就用途。

三、演义

三十辐共一毂，当其无，有车之用。埏埴以为器，当其无，有器之用。凿户牖以为室，当其无，有室之用

老师：在中国的古代，车轮都是用木头做成的，每个车轮都有三十根辐条，所有的辐条均沿着车轮的外圆和内圆均匀布置，因此有"三十辐共一毂"之说。车轮的轮毂中间中空，车轴才能在轮毂中间自由转动，车轮能够自由转动，才能叫车，再加上车厢的中空部分，构成了一辆完整的车，从而有了车的真正用途。

弟子：无也是器之用？

老师：如果器皿中间是实心的，那么就不叫器皿了。器皿之所以叫器皿，是因为中间是空的，才有了器皿的用途。

弟子：房屋的价值也在于它的中空吗？

老师：是的，房屋如果没有实用空间，就不叫房屋，更加不能供人居住使用了。车、器和室三个具体实物，是老子为了直观、形象地阐述有和无的辩证关系所列举的具体实物。

有之以为利，无之以为用

老师：宋徽宗说："天地之间，道以器显，无不废有；道以器妙，故有必归于无。"宇宙自然实际存在看得见、摸得着的事物，都是有的组成部分，它们构成了多姿多彩的显相世界；而真正对宇宙自然起决定和控制作用的，却是看不见、摸不着的无，即广袤深邃的隐匿世界。因此，物通过有来成就便利，通过无发挥功用，有和无互为因果，互相依存，和谐统一，不可分割。

弟子：有之利，无之用，也适用于人自身吗？

老师：人有形的身体是有限的，而人无形的思想和精神却是无限的。人既要重视自身的有，维护好有的和谐和健康，又要重视自身的无。人类要以有为基础，充分发挥无的作用，创造出无数有形的可用之物，把人类有形局限的身体无限地扩展和延伸，实现自身的发展和成就。因此，重视有的便利，实施无的用途，是人类真正的实践智慧。人如果只重视有形的存在，忽略无形的世界，就与动物无异了；如果只重视无形的世界，而忽视有形的存在，同样是虚无的。有和无两者平衡共存共生，才是真正意义上的利和用。从健康养生层面讲，人要想健康长寿，就不能只强调用有形的美味佳肴来厚待有形的身体，只强调通过有形身体的营养和锻炼来实现健康长寿，而是要同时注重无形的思想和精神的养护和提升，实现肉体和精神和谐统一。对于有和无，老子强调理性客观，和谐自然，不能主观偏执，更加不能意志强加，否则，必然适得其反，愚蠢逆道。

弟子：从传统文化角度，如何理解把握有和无，利和用的辩证关系呢？

老师：儒、释、道是中华传统文化的精髓。儒家、道家、佛家的圣贤及经典著述，是有，是利，圣贤及经典著述所承载的思想智慧是无，是用。世间万物，无不通过有来成就便利，通过无来实现用途。有和无，利和用的辩证关系和哲学思想，涵盖了《道德经》的始终，是老子哲学的核心组成部分。

第十二章 五色

一、原文

五色令人目盲，五音令人耳聋，五味令人口爽，驰骋畋猎令人心发狂，难得之货令人行妨。是以圣人为腹不为目，故去彼取此。

二、译文

过多五彩缤纷的颜色令人眼花缭乱，过度喧嚣迷乱的声音使人听觉失灵，过量美味佳肴的味道使人舌不辨味，纵马驰骋围猎使人内心疯狂，奇珍异宝使人德行、操守受到损害。因此，圣人只求平淡简单，温饱安宁的生活，不求纵情声色之娱。所以，去除生活的巧伪多欲，争取生活的简朴宁静。

三、演义

五色令人目盲

老师：五色，并不是单纯指五种颜色，而是喻指过多色彩缤纷的有色世界；目盲并非指眼睛看不见东西，而是指眼睛被过多色彩所迷乱而失去正常的感知和判别能力。

弟子：为什么会这样呢？

老师：人的任何器官，如果过度使用，就会受到损害；器官损害的结果，就是慢慢丧失正常的生理功能，从而直接或间接影响人的正常学习、工作和生活。

五音令人耳聋

老师：人的感知觉器官都只对适度的信号刺激起作用，过度喧嚣迷乱的声音，会使人出现听音疲劳，使听觉器官受到损害而出现障碍或病变。

五味令人口爽

老师：适当的味道是人所需要的，对人是有益的。然而过浓过滥的味道，如果超过人的生理承受能力，人同样会出现品味疲劳，失去对正常味道的辨别能力，自然也是有害的。

驰骋畋猎令人心发狂

老师：适度的休闲娱乐，是人生命和生活的必需，是健康而有益的。但是如果人以寻求感官刺激和享乐为能事，那么纵情放荡的逸乐总会使人心发狂而难以抑制。

难得之货令人行妨

老师：奇珍异宝是人人想得到、想占有而且不能满足的东西。面对各种奇珍异宝，能有几人不动心？当人对奇珍异宝日思夜想又无法得到，却非要得到不可时，他会怎么做呢？

弟子：那只能是偷，或骗、抢、夺。

老师：因此，奇珍异宝总是让越来越多的人品行和操守受到损害。圣人正是看到了上述种种的危害，从中吸取教训，来端正自己的品行和操守，成就自己的品德和事业。

是以圣人为腹不为目，故去彼取此

老师：为腹不为目，是指圣人追求简朴、宁静的生活方式，抛弃或远离奢华、安逸的生活方式，达到修身养性，长生久视的目标。

弟子：人如果被自身的欲望所控制和左右时，会怎么样呢？

老师：当人被世界上各种各样引起人贪欲享乐的事物所控制和左右时，就会将全部心思和精力投入其中，不断地加强和发展自己对欲望的追求和满足。当人的思想、精神和身体全部被各种各样丰富多彩的外物所占据时，人就没有了自我，无形之中就把自己置身于虚空之中，上升不得，下降不能，在半空中挣扎，并在痛苦压抑中毁灭。

弟子：普通人为什么很难成为圣人？难道是因为他们只专注于外求，而忽略了内求吗？

老师：修身成圣，重点在内求，核心在内求和外求的和谐统一。现代

高度发达的物质文明，给予了人类最大可能的贪欲满足，人类在获得身心极大享受和满足的同时，丧失了精神和肉体的统一与和谐，无形中迷乱了心智，迷失了自我，丧失了人格和尊严，败坏了人伦道德。老子在2500年前就认识到五色、五音、五味、畋猎和难得之货等外求对人身心的影响和危害，从而倡导人们远离和放弃这些东西，以简单朴素的生活为核心，进行内在精神的修炼和提升。只有这样，人才能实现对本能欲望的压制和控制，才能真正有时间、有精力、有能力修炼自己的思想、精神和身体，实现精神和肉体的统一，从而找到真正的自我，获得大道的神助。

弟子：特别是新时代的年轻人，很多人的最大追求，就是这些丰富多彩、令人眼花缭乱的可欲世界。

老师：人类发展物质文明，改善生活条件，让生命的基础和保障更加合理和完善，本身并没有什么不对。然而人类的生存，并不需要过多的物质和享乐。人如果只把物质享受和占有当成生命的全部，就很容易被物质和欲望所控制和奴役，怎么可能没有祸患呢？人，只有真正从物质和本能欲求的深渊中解脱出来，回归自我，才能拥有真正属于自己的生活和人生。

弟子：简单朴素的生活方式，也太平淡了吧。

老师：平平淡淡才是真，简单平淡的生活才最有益于人的健康和生命，人类的"真、善、美"，全部是平淡的，没有一个是过度和不足两个极端的。

弟子："真、善、美"属于中和层面的存在吗？

老师：是的，执两用中，守中致和，阴阳平衡，和谐圆满，就是真正意义上的"真、善、美"。

弟子：看来人要想拥有"真、善、美"，就必须持守简单朴素原则。

老师：佛家和道家所倡导的修行，本质就是通过自我修炼，不断减弱自身对物质和欲望的追求和依赖；儒家的中庸之道，也是倡导人凡事要适可而止。简单朴素，是圣人追求的生活方式，自然也是普通人自我修行的最佳方式。

第十三章 宠辱若惊

一、原文

宠辱若惊,贵大患若身。何谓宠辱若惊?宠为下,得之若惊,失之若惊,是谓宠辱若惊。何谓贵大患若身?吾所以有大患者,为吾有身,及吾无身,吾有何患?故贵以身为天下,若可寄天下;爱以身为天下,若可托天下。

二、译文

受宠爱和受侮辱都如同受到惊吓,重视大祸患如同重视自身的身体和生命。什么叫受宠爱和受侮辱都如同受到惊吓?宠爱是卑下的,得到宠爱如同受到惊吓,失去宠爱如同受到惊吓,这就叫受宠爱和受侮辱都如同受到惊吓。什么叫重视大祸患如同重视自身的身体和生命?我有大祸患的原因,是因为我有身体,如果我没有身体,我有什么祸患呢?所以,如同珍贵身体和生命一样为天下,就可以把天下委托给他;如同爱护身体和生命一样为天下,就可以把天下托付给他。

三、演义

宠辱若惊

老师:宠,是地位高、权势大、有钱尊贵的人对弱者的一种偏爱、认同和肯定。辱,是指侮辱或羞辱。无论是谁,受到强者宠爱会惊喜,受到他人侮辱或羞辱会惊怒。由于人得宠或受辱都会不同程度地受惊,因此老子才有"宠辱若惊"之说。

贵大患若身

老师：心外之物多成串，身心能不累吗？为物质或功名利禄而追求的人，总会身不由己地为了一己私利而相互争斗，这恰恰是人麻烦和祸患的根源。更为可怕的是，沉迷于物质占有或功名利禄的人，往往会无条件地把个人得失凌驾于自己或他人的生命之上，当然会把与争名夺利并生的麻烦或祸患看得跟生命一样重要。

弟子：当人把个人得失看得比生命还重要时，如果你夺了他的利，就等于要了他的命，不和你拼命才怪！

老师：胆小的怕胆大的，胆大的怕不要命的。清代大家曾国藩有一句至理名言："不与天地斗巧，不与君子斗名，不与小人斗利。"天地之巧，人如何能及？名就是君子的命，利是小人的命；与君子斗名，与小人斗利，等同于与君子、与小人斗命，人家以命相搏，你能胜算几何？因此，无论是与人斗巧、斗名还是斗利，都不会有好结果。

宠为下，得之若惊，失之若惊，是谓宠辱若惊

弟子：人受宠为什么会惊喜呢？

老师：因为人有功利心和贪欲心。当弱者受到强者的偏爱、肯定和认同时，便享受到同层次人所无法享有的特权，如何能不惊喜呢？

弟子：人失宠和受辱为什么会惊吓呢？

老师：人失宠或受辱，会因自身利益和尊严的损害或丧失而痛苦，如何能不惊吓呢？但凡因得宠而喜，因失宠、受辱而惊的人，都是因世俗功利而迷失自我的人。他们迷失自我，失去人生的目标和方向，如同没头的苍蝇，能且只能依附强者，渴求强者的指点迷津和引领。既然依附于强者，就必须把自己置于低下卑劣的位置，这种强弱的对比，这种优劣的反差，迫使弱者胆战心惊，并因强者的好恶而患得患失。

弟子：看来得宠、失宠或受辱，都会使弱者的人格和尊严受到损害。

老师：人一旦有荣辱观念，就必然会受功名利禄的支配和控制，从而深陷其中不能自拔。痛苦祸患皆因利，麻烦辛劳皆为名啊！

吾所以有大患者，为吾有身，及吾无身，吾有何患

老师：人之所以有祸患，是因为走在错误或逆道的道路上。

弟子：走错道就会有祸患？

老师：是的，当人做错事或走错道时，或者言行不合于道时，无论哪一方面的错误都会给自己带来祸患。

弟子：也就是说，不走正道必有祸患吗？

老师：善有善报，恶有恶报，不是不报，时候未到。正道是善之本，邪恶是恶之源，善养身，恶害命，这是千古不变的真理。

弟子：人因有身才有祸患吗？

老师：祸患的施加对象是人的身体。只有加于人的身体并产生作用，才能称之为祸患。如果人没有身体，祸患加于何处呢？又怎么能称为祸患呢？

弟子：人如何能没有身体呢？身体都没了，人还存在吗？

老师：老子所说的无身，并非身体不存在，而是指人通过自我修炼达到物我两忘的境界，身体如同不存在，祸患无所住，自然就没有祸患了。

弟子：身体明明存在，怎么能如同不存在呢？

老师：人如果不知"道"为何物，不知如何修炼自己，那么就很难理解物我两忘的无我境界。

弟子：无我是怎样的一种境界？

老师：是与道相合，天人合一的境界。

弟子：如何达到与道相合，天人合一的境界呢？

老师：修身悟道，遵道顺德，行合道统。通常情况下，人追求外物，祸患就会紧追不舍；超越自我，祸患会消失和远离。重名利的人，目光在外；淡泊名利的人，目光在内。目光在外的人，近名利而亲众人；目光在内的人，疏众人而远名利。圣人或得道之人以内求为宗旨，淡化或削弱对外物的追求和占有，增强自我内在思想和精神的完善和提升，达到物我两忘，天人合一的至高境界。人一旦达到这种境界，就不会依靠外物来装点自己，不会依靠外物来彰显自己，外物对于他们而言除了维持简单的生活所需，似乎可有可无。既然可有可无，还会对外物的得失在意吗？还会因为外物而患得患失吗？

故贵以身为天下，若可寄天下；爱以身为天下，若可托天下

老师：把天下交给一个把自己看得比天下还重要的人，能让人放心吗？

弟子：非但不会放心，反而会更加令人担心和忧虑。

老师：通常情况下，人只能给别人自己拥有的东西，如果自己根本就没有，他拿什么去给予呢？一个连自己都不爱、不贵重的人，他能爱别人、贵重别人吗？

弟子：估计很困难，即便能爱、能贵重别人，也是另有所图。

老师：总而言之，自利、自私的人有惊恐之灾，丧身之祸；贵民、爱民、无私的人得天下之贵，天下之爱。因此，自爱才能爱人，自贵才能贵人。推己及人，重天下如重己，爱天下如爱己，天下自然就能够寄托给他。

「第十四章」视之不见

一、原文

视之不见名曰夷,听之不闻名曰希,搏之不得名曰微。此三者不可致诘,故混而为一。其上不皦,其下不昧,绳绳不可名,复归于无物。是谓无状之状,无物之象,是谓惚恍。迎之不见其首,随之不见其后。执古之道,以御今之有。能知古始,是谓道纪。

二、译文

看却看不见名叫夷;听却听不到名叫希;捕捉却捕捉不到名叫微。夷、希、微三个方面不可以穷尽追问,所以将它们杂糅而浑然一体。它上面不明亮,下面不阴暗,渺茫幽深不可以名状,又回归到虚空无物的状态。这就叫没有形状的形状,没有物的状貌,这就叫做惚恍。迎着它,看不见它的前头;跟着它,看不到它的后面。把持质朴厚重的道,来驾驭现实的事物,来探知宇宙的原始,这就是道的规律。

三、演义

视之不见名曰夷,听之不闻名曰希,搏之不得名曰微。此三者不可致诘,故混而为一

老师:夷,指无色;希,指无声;微,指无形。无色、无声、无形这三个方面,看不见、摸不着、听不到。对于微观或者虚无的存在,以人类目前的智慧和能力,是很难完全弄清楚的。因此,夷、希、微这三个方面不可以穷尽追问，它们都属于道的无，所以将它们混合成一个整体。

弟子：本来就什么也没有，混合在一起不是同样没有吗？何来混合与不混合之说？

老师：对于无来讲，是无所谓分别的，因为它根本无从分别，它虚无缥缈，深不可测，只可意会，不可言传。夷、希和微三个方面，是老子为了引领人们理解道，从人的视觉、听觉和触觉等人人熟知的方面，列举出三个具体的概念，方便人们更好、更直观地认识、理解玄妙而深奥的道。

弟子：视觉、听觉和触觉，是人认知世界的重要途径啊！

老师：在显微镜没有发明之前，人类对微观世界的认识，仅仅局限于肉眼直接能看到的事物；在显微镜诞生之后，人类才知道事物原来是由更小的粒子组成。

弟子：如此看来微观世界确实没有穷尽啊。

老师：不但微观世界没有穷尽，宏观世界同样没有穷尽。在古代，人类认为地球最大，地球是宇宙的中心，太阳、月亮、星星等都是围绕地球旋转的。然而，当哥白尼提出日心说之后，彻底打破了人类对宇宙的长久认知，发现地球并不是宇宙的中心，太阳才是宇宙的中心。随着科学技术的发展和人类探索宇宙的深入，发现太阳系并非宇宙中心，还有更大的银河系……宇宙到底有多大，永远是个谜，以人的智慧和能力，同样是无法穷尽的。

弟子：面对如此广阔无垠的宇宙，面对玄妙而又神奇的道，人类该如何是好呢？

老师：活在当下，运用自己的智慧和能力，不断地通过现实的存在来探索和领悟世界，掌握自然规律，遵循自然规律，运用自然规律，让自然规律为人类服务，自然就能高枕无忧。

弟子：渺小的人类，并非想象的那么万能和强大啊。

老师：人类首先要能够认识到自身的渺小，然后才能立足现实，脚踏实地，一步一个脚印地稳妥前行，否则结局是不言自明的。

弟子：那如何处理好自身的渺小和无限的超越之间的关系呢？

老师：人类不应因自身的渺小而自卑，更不应因自身的强大而骄狂，人类要始终如一地立足当下，坚守正道，运用自身的智慧和能力，一步一个脚印地前行和超越。人类虽然会因身体的局限而局限，却能因思想的无

「第十四章」视之不见

穷而无限。因此，人类不必自卑，只要相信自己，脚踏实地地稳步前行，那么一切皆有可能。

其上不皦，其下不昧，绳绳不可名，复归于无物。是谓无状之状，无物之象，是谓惚恍

老师：惚恍也叫若有若无，闪烁不定。由于没有参照和标准，所以，道总是让人摸不着头脑，感觉玄妙而又深不可测。

迎之不见其首，随之不见其后

老师：道虚空缥缈，无始无终，自然没有头和尾，人虽然跟着道，又怎么能看到头和尾呢？道因为无所谓首尾，无所谓前后，所以无论你迎与不迎，随与不随，它都实际存在，而且无时无刻不在发生作用。道，若有若无，若隐若现，无法用语言去定义，只能用心灵去通达。

弟子：道，似乎就是一个黑洞，什么也没有，但却威力无穷，主宰一切，这是多么不可思议啊。

老师：道，并非玄妙到跟黑洞一样，本质就是一种实际存在，如同电磁波一样，只是我们没有现实的参照物来理解，无法看到、听到、感知到而已，所以根本没有必要恐惧和迷茫，接受并承认它的存在就可以了。

弟子：道不可怕？

老师：道是宇宙及万物的守护神，除非你行邪就恶，否则你怕什么呢？

弟子：行邪就恶的人会害怕道？

老师：无论人或物，只要逆道，就必定会受到道的惩罚，怎么会不害怕呢？人或物，如果始终在正确的道路上前行，则是最安全、最可靠的。

执古之道，以御今之有。能知古始，是谓道纪

老师：以道御物，以物知原，就是道的纲纪。整部《道德经》都是围绕"执古之道，以御今之有。能知古始"这个总纲展开的。本章突出解读道的无，向人们揭示究竟什么叫无，以及如何通过现实生活中的有，来探知看不见、摸不着、虚无缥缈的道，这也是人认识世界、改造世界的方法论。

第十五章 善为士

一、原文

古之善为士者，微妙玄通，深不可识。夫唯不可识，故强为之容：豫兮若冬涉川，犹兮若畏四邻，俨兮其若客，涣兮其若冰之将释，敦兮其若朴，旷兮其若谷，混兮其若浊。孰能浊以静之徐清？孰能安以动之徐生？保此道者不欲盈。夫唯不盈，故能蔽而新成。

二、译文

往惜与道相合的人，幽深精妙深奥通达，深奥不可认识和理解。正因为不可认识和理解，所以勉强这样来形容：小心谨慎啊，如同冬天蹚水过河；警觉戒备啊，如同害怕周围邻邦；庄重恭敬啊，如同宾客一样；流淌离散啊，如同冰融化一样；敦厚质朴啊，如同原木一样；空旷幽深啊，如同山谷一样；混同不分啊，如同浑浊的流水一样。谁能使浑浊的流水静止下来慢慢澄清？谁能使静而不萌发的事物灵动起来慢慢焕发生机？遵循这个道的人不追求盈满，正因为不盈满，所以能够推陈出新，去故更新。

三、演义

古之善为士者，微妙玄通，深不可识

老师：道是玄妙精深，难以捉摸的。与道相合的人，也如同道一样，神秘和不可思议，无法用语言来确切阐述。如果能够被人一眼看穿，很容易理解，就不是圣人，而是俗常之人了。

豫兮若冬涉川

老师：圣人也是人，并不是道。他合于道，并不意味着他就能和道一样，无所不包，主宰一切。正因为圣人知晓道的无穷和神圣，所以才会心生敬畏，不敢造次和胡来。圣人的谨小慎微，是对道的敬畏，是对自我的无知和渺小的准确认知，而不是真的害怕外在的什么。

弟子：圣人为什么要害怕自己呢？

老师：因为圣人也是有血有肉的人，也有人的七情六欲，更有人的主观和感性。任何一个人，哪怕是圣人，也不能保证一生全部正确，没有一点错误和毛病。圣人害怕自己，就是担心自己在某个时段没有管住自己，而做出有背于道和德的事情来，这才是他最为害怕的。

弟子：原来圣人也会犯错啊。

老师：人无完人，只要是人，就会犯错。

弟子：那圣人岂不活得很辛苦、很累？

老师：圣人活得非但不辛苦、不累，反而活得更轻松、更快乐、更幸福。因为圣人除了敬畏道，除了害怕自己会犯错，几乎没有什么值得操心的。而普通人或凡人就不同了，他们一生会有无数敬畏的对象，有无数害怕的人或事，这些没有穷尽的敬畏和恐惧，才是辛苦和劳累的根源啊！

犹兮若畏四邻

老师：从大的方面讲，圣人警觉而周全，如同害怕邻邦的侵犯一样；从小的方面讲，圣人生性警觉，总是担心惊扰四邻和他人。道深不可测，有和无相互转化，阴和阳动态平衡，祸与福相互依存，谁能确切地知道事物下一步到底如何发展变化呢？正因为道的不可预知性，所以圣人才未雨绸缪，防患于未然。因此，圣人警觉而周全，非但必要，更是合于道的需要。

俨兮其若客

老师：到别人家做客，由于各方面的原因，人必然会有所拘束，以表达对主人的尊重。宾客对主人的尊重，如同圣人对道的尊重一样。圣人会如同尊重道一样尊重世间万物，因此他们的日常表情、态度通常都是严肃、恭敬、拘谨的，不会喜形于色，更不会张扬轻狂。

弟子：似乎只有圣人才能真正做到恰到好处啊！

老师：圣人没有分别心，他们对待世间万物的态度都是一样的，是一视同仁的，因而不会存在你尊我卑，你贵我贱，你高我低的问题。

涣兮其若冰之将释

老师：涣，是指固体融化，固液交融的流散状态，如同冰雪融化，冰水交融一样，喻指圣人具有亲和力，善于灵活变通，既能融入群体之中，与群众打成一片，又不荒诞异类，不失去自身的独立性。因此，圣人总是温和可亲的，总是自然融合而不刻意作为的。

敦兮其若朴

老师：朴，指的是未经加工过的原木。原木的特点是自然、敦厚、质朴。因此，老子用朴来比喻圣人的敦厚和质朴。

旷兮其若谷

老师：山谷空旷幽深，豁达包容。老子用山谷来形容圣人虚怀若谷，深远广博。

混兮其若浊

老师：圣人大智若愚，包容万物，如同浑浊的流水一样不弃污浊，混合万物，成就其大。圣人究竟是什么样子的？老子从谨慎、警惕、庄严、洒脱、敦厚、旷达和宽容等七个方面进行了详细的描述和回答，指出圣人具有良好的人格修养和心理素质，能够静极而动，动极而静，低调沉稳，含而不露。圣人拥有的七个合于道的特质，也是所有有志于修身求道者的目标和准则。

孰能浊以静之徐清？孰能安以动之徐生

老师：对于人类而言，人的思想如同浑浊的流水，清流中混杂各种浊流，善良中混杂着邪恶。人的身心具有追求安逸享受并乐在其中的自然本能，天长日久必然消磨人的意志，弱化前进的动力，退化堕落不能自拔。谁能够把自己浑浊的思想静定下来慢慢澄清净化？谁又能够把安逸的身心调动起来，慢慢焕发生机和活力？出淤泥而不染，濯清涟而不妖，化腐朽为神奇，弃安逸而奋进，谁能真正做到？圣人就是榜样，就是标杆。

保此道者不欲盈。夫唯不盈，故能蔽而新成

老师：在中国的古代，有一种盛酒水的器皿。向该器皿中注水，当水灌注到一半时，器皿四平八稳，端端正正。而当水灌满酒器的时候，它就会顷刻倾倒。当年孔子带着弟子参观酒器灌水的全过程之后，脸色陡变，猛然醒悟，这就是中正盈覆最鲜活的实例。《易经》中也讲："否极泰来，盛极必衰"等，都在强调凡事不能盈满的道理。

弟子：事物达到盈满状态，必定会向相反方面发展吗？

老师：阴极转阳，阳极转阴，物极必反，这是事物发展变化的规律。世间万物，无不遵循出生、成长、强盛、衰老、死亡的过程，事物发展到强盛的极点，意味着它已经竭尽了自身所有的能力和能量，发展到不可能再发展的程度，从而丧失了再前进、再发展的可能性，除了开始衰败，还有别的选择吗？

弟子：事物不盈满就一定会前进发展吗？

老师：没有发展到盛极阶段的事物，自然具有强大的生命力，具备前进和发展的条件和可能性。

弟子：推陈出新就是发展吗？

老师：《马克思主义哲学》中讲："发展的实质是新事物的产生，旧事物的灭亡。"

弟子：发展是一种革命，一种对旧事物质变的飞跃，对于同一事物内部的进步和发展，意味着什么呢？

老师：同一事物内部的前进和发展，是事物内部矛盾斗争、质量互变和否定之否定的结果，并不是指显相上旧事物的灭亡和新事物的产生，而是指事物内部旧的、消极的、腐朽部分的克服和新的、积极的、充满生机和活力部分的建立。事物内部的发展，也意味着事物内部的革命和整体的新生。因此，推陈才能出新，去故才能更新，这是事物前进和发展合于道的规律。

第十六章 虚极静笃

一、原文

致虚极，守静笃。万物并作，吾以观复。夫物芸芸，各复归其根；归根曰静，静曰复命；复命曰常，知常曰明；不知常，妄作，凶。知常容，容乃公，公乃王，王乃天，天乃道，道乃久，没身不殆。

二、译文

达到虚空的顶点，固守寂静的极致。万物一同兴起，我用虚静来观察万物的循环往复。万物茂盛纷繁，各自又回归它们的本原。回归本原叫静，静叫回复本性，回复本性叫自然规律，知晓自然规律叫明智；不知道自然规律，胡乱作为，就会招致灾祸。知晓自然规律就能包容万物，包容万物就能公正公平，公正公平就能践行王道，践行王道就能遵循天道，遵循天道就能符合自然规律，符合自然规律就能长久，终身没有危险。

三、演义

致虚极，守静笃

老师：虚，即虚空，虚极就是空极，就是无。静，是寂静，寂静是宇宙的常态。静极也是虚无，是自然之性。无论人或物，只有达到虚极和静笃，才能回归自然本性，才能与天地相通，与大道同步。致虚守静，是通达道的根本途径。

弟子：为什么致虚守静就能通达道呢？

老师：宇宙万物，只有相通或相似，才能彼此融合和沟通。同频才会共振，同类才会相聚。任何人或物，如果达不到道的虚空寂静的状态，就不可能与道相合。因此，修身求道的第一步，就是要致虚守静，逐步消解和抛弃自身有的实相，消解和抛弃自身思想上的执念和行为习惯上的固着，慢慢达到虚空寂静无我的状态，这样才能慢慢悟道和明道。

弟子：古今那些圣贤大德们，是不是都做到了致虚守静，达到物我两忘，天人合一的境界了呢？

老师：天人合一，是修身求道者标志性的修炼境界。人只要能够达到"虚极静笃"，自然能够物我两忘，天人合一。只要达到天人合一的境界，认识道、理解道、传承道就是非常容易的事情了。

万物并作，吾以观复

弟子：当人能够虚极静笃时，就能够观察万物的生生不息，循环往复了吗？

老师：是的，当人能够保持虚极和静笃，达到天人合一的境界，实现人与自然相通相融时，就能超然物外。此时无论外界怎么变化发展，也难以对他造成影响和干扰，自然就能够冷眼观世界，沉静察万物。因此，万物一同兴起，我用虚静来观察万物的循环往复。

弟子：循环往复，是固定不变的，还是不断进化发展的？

老师：当然是不断进化和发展的。新事物的产生和旧事物的灭亡，是事物变化发展的总规律。因为只有新事物才能更加具有适应性，能够在现有的条件下更好地生存和发展。旧事物由于失去活力和适应性，慢慢被新事物取代是自然而然的事情。

弟子：循环越大越稳定，越小越善变？

老师：道是永恒不变、循环往复、无始无终的。对于宇宙间的循环，无论小循环怎么变化或中断，根本的大循环始终不会改变，既永恒又没有终点。宇宙的大循环，绝不是固定不变的循环，而是变化发展的循环，是新事物取代旧事物的循环，是波浪式前进、螺旋式上升的循环。

夫物芸芸，各复归其根

老师：宇宙自然，万物不断新生、成长、壮大、衰退、消亡，生生不息，反复循环，最终必然重新回归它们的本原，这是自然规律。

归根曰静，静曰复命；复命曰常，知常曰明；不知常，妄作，凶

老师：万事万物回归它们的本原，就是回归到寂静的极致状态；而寂

静的极致就是道的本性，因此，回归极致状态，就是重新回归本性。

弟子：知晓自然规律是明智的，无可厚非，但不知道自然规律，胡乱作为，就一定会招致灾祸吗？

老师：自然规律之所以称为规律，就是因为它有特定的规则和秩序。世界上的万事万物，无不遵循一定的规则和秩序，如此整个世界才秩序井然，生生不息。如果万物各行其是，没规则、没秩序，岂不混乱不堪？一个混乱不堪的世界，能是正常的世界吗？混乱不堪的状态，能够长久存在吗？

知常容，容乃公，公乃王，王乃天，天乃道，道乃久，没身不殆

老师：当人知晓道，合于道之后，与自然万物相通相融，自然就能包容万物。

弟子：包容就能公正？

老师：能够包容一切的人，会为了某个特定的事物而偏袒有私吗？当然不会，因为既然一切都能包容，自然优点缺点都能包容；既然优点缺点都能包容，那么自然不会因为某个特定事物的优点或缺点而有私或偏袒，否则就不能叫包容一切了。

弟子：什么是王道？

老师：王道的核心仁爱，就是包容，就是公正。能够包容一切的人，凡事公平公正，自然就能够践行王道。而王道的本源是天道，能够践行王道，也就是遵循天道。顺道吉，逆道凶；合道久，背道亡。

「第十七章」太上

一、原文

太上，下知有之；其次亲而誉之，其次畏之，其次侮之。信不足焉，有不信焉。悠兮其贵言，功成事遂，百姓皆谓我自然。

二、译文

最好的君王，百姓只知道他的存在。次一等的君王，百姓亲爱他、赞美他。再次一等的君王，百姓害怕他。再次一等的君王，百姓侮辱他。君王诚信不足，百姓就不会相信他。最好的君王悠静闲适，贵重他们的言辞。功业有成，事业顺利，百姓都说："我本来就是这样的。"

三、演义

太上，下知有之

老师：最好的君王，往往能够顺应自然规律，无为而治，使百姓获得真正的安乐、富足、自由、和平，百姓从没有经受动乱、灾害和战争的祸害，又如何能感觉到高明君王的存在呢？世界上对人类身心健康和生活最有益的人或物，通常都是"百姓日用而不知"的。

其次亲而誉之，其次畏之，其次侮之

老师：次一等的君王，能够勤政爱民、建功立业，为百姓带来更多的便利、利益和实惠，百姓得其恩泽，自然亲近他、赞誉他。再次一等的君王，主观妄为，习惯百姓以他的意志为意志，以他的好恶为好恶，以他的

利益为利益，百姓根本没有自己的自由和意志，同时又摆脱不了他的控制，百姓只有害怕他，没有别的选择。再次一等的君王，虚伪奸诈、倒行逆施，无休止地奴役百姓，不顾百姓的死活。百姓痛苦压抑、生不如死，对未来完全丧失了信心，百姓又如何不侮辱君王、诅咒君王呢？君王越高明，百姓越幸福。越次等的君王，百姓越痛苦。

弟子：看来，君王的高明与否，是以百姓生活幸福指数来衡量的，而不是以君王为百姓做了多少大事，成就了多少千秋功业来衡量的啊。

信不足焉，有不信焉

老师：诚信是人立足社会的通行证。孔子说："人而无信，不知其可也。"曾子杀猪取信，商鞅取信于民而后变法图新，靠的就是诚信。对于普通人而言，如果诚信不足，别人是不会相信他的。同理，如果君王诚信不足、变化无常、朝令夕改，百姓当然不会相信他。

悠兮其贵言，功成事遂，百姓皆谓我自然

老师：道无言而长存，道无为而长能，道无为而无不为。最高明的君王与道相合，遵道顺德，无为而治，怎么会不珍贵自己的言语，又怎么会轻易发表言论呢？因此，最高明的君王总是轻松悠闲，处无为之事，行不言之教。

弟子：百姓成就功业，与国家的长治久安、和平稳定分不开，世界上根本不存在国家混乱无序、水深火热而广大百姓能够功业有成的。因此，百姓的成就，与国家最高领导的高明治理密切相关，并不全是老百姓自己的功劳。

老师：高明的君王顺其自然，无为而治，不干涉、不强迫，让百姓自由发展。百姓功业有成，会很自然地认为我本来就是这样子的，我的成功并不是君王的功劳，而是自己努力的结果。

「第十八章」道废

一、原文

大道废，有仁义；慧智出，有大伪；六亲不和，有孝慈；国家昏乱，有忠臣。

二、译文

废弃了人类社会的伦理纲常，就倡导仁爱和正义；奸诈巧智的出现，就导致欺诈和不诚实的盛行；父子、兄弟、夫妇之间不和睦、不融洽，就倡导孝顺和慈爱；国家昏愦、混乱、无秩序，就倡导臣民的忠诚。

三、演义

大道废，有仁义

弟子：为什么大道废反而有仁义了呢？难道大道昌，仁义就不存在了吗？

老师：大道无形，道隐无名。人相忘于道，如同鱼相忘于江湖。人生存于道中，如同鱼生活在水中。无论人是顺道还是逆道，道都永恒存在。同样的道理，无论鱼喜欢水，还是不喜欢水，水始终围绕在它身边。道隐没于万物之中，隐没于人类的方方面面之中，仁义自然隐没于顺道的社会里，根本不会显现，也没有彰显的必要。如同鱼生活在水中，水就没必要彰显其伟大和重要。什么时候才需要显现呢？只有鱼离开水的时候。庄子对离水之鱼"相呴以湿，相濡以沫"的经典阐述，说明鱼只有真正离开

水，切身感受到危险和灭亡的恐惧时，才会彰显出水的重要。人也是一样的。人，只有在背道逆道，切身感受到危险和灭亡的恐惧时，才会真正感觉到道的重要；只有在切身感受到痛苦、挫折、危险和种种灾祸时，才会感觉到人伦纲常的重要，才会体现出仁义道德的重要。人类社会欠缺什么，人才会感觉到什么重要，才会想方设法倡导什么，推广什么，这是规律。

慧智出，有大伪

老师：老子所说的慧智，并不是指真正意义上的智慧和聪明，而是指假慧伪智。当智慧被不正当或邪恶所利用，就会以更加隐蔽、更加机巧、更加不让人觉察的方式，来损害他人的利益，威胁他人的安全。当人的自身利益或安全受到损害和威胁时，就被迫以更加恶劣或者非常的手段来打击报复，以求自保或为自己争取利益和安全，这是人类生存的本能。当你欺我骗，你奸我恶，你坏我邪成为风气时，整个社会的大奸大恶大伪就开始盛行了。

六亲不和，有孝慈

老师：人缺什么，才会迫切需要什么。如果父子、兄弟、夫妇之间和睦融洽，孝顺和慈爱自然就隐没于其中了，还有必要显现和倡导吗？当社会开始显现和倡导孝顺和慈爱的时候，正说明社会欠缺孝顺和慈爱，欠缺了孝顺和慈爱，亲人之间自然不能和睦，不能融洽。

国家昏乱，有忠臣

老师：乱世需要忠臣，所以才会彰显忠臣。如果国家太平，繁荣昌盛，人民和乐，无内忧，无外患，人人吉祥幸福，尽管忠臣无处不在，又有显现的必要吗？只有当国家昏愦混乱，内忧外患，动荡飘摇，民不聊生，人民处于水深火热之中时，才最需要忠诚于国家的忠臣。因为只有忠诚于国家的忠臣，才能真正救国家于水深火热之中，恢复国家的稳定和繁荣。如果此时还没有忠诚的臣民，那么必定国将不国，忠臣才是一个国家的脊梁，是一个民族的希望。

弟子：人类社会一旦开始倡导什么，往往就意味着欠缺什么，也意味着试图通过对所欠缺方面的努力和弥补，使人类社会向人类所期望的方面前进和发展。

老师：俗话说，物极必反。宇宙万物都是由阴阳和合而成，阴阳两极相互依存，相互转化，维持一个动态平衡。当一极发展到极致时，就必然会向另一极转化。人类正是无意识地在运用自然规律，试图通过人的主观努力，提前消解极端的发展势头，维持事物的平衡与稳定，避免盈满过度所导致的损失，这也正是人类的高明和智慧所在，是人类区别于其他事物的根本标志。

弟子：人有一种本能的遵道的意识，可见人类自身也最接近于道。

老师：人类本能的遵道意识和行为，本质上是道施加于人身上的一种隐形影响和控制，只是"百姓日用而不知"而已。人由道所派生，不遵循道，还有什么可以遵循呢？

「第十九章」绝圣弃智

一、原文

绝圣弃智，民利百倍；绝仁弃义，民复孝慈；绝巧弃利，盗贼无有。此三者以为文不足，故令有所属。见素抱朴，少私寡欲，绝学无忧。

二、译文

断绝伪圣，抛弃伪智，百姓就能够得到百倍的好处。断绝伪仁，抛弃假义，百姓就能够恢复子孝亲慈。断绝伪巧，抛弃私利，强盗贼寇就不会再有。伪圣伪智，伪仁假义，伪巧私利，这三个方面不值得为它修饰，所以将它们隶属于绝和弃一类。呈现朴素，持守本性；减少私利，减弱欲望；断绝对伪圣伪智，伪仁假义，伪巧私利的学习，就没有忧患。

三、演义

绝圣弃智，民利百倍

弟子：圣人和智慧能够绝弃吗？

老师：老子希望世界上的圣人越多越好，如此世界才能和谐，才能太平；智慧也是人区别于其他事物的标志，正是老子所希望和倡导的，怎么可能绝弃呢？

弟子：老子为什么要绝圣弃智呢？

老师：《道德经》通篇最大的特点是正者反求，正言若反。

弟子：反向理解？

老师：是的，老子所绝弃的，是他所极力反对的东西，即伪。

弟子：伪圣和伪智？

老师：当然，圣人必有智慧，有智慧才能成圣。

弟子：绝弃伪圣伪智，百姓就能百倍获利了？

老师：真正的圣贤和智者，都是利他主义者，他们一心向善，全心全意为人民大众谋利益。如果伪圣被断绝，伪智被抛弃，世界上只有圣贤、智者和百姓，那么百姓怎么不会百倍获益呢？

弟子：如果真的这样，百姓获益何止是百倍，简直是千倍万倍啊。

老师：正因为世界上有伪圣和伪智的存在，才会使那些高高在上的人使用各种方法和手段为自己谋利，甚至不惜以损害或坑害百姓为代价。百姓都是普通人，他们没那么高的智慧，没有那么多机巧和手段，在这些伪圣和伪智者面前，百姓始终是弱者，是任人宰割的羔羊，如何能有公正、公平、合理的利益可得呢？伪圣和伪智，是社会动乱的元凶，是坑害百姓的刽子手。因此，老子、百姓都呼唤真正的圣贤，呼唤真正的智者。

绝仁弃义，民复孝慈

老师：真正的仁爱和正义，总会使子孝亲慈隐没于社会生活之中，使人根本感觉不到仁爱和正义的存在。在这样的环境条件下，人会自觉地遵守子孝亲慈的人伦纲常，社会也没必要提倡什么孝慈。只有社会仁爱和正义缺失了，人们才呼唤子孝亲慈，以此恢复仁爱正义的社会秩序，促进人类健康地向前发展。伪仁和假义，才是孝慈终极杀手，伪仁假义消失了，孝慈自然就会回归。

绝巧弃利，盗贼无有

老师：投机取巧生邪恶，见利忘义生盗贼。如果整个社会人人遵道顺德，人人公平公正，彼此之间没有尔虞我诈，没有虚假邪恶，没有坑蒙拐骗，到处路不拾遗，家家夜不闭户，谁会冒天下之大不韪，去行强盗贼寇之事呢？没有巧利，就没有盗贼。盗贼生于巧利，消失于公正公平，从古到今莫不如此。

此三者以为文不足，故令有所属

弟子：伪圣伪智、伪仁假义、伪巧私利等都属于假、丑、恶范畴，当然应该弃绝。

老师：崇尚真、善、美，弃绝假、丑、恶，是人类生存和发展的永恒

主题。好的要弘扬，不好的要绝弃。然而，对不好的仅绝弃是不行的，还需要有相对应的行之有效的方法才行。

见素抱朴，少私寡欲，绝学无忧

弟子：这也太消极了吧。

老师：见素抱朴，是呈现朴素持守本性的意思；少私寡欲，是减少私利、减弱欲望的意思；绝学无忧，是断绝对伪圣伪智，伪仁假义，伪巧私利的学习。人弃绝了假、丑、恶，成就了真、善、美，非但不是消极，相反是真正的积极和正能量。

弟子：很神奇，反转一念，结果立即反转。

老师：人，唯有正才属于积极，唯有与道相合才属于正能量；那些虚假、奢华和邪恶的存在，无论看上去多么强大，都是消极的、负能量的。

第二十章 唯之与阿

一、原文

唯之与阿，相去几何？善之与恶，相去何若？人之所畏，不可不畏，荒兮其未央哉！众人熙熙，如享太牢，如登春台；我独泊兮，其未兆，沌沌兮，如婴儿之未孩；儽儽兮，若无所归。众人皆有余，而我独若遗，我愚人之心也哉？众人昭昭，我独昏昏；众人察察，我独闷闷；澹兮其若海，飂兮若无止。众人皆有以，而我独顽且鄙。我独异于人，而贵食母。

二、译文

唯诺与呵斥，距离多远？善良与邪恶，相差多少？道是人们所敬畏的，不能不敬畏，道广漠辽远没有尽头。众人熙熙攘攘，兴高采烈，如同享受美酒佳肴，如同登上高台观赏春天的美景，而我独自淡泊宁静不为所动；混沌无知啊，如同不会笑的婴儿；疲惫懒散啊，如同没有回归的处所。众人都宽裕丰足，我却独自匮乏不足，难道我有一颗愚钝不开化的心吗？众人都聪明光耀，我却独自愚钝暗昧；众人都严厉苛刻，我却独自淳朴诚实。广阔无边啊，如同波涛汹涌的大海；风驰电掣啊，如同急风一样无处停留。众人都有作为、有本领，我却独自愚妄无知并且庸俗鄙陋。我独自与别人不同，因为我得到了道的滋养。

三、演义

唯之与阿，相去几何？善之与恶，相去何若？

老师：人若有智慧，能够理性自制，那么唯与阿、善与恶之间的距离就会比较大，转换也就不会那么轻易随便；如果人缺乏智慧，不能理性自制，那么唯与阿、善与恶之间的距离就会很小，或者根本就没有距离，彼此之间的转换甚至比天上的云变化还要快。

弟子：典型的翻脸比翻书还快啊，看来唯与阿、善与恶并不是永恒的，是受人的主观思想意识控制的，是会因人或情境的不同而发生变化的。

老师：世界上从来就没有绝对的事情，即便是唯与阿、善与恶，也都是人们主观界定的结果，因此，不可能恒定不变。

弟子：看来凡事不能太较真，太执着。

老师：世间万物，变化是常态，不变是非常态。人，对待任何事情，都必须与时俱进，因时因地因事因人而变，不能偏执和走极端，兼顾天时、地利与人和，才是最理想的处世智慧。

人之所畏，不可不畏，荒兮其未央哉！

老师：敬畏，是人安身立命的法宝之一。

弟子：敬畏不就是害怕吗？

老师：敬畏和害怕是有所区别的：敬畏，是指既敬重又畏惧；害怕，是指遇到困难、危险等而心中不安或发慌。人害怕的东西很多，比如天灾、人祸、挫折、困难和危险等。而人所敬畏的，往往是值得尊敬的人、神灵、天地或道。

弟子：为什么人会敬畏或害怕呢？

老师：人的最高智慧，就是具有不断总结经验，吸取教训，不断调整自己以适应各种境遇的能力，因为唯有这样，才能在残酷的生存竞争中不断地趋利避害，实现最大可能的自我保全和延续。敬畏和害怕，是人的一种生物本能，是一种自我保护和防御机制。要想一生平安幸福，就必须要有所敬畏和害怕。

弟子：现实生活中，有的人就是天不怕地不怕。

老师：那只是表象，越是表现天不怕地不怕的人，就越恐惧，他们无法克服和排解无所不在的恐惧。这类人，恰恰就是用外在的强大来掩饰内心的恐惧和不安。

弟子：不怕，是因为心理或人格有问题或异常？

老师：只要对外界的人、事、物没有敬畏或害怕之心，就一定不正常。

弟子：不能那么绝对吧，如果人有足够的自信呢？

老师：即使他有天大的自信，也有敬畏和害怕的对象。

弟子：为什么这么说呢？

老师：一个很强大的人，能有多强大？

弟子：强中自有强中手，人再强大，也不能做到无所不能。

老师：这只是与人比强，如果与人以外的对象相比呢？比如天、地、万物等。

弟子：人如果与天地相比，简直九牛不及一毛，没有可比性。即使是世间万物，每一种事物都有其独特的优势和特长，往往也非人所能比拟。因此，人在天地万物面前，渺小得很。

老师：如果人与道相比呢？

弟子：那更不值得一提，简直连一粒小小的尘埃都算不上，甚至接近于空无。

老师：如此渺小的人，面对主宰万物，无所不包的道，能不敬畏吗？敢不敬畏吗？不敬畏道，逆道而行，就是自取其祸，自取灭亡。

众人熙熙，如享太牢，如登春台；我独泊兮，其未兆，沌沌兮，如婴儿之未孩；儽儽兮，若无所归。众人皆有余，而我独若遗，我愚人之心也哉？众人昭昭，我独昏昏；众人察察，我独闷闷；澹兮其若海，飂兮若无止。众人皆有以，而我独顽且鄙

老师：以上是老子借喻式比较，引领人们更好更全面地理解和把握道。圣人以内求，处静、守弱、守柔、谦卑，处下为基本特征，具体有五个方面的表现：①独守淡泊宁静，对丰富多彩的物质世界和功名利禄无动于衷，表现为混沌无知，如同不会笑的婴儿，疲惫懒散好像没有回归的处所。②独守匮乏不足，如同有一颗愚钝不开化的心。③独守愚钝暗昧，好像非常迷糊而又不清醒，给人一种非正常的感觉。④独守淳朴诚实，不参与世俗的寻欢作乐，不随便对世俗现象妄加评论，不随便发表自己的意

见，沉默无语，顺其自然。⑤独守愚妄无知和庸俗鄙陋，总是与常人相异，与常人相反，不走寻常路。

弟子：世俗之人呢？

老师：世俗之人以外求，处动、呈强、显刚、骄横，处上为特征，也有五个方面的表现：①熙熙攘攘，兴高采烈，如同享受美酒佳肴，如同登上高台观赏春天的美景。②追求宽裕富足，尽最大的可能获得物质金钱名利的占有和满足。③聪明光耀，喜欢彰显自我，喜欢出人头地。④严厉苛刻，精明审察。对人对事总是是非分明，严格不善变通，偏执过于贪求。⑤有本领，有作为，通过彰显自我的本领和作为，来展现自我的价值。

弟子：圣人的内求，和世俗之人的外求，各有什么不同的结果呢？

老师：圣人内求，是通过对自我的修炼，对大道的领悟和践行，找到存在的理由，找到人生的意义和价值，获得更好更长久的进步和发展；世俗之人外求，是通过对外界功名利禄的占有和保留，找到存在的理由，找到人生的意义和价值，获得更好更有利的资源享受。内求者必内守、必虚静、必平淡如水、必沉迷于自我超越，内心充实易平静安定，易心有所归，易快乐幸福圆满；外求者必张扬、必激情、必丰富多彩、必沉迷于享乐而易于过度走极端，内心空虚而易患得患失，易招祸患，人生充满矛盾痛苦冲突焦虑而心无定所，易受挫、失败和不幸。内求是和谐，是平衡，是给予；外求是争斗，是掠夺，是侵占。内求则大公无私、善良德高、必纯真质朴；外求必贪婪，贪婪必生邪恶，必多奸诈巧伪。所以，内求修心修身得安康，外求损心伤身遭祸患。内求得道养德，外求失道失德。所以，人若想长治久安，若想终身没有祸患，只能内求而不能过度外求，否则必然祸患连连，痛苦终生。

弟子：内求和外求的差距为什么会那么大呢？

老师：内求者，重我轻外，我即是外，因而外静外动皆不为所动，得之不喜，失之不忧，因而心能转境，稳定平和，性定神闲；外求者则相反，重外轻我，外即是我，因而外静我静，外动我动，得之喜，失之忧，心随境转，变化无常，如水中浮萍，风中草芥，随波逐流，随遇而安，没有定性。

弟子：既然内求对人那么有益，为什么很多人总是执着于外求呢？

老师：是逆道迷失的缘故。逆道之人所关心的往往都是功名利禄和皮毛的小礼小节，所注重的往往是无理霸道、奸诈智巧。他们不行正道，欺行霸市，欺压良善，无恶不作，唯利是图，自我迷失，不知不觉就沦落为他人他物的奴隶。被外物奴役的人是无暇顾及心灵的，而心灵荒芜的人才是最为可怕的。因此，人要想得到解脱，就必须修身求道，遵道贵德，回归自我，充实心灵，否则，人生必然是一条不归之路。

我独异于人，而贵食母

老师：对于人而言，最终极的养护是道的滋养，最俗常的养护是物的养护。道养心，养根，养德善；物养欲，养贪，养邪恶。因此，得道之人总是求道不求物，求静不求闹。

弟子：养护不以物养物，难道以空养物？

老师：养生贵在养心，人的养护首先是心灵的养护，然后才是身体的养护。如果人的心灵得不到养护，过早地衰老枯萎，那么身体再强壮再健康也无益。人应以内养外，而不是以外养内。

弟子：这是养生的原则吧。

老师：从养生的角度，圣人先养心然后同步养身，以道和心润身；普通人是养身丢心，以物养物，以身体养身体。

弟子：看来普通人养生最容易陷入误区。

老师：养生必先修身。不修身养性，由于背离根本，最终身心非但没有得到很好的养护，可能反受伤害。

弟子：所谓药补不如食补，过度过量的运动远不及适度运动。

老师：世人大多不懂养生之道，都在运用错误的养生方式养生，结果非但不是养生，反而是害生。对于养生，也同样遵循顺道者昌，逆道者亡的自然规律。

「第二十一章」孔德之容

一、原文

孔德之容，惟道是从。道之为物，惟恍惟惚。惚兮恍兮，其中有象。恍兮惚兮，其中有物。窈兮冥兮，其中有精，其精甚真，其中有信。自今及古，其名不去，以阅众甫。吾何以知众甫之然哉？以此。

二、译文

大德的形态，是只遵从于道。道作为宇宙自然的一种客观存在，不清晰，模糊隐约，不可辨识。模糊隐约啊不清晰啊，其中有状貌。不清晰啊模糊隐约啊，其中有实物。深远啊暗昧啊，其中有本质的东西存在，这本质是最真实的，其中是有信验可凭的。从现今上溯到远古，道的名字永远存在，用道来观察万物的初始。我是怎么知道万物初始的形态的呢？根据道。

三、演义

孔德之容，惟道是从

老师：道是宇宙万物的主宰，宇宙间的一切都源于道。人类的道德规范，自然是源于道的。所谓大德，是指能够与道相合的人，能够按照道的原则、意志和规律来办事的人。因此，在道和德的关系中，道是核心，是根本，德生于道，是道显现于人类身上的规律或法则。道因德而展现，德因道而完美。在人类现实问题上，道体现为德。人，无道就无德，有道就有德，合道就有德，逆道就无德。

道之为物，惟恍惟惚

老师：道是宇宙自然的一种客观存在。

弟子：那为什么道恍惚难以辨识呢？

老师：道是本原，是内核。作为物的本原和内核，通常都是不可见的，可见的物都是物的表象。道隐没于万事万物之中，属于隐性的存在，并不能直接被人听到、看到或感觉到，对人类而言，当然属于一种恍惚的存在。

惚兮恍兮，其中有象。恍兮惚兮，其中有物。窈兮冥兮，其中有精，其精甚真，其中有信

老师：无论是恍、惚还是窈、冥，都是为了说明道若有若无，虚无缥缈，真实存在。因为道不仅有象，有物，有精，甚真，还有信。象、物、精、真、信都是现实客观的存在，因此，道也属于宇宙自然现实客观的存在。

弟子：如此看来，道不但是物，更加是精；不但真实，更加可信。

老师：道本来就是真实可信的，怀疑道的真实性，就等于怀疑人类自身存在的真实性。因为人是道所派生的，道不存在，人从何而来？

自今及古，其名不去，以阅众甫。吾何以知众甫之然哉？以此

弟子：道是永恒不变的，人类把握了道，就等于把握了一切啊！

老师：万物始于道，又终于道。道是根本，抓住了根本，自然就抓住了一切。

第二十二章 曲全枉直

一、原文

曲则全，枉则直，洼则盈，敝则新，少则得，多则惑。是以圣人抱一为天下式。不自见，故明；不自是，故彰；不自伐，故有功；不自矜，故长。夫唯不争，故天下莫能与之争。古之所谓"曲则全"者，岂虚言哉？诚，全而归之。

二、译文

委屈就能保全，弯曲就能伸直，低洼就能充盈，破旧就能立新，少取就能得到，贪多就会迷惑。因此，圣人持守道的法则作为治理天下的范式。圣人不固执己见，所以明智；不自以为是，所以彰显；不自我夸耀，所以有功劳；不骄傲自大，所以长久。正因为圣人从不和世人相争，所以天下没有人能和他相争。古人所说的"曲则全"的道理，怎么是假话呢？这是真心诚意，完整无缺地归附于自然大道的。

三、演义

曲则全

老师：与天地及宇宙相比，人渺小到连一粒尘埃都不如，甚至可以忽略不计。如此渺小的人，能想干什么就干什么吗？

弟子：当然不能，非但不能，而且必须要有所约束，有所顾忌，有所不能为，有所不敢为。

老师：如果不能为而强为，结果会怎样呢？

弟子：必定到处碰壁，到处受挫，碰得头破血流是小事，招致祸患而夭折都是再正常不过的事情。

老师：一个人的智慧和能量毕竟是有限的，自然不能与外界的一切相抗衡。人，不作死就不会死，自不量力、主观妄为，是不会有好结果的。面对变化无常的大千世界，人不学会委屈能行吗？作为人，在生存和发展过程中，委屈是常态，只有委屈才能保持柔弱，保持低姿态，才能够在变化无常的世界中得到很好的保全，这是人生的大智慧。

枉则直

老师：比如植物、动物和人类，往往生命力越强大，身体的柔韧性就越好，就越能更好地随方就圆，委曲求全，适应环境。

弟子：无论是人还是物，在弱小时如果刚直不屈，无异于是拿鸡蛋碰石头，结果是石头没有丝毫变化，而自己却已经破碎难全。

老师：对于个体的人而言，在很弱小的时候，选择暂时的弯曲，才能够在自我保全的情况下，通过自我努力和拼搏，不断完善自我，提升自我，强大自我。当自己变得足够强大时，在能够真正直的时候毫不犹豫地直起来，才是真正的直，才是真正的大智慧。

洼则盈

老师：在自然界中，但凡低洼处，总是会自然而然地聚集各种各样的事物，因而低洼的地方总是在不断地充盈，但却对低洼没有任何妨害。与低洼相对的比如高山，居于高位，但从形成的那一刻起，就开始了减损进程，而且永无止境，直到山体消失。所以说，居上必减损，处下必增益，这是自然规律。万物莫不先低然后才能有高，先弱然后才有强，先柔而后才能有刚。因此，人低调才能充实和成长，保持低下谦卑才能平安保全，保持无争无为才能成贤成圣。

敝则新

老师：旧的不去，新的不来。然而，任何新事物，在最初出现的时候都是比较弱小的，旧事物反而比较强大。所谓瘦死的骆驼比马大，百足之虫僵而不死。尽管旧事物已经开始腐朽没落，失去生机和活力，然而旧事物依然比较强大，会成为新事物新生和发展的最大障碍和阻力。因此，及时的破旧，才能解除障碍和阻力，更好地立新。如果固守旧不放，新将受

到严重阻碍，非革命不能取代。因此，破旧立新本身就是一场革命，一场旧事物取代新事物的革命，这是自然界万事万物存在和发展的必然趋势。

少则得

老师：所谓少取，指的是在自己能力范围之内的取，而不是超出自己能力范围的取。

弟子：在自己能力范围之内的取就能得到吗？

老师：虽然不能全得，最起码得到的可能性会非常大，因为这是自己能控制和把握的。在自己能力范围之内得到的东西，也自然有能力拥有并守住，很难轻易丢失，因而这才是真正的得。

多则惑

弟子：在物欲横流的功利社会里，人人以贪多为能事，难道他们都迷惑吗？

老师：人的时间、精力、能力和生命都是有限的，以有限的时间、精力、能力和生命去获得无限的物质或功名利禄，怎么可能圆满呢？贪多的人，因为欲求超过了自己能力的极限，必然无止境地消耗和透支身体、精力和生命。人在长期透支的情况下，身体受到损害暂且不论，能够保证精力充沛、意识清醒吗？他所得到的，能够很好地保住吗？

是以圣人抱一为天下式

老师：一个人在其一生之中，如果总是把时间、目光、精力和思想放在对功名利禄的追求上，那么最终他非但得不到功名利禄，反而会自招各种各样的麻烦、祸患而不得善终。因此，对于人身外之物，应当遵循正向反中求，直向曲中求的原则，当事情变得棘手或行不通时，运用以退为进、正者反求的策略，从事物对立面着手，即从全的反面来求全，从直的反面来求直，从盈的反面来求盈，从新的反面来求新。因为道是宇宙万物的主宰，是名副其实的一，宇宙万事万物循环往复，无不从一中来，到一中去。一就是物的皈依之道，当事物的阴阳两极任一极过于强大时，必然就开始向另一极转化。正者反求，本质就是顺道而行，是合于道的，因此，圣人总是持守道的规律，作为治理天下的范式。抱一，是最佳、最极致的治理天下的范式。

不自见，故明

老师：人，固守错误的意见显然是不明智的；然而，即便他的意见是正确的，当他选择顽固地坚持不改变时，就意味着人为地把自我与动态发展的自然大系统割裂开来，就开始向错误的方向转化，自然也是不明智的。

弟子：由此看来，无论人的意见正确与否，都不能顽固地坚持不改变，而要能够与时俱进，与自然大系统相切合。

老师：圣人很清楚自己的渺小和无知，能够清楚自己的位置和能力，不盲目主观地坚守自己的成见，能够顺道而行，自然能够明智通达。

不自是，故彰

老师：如果自己真的对，认为自己对倒无可厚非；然而，如果他自己本身就不对，还坚持认为自己是对的，岂不贻笑大方？

弟子：如果是对的自以为是，也不能彰显吗？

老师：即便他真的是对的，如果把他的观念放到自然动态大系统中，也不可能百分之百正确，因此，他的自以为是同样是不知天高地厚。

弟子：也就是说，但凡自以为是的人，都属于井底之蛙？

老师：即便不是井底之蛙，也看不到多大的天。目光短浅的人能得到彰显吗？

弟子：可自以为是的人就是为了彰显自己的啊。

老师：人能不能彰显，不是自己所能决定的，往往越想彰显的人，反而越不能彰显。通常情况下，人不自以为是，就能够通权达变，能够与时俱进，能够谦卑处下，能够守弱守柔，能够处静安详，这样的人无彰显之心，却处处得到彰显。

不自伐，故有功

老师：自我夸耀，就是向别人显示自己有本领，有功劳，有地位，有势力等。但凡人的所谓本领、功劳、地位、权势等，能够没有其他人参与而独自成就吗？

弟子：当然不能，人世间的人或事，都是天时、地利、人和共同作用的结果，单凭一个人的力量，是成不了大事的。

老师：既然如此，他自我炫耀，就是通过抢占别人的功劳，否定他人的努力和付出来彰显自己，如此他能达到目的吗？

弟子：应该不能，因为那样会为自己招致麻烦和祸患的。

老师：这样的人即使有功劳，大家愿意认同吗？

弟子：非但不认同，反而要想办法剥夺他的功劳。

老师：因此，有功而不自夸，才能得到大家的支持和认同，才能真正拥有功劳。

不自矜，故长

弟子：骄兵必败，这是千古不变的真理。

老师：骄傲自大的人，自以为了不起，实际上已经开始衰败走下坡路，这样的人能长久吗？

弟子：败坏了，如何能够长久啊！

老师：不骄傲自大的人，谦虚谨慎，低调变通，与时俱进，能屈能伸，持守中道，自然能够长久。以上几个方面，是圣人行为处世的基本态度和行为准则，也是圣人之所以成为圣人的根本所在。

夫唯不争，故天下莫能与之争

老师：但凡争，都必须要有一个可争的东西，如果没有东西可争，还能争得了吗？

弟子：圣人没有东西可争？

老师：圣人无私无我，利他益物，根本没有私欲，要争什么呢？世人想和圣人争，根本没有东西可争啊。所以，正因为不争，所以天下就没有人能够和他争。

古之所谓"曲则全"者，岂虚言哉？诚，全而归之

老师："诚，全而归之"是老子对本章的纲领性总结，指出古代圣人提出的委曲求全的道理是真实的，不是空话也不是假话，而是真心诚意，完整无缺地归附于自然大道的。大道的本质是正，是真，而做人的根本在于诚。只有心诚，才能有一切。委曲求全是一种智慧的处世方略，这是解悟大道之人的行为，也可以说是真正的大德。所以在人生历程之中，如果能够遵循"曲则全，枉则直，敝则新，洼则盈，少则得，多则惑"的人生准则，能够信守"不自见、不自是、不自伐和不自矜"的人生哲学，那么自然就能够很好地遵道顺德，获得智慧、长久的理想人生。

第二十三章 希言自然

一、原文

希言自然。故飘风不终朝,骤雨不终日。孰为此者?天地。天地尚不能久,而况于人乎?故从事于道者同于道,德者同于德,失者同于失。同于道者,道亦乐得之;同于德者,德亦乐得之;同于失者,失亦乐得之。

二、译文

自然和谐的道是无须多言的。因此,狂风不会刮一个早晨,暴雨不会下一整天。谁制造了狂风暴雨呢?是天地。天地制造的狂风暴雨尚且不能长久,何况是人呢?所以,遵从并侍奉道的人,就相合于道;遵从并侍奉德的人,就相合于德;丧失道和德的人,就相合于无道和无德。相合于道的人,道也乐于得到他;相合于德的人,德也乐于得到他;相合于失道和失德的人,无道和无德也乐于得到他。

三、演义

希言自然

老师:天不言,四季和谐运行;地不言,厚德万事万物;圣人不言,无为而无不为;道不言,生养万物没有穷尽。

弟子:多言无益?

老师:众所周知:很多事情看起来很简单,但当真正着手去做时,却发现事实永远是那么深不可测。有真才实学的人,由于深知人想的、说的和做的并不是一回事，所以他们总是选择少言多做，用实际行动去行事、成事。空谈误国，实干兴邦，说的就是这个道理。说一千，道一万，哪怕说得天花乱坠，想得完美无缺，永远不如实际去真正地做一件事情来得真实可靠。如果只说不做，或者多言少做，非但无益，反而有害。

弟子：造成计划想象和现实巨大差距的原因是什么呢？

老师：人的计划和想象，都是以自我为中心，人为地忽略很多不利因素，并根据自己的经验和认知系统，一厢情愿，想使外界事物朝向最有利于自己的方向发展变化。本质上，宇宙自然是一个庞大而又极其复杂的动态变化发展系统，任何事物都属于大系统中的一分子而不是中心。大系统中的各分子相互联系、相互影响、相互作用、相互制约，动态变化，循环流变。人，可以主宰自己的计划和想象，可以控制和决定自己的行为，但却无法控制和左右外界的其他事物，更加无法控制和左右整个大系统。人的计划和想象如果只停留在自己的大脑中，那么因为与外界无关，所以并不会引起外界的变化和连锁反应。当要把计划想象付诸行动时，便会迅速与外物及整个大系统建立连接，同时产生各种各样不可预知的变化。因为整个大系统和系统内的事物都相对独立，其独特的变化发展总是会超出人的预料，直接导致人行为方向的偏离，使人的计划想象泡汤或受挫，这是不以人的意志为转移的。

弟子：难怪现实生活中说大话的人多，干实事的人少，因为无论是谁，只要开始干，就必然会遭遇挫折和不如意。为了避免失败，还是动口不动手安全保险。

老师：大道理好讲，但不容易做。无论是谁，当他开始践行道理时，外部的大系统和各种子系统会跟随人的行动在同步流变，也会同时出现各种各样无法预知和应对的状况，导致大道理践行受挫，或者根本无法践行。真正的大道理不是用来讲的，而是用来做的，只有真正做到的道理，才是最有用的道理。因此，千道万理，只有做到才是真道理。

故飘风不终朝，骤雨不终日。孰为此者？天地。天地尚不能久，而况于人乎

老师：飘风和骤雨都是一种自然现象，老子借此阐述天地所蕴含的自然规律。

弟子：第七章老子专门强调天长地久，本章又指出天地尚不能久，岂不是自相矛盾？

老师：现代科学证明：太阳并非永恒的存在，它也是有寿命的。既然太阳有寿命，那么作为太阳系行星之一的地球，自然也有寿命。老子讲的天长地久，指的是道的永恒；本章的天地尚不能久，指的是天地所派生的飘风和骤雨不能长久，两者不能相提并论，因此也并不矛盾。狂风和骤雨会快速消失，但是催生和主宰狂风骤雨的自然规律却永恒存在。因此，道永恒，道所催生的万物皆不能永恒。

故从事于道者同于道，德者同于德，失者同于失。同于道者，道亦乐得之；同于德者，德亦乐得之；同于失者，失亦乐得之

老师：自然万物及人类，合道即有道，合德即有德，失道失德即无道无德。

弟子：为什么呢？

老师：万物及人有道无道，有德无德，关键在于他是不是遵从道，遵从德，侍奉道，侍奉德。

弟子：遵从和侍奉就有了？

老师：对于人而言，他遵从什么，他就有什么；他侍奉什么，他就有什么；他痴迷什么，他就有什么。

弟子：好像确实是那么回事，有那么绝对吗？

老师：只要是真心实意地遵从和侍奉，就绝对；如果虚情假意或者为了某种利益或目的而违心去遵从和侍奉，就不能绝对。

弟子：看来真实和真诚，才是做人的根本。

老师：真实和真诚是合于道的，是生命本真的外在表现。孔子曰："朝闻道，夕死可矣"，"吾道一以贯之"。圣人尚且把闻道看得比生命还重要，能够自始至终地贯彻道，何况是普通人呢？

弟子：遵道顺德必须始终如一，不能中断吗？

老师：《中庸》第一章讲："道也者，不可须臾离也，可离非道也。"意思是说，道是不可以片刻离开的，如果可以离开，那就不是道了。当人能够做到贯彻始终，片刻不离开地遵从侍奉道和德的时候，道和德就成为他生命的一部分，成为自然而然的生命有机体，如何能不合于道和德呢？道和德又如何不帮助他、滋润他、成就他呢？

弟子：自然而然是个什么概念？

老师：就是完全出乎自然，根本无须刻意和强求，更无须言说，一切顺理成章。

弟子：不遵从和侍奉道和德的人，会有什么结果呢？

老师：既然道和德与他分离，那么自然失道失德，道和德自然会惩罚和减损他。

弟子：失道失德也存在自然而然吗？

老师：当失道失德成为习惯，成为生命的构成要素时，他失道失德就是自然而然、顺理成章的事情了。

弟子：那岂不很可怕？

老师：人最可怕的，是走在错误毁灭的道路上却不自知。没有意识的错误和危险才最为可怕。

弟子：那如何解救失道失德的人呢？

老师：让他们遵从、侍奉道和德，片刻不要离开，贯彻始终初心不改，积德行善矢志不移，那么他自然就能得救。

弟子：这谈何容易啊？

老师：招致祸患和毁灭就容易吗？

弟子：人自伤和自毁真的很容易，就是遵道顺德、积德行善难。

老师：对于一个不能珍爱自己及生命的人，是不用谈道、德和善的。

弟子：为什么不拯救他们呢？

老师：如果一个人内心不寻求改变，内在不愿意修身养性，外在不愿意遵道顺德，不愿意积德行善，那么即便全天下的人都来帮助他，也是无济于事的。

弟子：顺道者昌，逆道者亡，这是众所周知的常识性规律。然而，对于自然规律，多言是无益的，关键是能够做到不言，能够真正贯彻始终地遵从和亲为，一切的一切，最终还是靠自己。

老师：靠山山会倒，靠水水会干，靠树树会枯，靠人人会跑，最终只能靠自己。在日常生活中，人必须要遵循客观规律，得到应该得到的，失去必须失去的，合于道的要乐于得到，不合于道的要乐于失去。因此，人只有德道同行，道德同修，顺应自然，才能做到天人合一，天长地久。如果失道失德，总是违背自然规律行事，那必然是自作孽不可活，自取灭亡是迟早的事。

第二十四章 企者不立

一、原文

企者不立，跨者不行，自见者不明，自是者不彰，自伐者无功，自矜者不长，其在道也，曰："馀食赘形，物或恶之。"故有道者不处。

二、译文

抬起脚跟用脚尖站立，是站不稳的；大跨步前行，是走不远的；固执己见是不明智的，自以为是是不能彰显的，自我夸耀是没有功劳的，骄傲自大是不会长久的，这些都是从道的观点来看的，只能说是："残羹剩饭、多余的赘瘤，都是令人厌恶的东西。"所以，得道的人不做这样的事情。

三、演义

企者不立

老师：用脚尖站立，对于普通人而言，自然是站不稳的；然而，对于那些经过专门训练的人，比如杂技演员、舞者、运动员等，都能轻而易举地用脚尖站立，所以不能一概而论。从人用脚尖站立站不稳的现象，引申为人要脚踏实地，不能好高骛远，不能做违背本性和道的事情。

跨者不行

老师：从人大跨步前行走不远的现象，引申为人做事行为不能急功近利，不能浮躁和激进，而应遵循由量变到质变的规律，脚踏实地，循序渐进，具有诚心和恒心，才能达到目的。

自见者不明，自是者不彰，自伐者无功，自矜者不长，其在道也

老师："企、跨、自见、自是、自伐、自矜"这六个方面，都是失道者的具体表现，人失道会有什么结果呢？

弟子：失道之人，必定会受到自然规律的惩罚，给自己招致祸患，从而加速自我衰败和毁灭。

老师：在这里，老子告诫人们：凡事好高骛远、急于求成是做不成事情的，做人固执己见、自以为是、自我夸耀、自高自大是不行的，是失道的，是会受到惩罚的。

馀食赘形，物或恶之，故有道者不处

老师：对于圣人来讲，"企、跨、自见、自是、自伐、自矜"等都属于"残羹剩饭、多余的赘瘤"类令人厌恶的东西，是避之唯恐不及的东西，怎么会去做呢？

弟子：看来圣人是有所为、有所不为啊。

老师：既然得道，就一定要有所为，即能够做到"不企立、不跨行、不自见、不自是、不自伐、不自矜"，合于道而顺应自然，无为而治；同时也要能够有所不为，即能够杜绝和避免"企、跨、自见、自是、自伐、自矜"等"残羹剩饭、多余的赘瘤"类令人厌恶的东西，这是有道者和失道者最大的区别。因此，失道者总会因其失道而麻烦不断，祸患连连，痛苦失败，难以长久；而有道者则相反，他们会因遵道顺德，积德行善，利他爱物而成功、成就，平安幸福，和谐长久。

第二十五章 有物混成

一、原文

有物混成，先天地生。寂兮寥兮，独立而不改，周行而不殆，可以为天地母。吾不知其名，字之曰道，强为之名曰大。大曰逝，逝曰远，远曰反。故道大，天大，地大，人亦大。域中有四大，而人居其一焉。人法地，地法天，天法道，道法自然。

二、译文

有一种客观存在的物是浑然天成的，在天地生成之前就诞生了。它寂静无声而又虚空无形，独自存在而又永不改变，周而复始地运行而又永不停止，是衍生天地万物的根源。我不知道它的名字，为它表字叫道，勉强为它取名叫大。大叫广阔无边，广阔无边叫周流不息，周流不息叫深邃遥远，深邃遥远叫返回本原。所以，道大，天大，地大，人也大。宇宙空间中有四大象，人就占据其中之一。人效法地，地效法天，天效法道，道的法则是自然和谐。

三、演义

吾不知其名，字之曰道，强为之名曰大。大曰逝，逝曰远，远曰反

老师：宇宙自然中有一种物，它无形无状，看不见摸不着听不到，周而复始，反复循环，人们都不知道它的名字。因此，老子给这个实际存在的物取名叫道，勉强称它为大。

弟子：大、逝、远、反怎么解读呢？

老师：大是指虚无缥缈，无边无际，大也叫逝；逝是指周而复始，周流不息，逝也叫远；远是指深邃遥远，远又叫反；反是指返回本原。道的规律就是生生不息，循环往复，无生有，有回归无。大、逝、远、反是对道的特性最直观形象的阐述。

故道大，天大，地大，人亦大。域中有四大，而人居其一焉

老师：道是虚空缥缈、无边无际、无所不在、无处不有的，整个宇宙及万物都是道所派生的，因此是不能用空间疆域的大小来类比和衡量道的。

弟子：该怎么理解宇宙空间和四大的涵盖关系呢？

老师：道不是人类的智慧和能力所能穷尽的。所谓域中有四大，只是老子根据人类的认知习惯和能力，为方便人类认知道而作的一个假设性分类，并不存在宇宙空间和道谁大谁小的问题。

弟子：从逻辑关系上讲，是大包小，如果小包大，就反逻辑了。

老师：《道德经》第一章就讲："道可道，非常道；名可名，非常名。"既然道说都不能说清楚，还谈什么逻辑呢？所谓的逻辑，也只是人类认知事物和探索世界的工具，为什么要纠结逻辑是正还是反呢？只要能说明问题，能够有助于人类的认知和探索，能够把不可言说玄妙的事物简单地表述出来，就可行，没必要过于较真和执着。

弟子：看来我是过分纠结于文字逻辑了，文字和逻辑都是人创造和主观规定的，并非绝对正确。

老师：《道德经》是老子创作的，老子也是人，他的文字选择和逻辑观念也并非完美无缺。文字是用来承载智慧和道的，如果只纠结于文字或所谓的逻辑，就会偏离方向，捡了芝麻丢了西瓜，这才是真正的因小失大。

弟子：可道、天、地和人四大象之间却存在着明显的层级关系。

老师：在道、天、地和人四大象中，道包含天、地和人，天包含地和人，而地只包含人，也就是说，道最大，天次之，地再次之，人最末。

弟子：人是由天地所派生的，万物也是由天地派生的，为什么人列入四大，而其他事物没有呢？

老师：人是万物之灵，人生于物质，却高于物质。人类是道最神奇的创造物，人类聚集了天地物质的灵气，成就了物质的最高智慧，实现了自身肉体的有和思想精神的无的有机统一，是与道最接近、最相合的存在物，是自然万物的最典型代表。

弟子：既然人是宇宙四大象之一，岂不是无所不能了？

老师：人虽然被列为宇宙四大象之一，但人来自于天地，是道所派生的，自然受道的主宰和控制。因此，人必须遵从道，合于道。人如果自以为了不起，自以为无所不能而狂妄自大、胡作非为、不可一世，那么就无异于是在刀尖上跳舞，在汪洋中行船，在烈火中漫步，稍有不慎，便会身伤命亡。人，不能忘本，不能离根，不能弃德，更不能背道。背道必失道，弃德必丧德。人若失道失德，就与动物无异，就不能称之为高贵而神圣的人了。

人法地，地法天，天法道，道法自然

弟子：人效法地，地效法天，天效法道比较好理解，小的效法大的，无可厚非。然而，对于道法自然，似乎怎么解读都不通，到底是道大还是自然大呢？如果自然大，那么《道德经》通篇讲道是宇宙自然的主宰，岂不是自相矛盾？如果自然小，那为什么还要效法自然呢？有必要吗？

老师：在道、天、地、人宇宙自然四大象中，人处于最低的层级，因此人效法地，地效法天，天效法道是自然而然的事情。但道法自然中的自然，并不是指自然界，而是指自然和谐的状态。自然和谐的状态是什么？是道，是道外显于物相上的自然和谐性状。因此，道法自然，并不能单纯地理解为道效法自然，而是指道的本性就是自然和谐。既然道的本性是自然和谐，那么天、地、人就必须效法自然和谐。因此，道与自然根本不存在谁大谁小的问题，自然是道本来的样子，也是宇宙万物效法和遵循的终极存在。

第二十六章 重为轻根

一、原文

重为轻根,静为躁君。是以圣人终日行不离辎重,虽有荣观,燕处超然。奈何万乘之主,而以身轻天下?轻则失根,躁则失君。

二、译文

重是轻的根本,静是躁的主宰。因此,圣人整天处事行为都不离开根本,虽然拥有华丽的住所,但总能够安闲独处,超然物外,超凡脱俗。为什么拥有万辆兵车的君王,却总是用轻率躁动的行为来治理天下?轻就失去根本,躁就失去主宰。

三、演义

重为轻根,静为躁君

老师:纯粹的物重与轻的关系,引申到人身上,是稳重与轻率的关系,也是本与末的关系。

弟子:静怎么是躁动的主宰呢?

老师:万物茂盛纷繁,各自又回归它们的本原。回归本原叫静,静叫回复本性。静是万物的本性,静自然主宰动。

弟子:那躁动呢?

老师:躁动比自然而然的运动更加脱离本性,静更加是躁动的主宰。

弟子:还是不太明白。

老师：以人为例：静是一种身体的调整、修复和能量补充模式，动是能量消耗、协调平衡、完善强壮的模式，而躁动则是心急不安情况下的活动。人，如果没有静积蓄的能量和对机体的修整，就没有动的动力和高效；同理，人如果没有动的协调平衡，磨炼强壮，也就没有静的稳定与和谐；如果没有静定对躁动不安的主宰和控制，人将对自己失道的活动失去控制，而招致祸患和毁灭。因此，人，只有动、静平衡协调，整个身心才能健康稳定、完善和提升；如果动、静失衡，必然导致身心整体和谐平衡被打破，影响身心的健康和机体的稳定。

老师：如何保证身体不出问题？

弟子：当然是运动，因为生命在于运动嘛。

老师：刚才也提到，人的身体动静协调才最有益于身心健康，如果运动过多过度，透支身体，那么运动非但于身体无益，反而有害；如果过于静，缺少运动，那么身体机能会因得不到活动和锻炼而萎缩或衰退，同样于身心健康无益。对于人的身体而言，动与静对身体的功能是不同的，动是为了活动身心，锻炼身心的机能，同时也会消耗能量，使身心疲劳或受到损伤；静则完全相反，静是为了静定身心，不断积蓄能量，修复损伤，维持身心的健康和稳定。动是为了静，静也是为了动；在人身体动和静关系中，静主动，动从静。也就是说，无论人怎么动，最终都要回归静。静为动提供能量和能力保障，动为静创造机会和平台。

弟子：难道动是为了更好地静？

老师：不但动是为了更好地静，同时静也是为了更好地动，彼此相辅相成。静极必动，动极必静，这是规律。

弟子：也就是说，静推动动，动促进静吗？

老师：只有在动静相宜的情况下，动才是良动，静才是益静。

弟子：怎么理解呢？

老师：过度地静，往往不能很好地动；过度地动，更加不能很好地静。

弟子：为什么这么说呢？

老师：当人过于静时，身体各部分由于长期安静得不到适当的活动锻炼，身体的运动机能将会因受到严重抑制而逐渐衰退，人的运动能力必将受到严重损害；而当人运动过度时，必然会导致能量的过度消耗，身体机

能严重受损，当身体各部分因透支而出现问题时，想安稳地静下来，也是很困难的。

弟子：动静要相宜，防止过与不及，这才是最佳的养生之道啊。

老师：因此，对于重和轻，静和躁来讲，重和静是本，轻和躁是末。守住根本，才能主宰枝末，这是人合于道的行为准则。重和静，自然也是人安身立命的根本。守住生命的重和静，人生合德顺道，长久无忧。相反，人如果失去生命的重和静，就会出现诸如"企立、跨步、自见、自是、自伐、自矜"等失道失德的行为，其结果必然会导致"不立、不行、不明、不彰、无功和不长"的结局。静是本，躁是末，自然是静能胜躁，也能主宰躁，这也是心静自然凉的根本所在。

弟子：如此说来，人能持守身心的静和定，就等于抓住身心的躁和动，也就等于抓住了生命的根本。

老师：道的终极存在是虚静，道生万物而后动，万物动而终归于静。人也一样，人静则神安，神安则心定，神不安则心必躁。人只要躁动不安，必然背道离德。因此，人若想长久，若想平安无忧，就必须要守静，要抓住生命的根本。

是以圣人终日行不离辎重

老师：辎重，是指古代军队中载运器械、粮食的车辆。对于军队而言，辎重虽然只是后勤保障，但却是行军打仗的根本。一个没有后勤保障的部队，能否安全保存都是个未知数，更何况还要打仗呢？因此，辎重就是军队的根本。圣人整天处世行为，以不离开辎重作比喻，意思是不离开根本，即持守重和静。

虽有荣观，燕处超然

弟子：圣人重道轻物，荣华富贵、功名利禄于他们是末，因而总能超然物外。

老师：圣人是合于道的人，是始终持守根本的人，因此他们往往不会被世俗表象所动，无论世界如何纷繁复杂、变化万千，圣人独守持重和静定，超然物外，自由安闲，和谐快乐。因此，对于圣人而言，荣华富贵、功名利禄等世俗的东西，都属于末的东西，圣人是不会因之而心动，甚至陷入世俗红尘之中去的。恪守持重和静定，是圣人之所以为圣人的法宝和标志。《大学》中讲："物有本末，事有始终；知所先后，则近道矣。"圣人能够抓住事物的根本，知道本先末后，所以圣人最接近于道。

奈何万乘之主，而以身轻天下？轻则失根，躁则失君

老师：大国的君主，往往会沉迷于世俗的功名利禄、安逸享乐之中，显然是背离重和静的根本的，是逆道的，如何能不让圣人忧心忡忡，感叹伤心呢？一个背离道的国君，能治理好国家吗？能让国家长治久安吗？能让百姓幸福安康吗？

弟子：圣人总是先天下之忧而忧，后天下之乐而乐啊。

老师：孟子也是提倡与民同乐的，只有合道的君王，才能利益百姓，才能使圣人欣慰。

弟子：失根失君是背道失德君王的必然结局吧。

老师：轻就失去根本，躁就失去主宰。对于君王而言，轻躁失去根本，就会失去君位和主宰权；对于个体的人而言，轻躁失去根本，人生就会痛苦失败难以善终。因此，无论是君王还是百姓，轻躁都是祸患的根源，重静才是安身立命的法宝。

「第二十七章」善行无辙

一、原文

善行无辙迹，善言无瑕谪，善数不用筹策，善闭无关楗而不可开，善结无绳约而不可解。是以圣人常善救人，故无弃人；常善救物，故无弃物，是谓袭明。故善人者不善人之师，不善人者善人之资。不贵其师，不爱其资；不爱其资，虽智大迷。是谓要妙。

二、译文

善于行动的人，不会留下任何痕迹；善于言辞的人，不会留下任何让人谴责的错误或过失；善于计算的人，不需要利用任何计算工具；善于封闭的人，没有机关要件也无法打开；善于扎束的人，没有绳索也不能解开。因此，圣人总是善于人尽其能，所以没有遗弃的人；总是善于物尽其用，所以没有废弃的物，这就叫承接明道。所以，善人是不善人的老师，不善人是善人的借鉴。不珍惜善人的教诲，不注重不善人的借鉴，虽然聪明也是极端的糊涂，这就叫精要玄妙的道理。

三、演义

善行无辙迹

老师：善于行动的人，总是善于掩盖自己的行迹，因而不会留下对自己不利的迹象，给自己和他人带来不必要的麻烦和祸患。

弟子：雁过会留声，人过要留名。人，要想走得干净，来得自由，谈何容易？

老师：善行也引申为善于行为做事，即人做任何事情，能够做得干净利索，不留任何尾巴和麻烦，事情做完之后，如同根本就没有发生过一样，做事行为于无形，这才是真正的善做善为，也是做事行为的最高境界。否则，不能称为善行，只能称之为不会行，不会做。

善言无瑕谪

弟子：人无完人，没人能做到说话没有任何瑕疵。

老师：人，虽然不能做到尽善尽美，但能够做到少过失和少错误。在人的一生之中，有多少麻烦、是非和祸患，都是因为口不择言、信口雌黄，不会说、不善言而导致的啊。病从口入，祸从口出，是人最致命的缺陷。

弟子：言多必失，沉默是金，就是针对人语言方面的缺陷而提出的忠告和箴言吧。

老师：善言的最高境界，就是没有过失，不给他人留下把柄，不会带来麻烦和祸患。只要不能做到这一点，就不能称之为善言。

善数不用筹策

弟子：如果借助工具计算，就不算善于计算吗？

老师：如果计算需要借助工具，那么当工具缺失或不具备时，还能很好地计算吗？

弟子：估计很困难，习惯于借助工具计算的人，一旦没有工具，可能根本就算不了。

老师：因此，不需要借助任何工具的计算，才是真正的善算，也是计算的最高境界。

弟子：现实中确实有计算天才，他们不用借助任何工具，只用心算，就能比计算器还要准还要快，真是神奇。

老师：人的潜能是无限的，只要是人类所涉及的领域，总会有让人意想不到的天才和神奇。因此，任何时候也不要对人类说不可能。对于人类自身而言，各种意想不到的可能性都可能存在，超出人类认知范围的可能性也多得难以想象。

善闭无关楗而不可开

弟子：怎么可能呢？强中自有强中手，只要是人设定的机关，总是有

人能破解的。

老师：如果设定的机关，别人能够很容易破解，能叫善于锁定吗？锁定和封闭的至高境界，是即便没有任何机关，普通人也无法打开。

善结无绳约而不可解

弟子：没有绳索怎么解结呢？想解也无从下手啊。

老师：扎束于无形，因而根本无解。

弟子：无形怎么叫扎束呢？

老师：虚无怎么是道性呢？

弟子：也是的，无形并不代表没有，并不代表不存在，只是人类的认知和能力无法达到那个境界而已。

老师：以上是老子提出的五善，即善行、善言、善数、善闭和善结。五善是道在人类身上的神奇外显，是人生的至高境界，是合于道的。人如果能达到五善的至高境界，就能应用自如，如庖丁解牛一般，造神奇于无形。人若不能做到五善，就容易离道背德，带来很多难以预测的麻烦与祸患。

是以圣人常善救人，故无弃人；常善救物，故无弃物，是谓袭明

弟子：世界上无用之人、无用之物多得数不胜数，圣人如何能做到不遗弃呢？

老师：道不生无用之人，不产无用之物。只要存在之物，就必有其用，必有其理。普通人因为智慧未开，不能与道相合，因此看不到那些看似无用之人、无用之物的价值和用处。而圣人则完全不同，他们与道相合，总是能够按客观规律行事，因此他们清楚那些看似无用的人、看似无用的物的价值和用处，并因能善于避其所短、扬其所长，而让天下之人人尽其能，天下之物物尽其用，如何能有可遗弃之人、可遗弃之物呢？

弟子：普通人在其一生之中，总会有无数自认为无用的人、无用的物出现在他们的生活和生命之中，因而他们总是既求得又抛弃，原来他们并不是故意为之，而是不知道那些看似无用之人、无用之物的价值，因而只能选择抛弃。

老师：遗弃道生之人、道生之物的人，会很自然地被道所遗弃。圣人不遗弃任何人和物，因此，任何人和物也不遗弃他。普通人总是遗弃这遗弃那，最终他会被人和物所遗弃。

弟子：原来人智慧未开，愚昧无知是这么可怕啊，会被世界的人或物所遗弃。

老师：世间万物都是相依相生、相互作用、相互影响和制约的。力总是存在反作用力。因此，你遗弃人或物，人或物必遗弃你，这就是因果律。

弟子：也就是说，你对人或物恶，人或物同样会对你恶；你对人或物善，人或物也会对你善，凡事皆有因果，不是凭空而来的。

老师：善有善报，恶有恶报，不是不报，时辰没到。爱出者爱返，福往者福来，就是这个道理。

弟子："勿因善小而不为，勿因恶小而为之"的古训，原来蕴含最深刻的人生哲理啊。

老师：积善之家，必有余庆；积不善之家，必有余殃。这并非空穴来风，而是与道相合的，是符合自然人伦大道的。

故善人者不善人之师，不善人者善人之资

弟子：善人是老师，发挥正向的引领作用；不善者是借鉴，起到反面教材和借鉴作用。如此看来，人还真的没有可以遗弃之人，人人生而有用，物物出而有用，不能鼠目寸光、愚昧无知、主观妄为啊。

老师：善人有善人的用处，不善人有不善人的用处，不能片面否定或偏执，这是为历代人所证明正确的道理。

不贵其师，不爱其资；不爱其资，虽智大迷。是谓要妙

弟子：忽视他人的存在，或者忽略他人的作用，非但不是聪明，反而是极端糊涂啊。

老师：人是群居生物，人不能脱离他人而很好地存在和发展。因此，在日常生活中，人人都要做到：对于自己和他人身上的优点和长处，要作为一面善的镜子和榜样，来教育引导自己和他人向善从良；对于自己和他人身上存在的缺点和不足，则要作为一个反面镜子和教训，作为自己和他人行为的借鉴和警示，避免走邪和行恶，从而使人生幸福圆满，善始善终。这是老子提出最精要玄妙的人生之道。

弟子：本章通篇都在讲善和不善，那到底什么是善呢？

老师：但凡积极、正面、利他益物者，皆称之为善。

弟子：可以进一步阐释吗？

第二十七章 善行无辙

老师：从中华道统角度来讲，《易经》以"自强不息，厚德载物"为善，道家以"合道顺德"为善，儒家以"格物、致知、诚意、正心、修身、齐家、治国、平天下"为善，佛家则以"慈悲觉悟"为善。

弟子：道统是儒家所倡导的道统吗？

老师：这里的道统，并非儒家所言的道统，而是指老子所阐述的道的哲学体系，是宇宙自然最终极的存在，体现在具体的物上，就是自然万物存在和发展所遵循的规律。

弟子：那什么是恶呢？

老师：但凡消极、负面、损己害人损物者，皆称为恶。《易经》以违背"天道、地道和人道"为恶，道家以"逆道背德"为恶，儒家以与"格物、致知、诚意、正心、修身、齐家、治国、平天下"相背为恶，佛家则以"妄想、分别和执着"为恶。

弟子：为什么有善恶之分呢？

老师：善主生，恶主亡。

弟子：难道善恶是为生死存亡而存在的？

老师：善为生备，恶为亡存。

弟子：如果无善无恶呢？

老师：不善不恶，永恒不灭。

弟子：不善不恶，就能永恒？

老师：世间有什么能永恒不灭呢？

弟子：世间好像没有永恒存在的事物，万物皆不是永恒的。

老师：世间万物皆有生有灭，唯有道永恒存在。

弟子：那人的思想或精神如何能永恒呢？

老师：人的思想和精神，承载的是道，是道的永恒，而不是人的思想和精神。

弟子：看来万物若要长久，必要合于道。

老师：永恒即为道，合道方永恒。

「第二十八章」知雄守雌

一、原文

知其雄，守其雌，为天下谿；为天下谿，常德不离，复归于婴儿。知其白，守其黑，为天下式；为天下式，常德不忒，复归于无极。知其荣，守其辱，为天下谷；为天下谷，常德乃足，复归于朴。朴散则为器，圣人用之，则为官长，故大制不割。

二、译文

知道刚强，却持守柔弱，做天下的溪涧；做天下的溪涧，永恒的德就不会失去，又回到婴孩般纯真柔和的状态。知道洁白，却持守污黑，做天下的范式；做天下的范式，永恒的德就不会出差错，又回归到道虚空混沌的状态。知道尊荣，却持守卑辱，做天下的低谷；做天下的低谷，永恒的德就会充足，又回归到质朴、纯真的状态。质朴纯真的道分散演化成宇宙万物，圣人运用道，就成为百姓的首领。所以，完善的政治制度是不能割裂的。

三、演义

知其雄，守其雌，为天下谿

老师："强中更有强中手，一山更比一山高"，"山外有山，人外有人"。无论人有多刚强，总会有很多比他更加刚强的人存在。

弟子：确实如此，人不是万能的，无论是谁，不可能哪方面都比他人

第二十八章 知雄守雌

强，总有更多的人在这方面或那方面比他要强得多。

老师：这只是人与人进行小范围的比较，如果把人放在万物中进行比较，放在宇宙自然中进行比较，人还会那么刚强吗？还会那么强大吗？

弟子：人如果与地球上的万物相比，或许还有可比的方面；如果与天地宇宙和道相比，简单九牛不及一毛，根本没有可比性，渺小到可以忽略不计。

老师：自然宇宙并非只有人类存在，而且有万事万物，有天地宇宙和道的存在。面对如此众多比人强大到不可计数的外部存在，人还能算刚强吗？还敢刚强吗？

弟子：如此看来，人还真的不能逞强，否则那是找死啊。面对奥妙无穷的外部世界，人持守柔弱就能高枕无忧了吗？

老师：守雌，就是要求人要如同雌性一样安静柔弱，以柔克刚，以弱胜强，由于合于道，所以能少树敌，少纷争，得平安得长久。

弟子：守雌是平安长久之道啊。

老师：在老子看来，刚强属于有为，属于争；柔弱属于无为，属于不争。老子提倡无为而治，倡导不争之德，提倡柔弱胜刚强。因此，人即便知道自己刚强，也一定要持守柔弱。

为天下谿，常德不离，复归于婴儿

老师：溪涧如水，无为不争，谦卑低下，包容万物，最合于道。合于道的德是永恒的，是不会失去的，如同婴儿无知而最合自然天性，柔和纯真而又天真无邪。

知其白，守其黑，为天下式；为天下式，常德不忒，复归于无极

老师："知白守黑"与"和其光，同其尘"意思接近，都是中正守柔，谦虚处下，是合于道的规范和模式，自然能够作为天下的范式。

弟子：持守天下的范式，德就不会出差错吗？

老师：这个自然，合于道的规范和原则，与道一样，是永恒的，是没有差错的。

知其荣，守其辱，为天下谷；为天下谷，常德乃足，复归于朴

老师：高损洼盈，德谦充盈，自然充足本真。

弟子：可是，现代人似乎都以刚强、光耀、尊荣为能事，好像没多少人愿意知雄守雌、知白守黑、知荣守辱的，能做到的就更加稀少了。

老师：但凡尊强弃弱，尊白弃黑，尊荣弃辱，总以个人彰显和追求功名利禄为能事的人，都是不合于道的，必然会受到自然规律的惩罚。

弟子：看来本强守弱、本洁守污、本荣守辱，才是真正的人生大智慧，是人长治久安，幸福快乐的根本。

老师：人，只有本强守弱，才能大智若愚，实现柔弱胜刚强；只有本洁守污，才能洁身自好，不与真正的污浊同流合污；只有本荣守辱，才能拥有真正意义上的尊荣和荣誉。

朴散则为器，圣人用之，则为官长，故大制不割

弟子：为什么朴能散成器，道能散成万物，而大制却不能割裂分散呢？

老师：朴是木制器物的本原，道是万物的本原。本原可以派生器物，但器物却不能派生本原。如王夫之在《老子衍》中讲："婴儿可壮，壮不可稚；无极可有，有不可无；朴可琢，琢不可朴。"也就是说，原木可以制成各种各样的器物，但是各种各样的器物却不能还原成原木；道可以生养万物，但万物却不能生养道。朴和道所衍生之物，只能保持完整和统一，不能割裂不能分散，否则就意味着消失或灭亡。由自然规律所派生的完善的政治制度，只能是一个完整统一的整体，是不能割裂和分散的。

第二十九章 取天下

一、原文

将欲取天下而为之，吾见其不得已。天下神器，不可为也，不可执也。为者败之，执者失之。物或行或随，或歔或吹，或强或羸，或载或隳。是以圣人去甚、去奢、去泰。

二、译文

有人想要获得天下而主观施为的，我看他根本不能达到目的。天下是大自然神奇的造化物，不可以主观施为，不可以强力把持；主观施为就会失败，强力把持就会失去。世间万物，有的前行，有的跟随；有的嘘暖，有的吹寒；有的强壮，有的瘦弱；有的建设，有的毁坏。因此，圣人要去除纵情享乐，去除奢侈，去除过度。

三、演义

将欲取天下而为之，吾见其不得已

老师：人，只要主观施为，往往就会自觉不自觉地开始逆道背德，依靠主观施为来获得天下，通常不能达到目的。相反，若能遵道顺德，即便是无所不为，也是合道行道的，获得天下是自然而然的事情。

弟子：无为中包含有为？

老师：无为，并不是什么也不做，而是逆道背德的无为，合道顺德的无不为。即通过对逆道背德的无为，顺其自然地实现合道顺德的无不为。

弟子：无为无不为，是自相矛盾啊！

老师：不能狭隘地仅从字面来理解无为和有为。关于无为和有为，既包含无为无不为，也包含有所为有所不为。应当遵循正者反求和正言若反的原则，通过杜绝逆道背德的有为，即无为，实现合道顺德的无不为，即有为。如果连合道顺德的事都不去作为，那就更加失道失德了，这显然是老子所反对的。

天下神器，不可为也，不可执也。为者败之，执者失之

老师：自然万物，合于道的生存发展模式，是顺其自然地按照自身的规则和规范生生不息，循环往复，既不能主观施为，也不能强力把持。因为主观施为就会逆道背德，强力把持就会意志强加。逆道背德就会导致失败，意志强加就会因对抗而失去。无为而治，是一种合于道顺其自然的治理，是一种将有为隐没于现实生活中的治理，看似无为，实则无所不为。

物或行或随，或歔或吹，或强或羸，或载或隳

老师：道是有和无的综合体，有无的相生流变派生了宇宙自然万物。宇宙自然是阴和阳综合体，阴阳的相生流变造就了具体的万事万物。个体事物存在整体的阴和阳，构成整体的部分也存在阴和阳，构成诸部分的因子同样存在阴和阳，万物阴阳和合万千变化，显相于外，就是事物的相差相异，相反相成。

弟子：阴和阳的变化真是奥妙无穷啊。

老师：小到微小粒子，大到宇宙自然，都有相对应的阴和阳，因此，不能笼统地固化阴和阳。

弟子：对于阴阳也要具体问题具体对待？

老师：阴和阳，是构成事物的两极，因此，不同事物，阴阳自然各不相同，如何能相提并论呢？具体问题具体分析，才是真正的阴阳观。

是以圣人去甚、去奢、去泰

老师：《易经》中的"否极泰来"和"泰极否来"，说明天地万物，盛极必衰，满必招损。万物效法自然，保持自身的阴阳动态和谐平衡才最具生机和活力，才最稳定和持久。圣人遵循自然之道，自然会去除自身的纵情享乐，去除奢侈奢华，去除过度极端，持守和谐平衡，防止过犹不及，这是圣人合于道的自然选择，也是长生久视的必然要求。

第三十章 以道佐主

一、原文

以道佐人主者，不以兵强于天下，其事好还。师之所处，荆棘生焉；大军过后，必有凶年。善者果而已，不敢以取强。果而勿矜，果而勿伐，果而勿骄，果而不得已，果而勿强。物壮则老，是谓不道，不道早已。

二、译文

用道的规律来辅佐君主的人，不用武力在天下逞强，因为用兵这种事情，容易遭受报应。军队所在的地方，荆棘丛生；大战过后，必定有饥荒的年岁。善于用兵作战的人，只是取得胜利而已，不敢用武力来求取强大。胜利了不自吹自擂，胜利了不自我夸耀，胜利了不骄傲自满，胜利了认为是迫不得已，胜利了不自我逞强。世间万物强盛到顶点就会衰老，这是不合于道的，不合于道，就会提早败亡。

三、演义

以道佐人主者，不以兵强于天下，其事好还

老师：道为正，但凡恶，都属于不正。不正、邪恶、逆道，自然要受到自然规律的惩罚。如果恶也有善报，那天下谁还愿意行善呢？

弟子：纵观人类历史，那些邪恶奸诈之徒，那些坏到极点的败类，没有一个有好下场的。他们自身没有好下场，不得善终，他们的子孙受他们的影响，要么被灭族，要么不兴旺，好像很少有例外。

老师：在中国历史上，孔子被后人尊称为大成至圣先师，万世师表，他德行天下，福泽后世，使中国人世世代代受益，因而孔子得善终，他的子孙一直延续至今都繁荣昌盛；"先天下之忧而忧，后天下之乐而乐"的范仲淹，无论走到哪，都积德行善，造福于民，因而他的后代也一直延续繁盛不衰。这样的例子很多很多，都是天道使然啊。

弟子：用兵为什么属于恶呢？

老师：用兵打仗，必然会劳民伤财，破坏人民正常的生产生活秩序，而且总是不可避免地造成人员伤亡和财产损失，因此，用兵打仗本身就是极恶的事情。善有善报，恶有恶报，不是不报，时辰未到。既然用兵打仗属于极恶一类，那么自然会有恶的报应。

弟子：既然用兵是极恶的，为什么几乎所有国家都要有军队呢？为什么还要打仗呢？

老师：虽然用兵属于极恶的事情，但是国家不能没有军队和警察。因为人性难测，你善，并不能保证他人也一定善；你善，更加要能够自保，不能让恶人强力欺负。拥有军队和警察，就是使恶人恶行不能得逞，使邪恶得到最大限度的控制和约束。

弟子：当人失去有效约束和控制时，为了无止境的欲望，他什么事都敢做，什么恶都敢行，没有制恶的手段和长效机制确实不行。

老师：自身强大的善，才是合于道的善；能够抑恶扬善的善，才是持久永恒的善。善者如果弱小，自身尚且难保，又如何能保全他人，使他人因善而受益呢？如果善者受到邪恶的欺凌而毫无还手之力，那么善有何益呢？

弟子：善强大才能抑恶啊，难道用善来感化恶不可以吗？

老师：感化并不适用于所有人，对于有善根而迷路的人而言，感化或许比较理想，然而对于那些强大而又邪恶之人，你有多大的能耐来感化他们呢？

弟子：这个还真不好说，感化是善者一厢情愿的事情，至于对方能不能被感化，就不是善者所能决定的了。很多时候，即便是普通人也难以被感化，更何况是邪恶之人呢？

老师：对于那些能够被感化的人，实施善的感化无可厚非；而对于那些感化不了的人，则不可以愚蠢地坚持感化他，而是要用强力压倒他，使

他丧失邪恶的能力。善不仅要与时俱进，更要通权达变，不可固守和盲目地坚持。

弟子：善也要因地制宜，善也要区分对象，善也要强力制暴啊。

老师：人性是难测的，人心是捉摸不定的，人是变化无常的。用善来感化，当然是善的一种手段，但是效果却总是差强人意；而用善的强来镇服邪恶，效果往往更加理想和持久。如果只把抑恶寄托在感化模式上，那么善可能会遭受灭顶之灾，这就使善变成懦弱，反而是不善了。

弟子：如此看来，善者真的不能软弱啊，否则善非但不能成就善，反而成为邪恶的帮凶，这是多么让人悲哀的事情啊。

老师：孔子周游列国始终得不到赏识，就是因为孔子把仁政礼乐当成治理国家和天下的万能钥匙，忽略了仁政礼乐在强大的邪恶势力面前不堪一击的残酷现实。庄子反对儒家倡导的圣人圣治，就是因为儒家仁义道德治理国家的成果，往往会很轻易地被强大的邪恶盗贼全部窃取，圣人圣治的成果，非但不能实现有效的自保，非但不能阻止和感化盗贼，反而会被盗贼直接利用，成为盗贼为非作歹甚至邪恶残暴的工具。因为无论是传统的文人、君子、大儒、佛等都毫无例外地把善、仁爱、慈悲和道德等功用发挥到极致，而忽略甚至排斥作为人和社会存在和发展的根本——正而强大。毛泽东主席正是在经历了中国共产党在夹缝中求生，在面对武装镇压束手无策，只能任人杀戮，任人宰割，共产党人冤死惨死无数，甚至几近亡党的残酷现实中获得觉悟，提出了著名的"枪杆子里出政权"的革命方针。纵观中国历史，但凡乱世，均是邪恶当道，仁义道德几乎没有任何力量可言；在汉朝初期，大宋王朝，清朝晚期，民国时期，无不是根基软弱，缺乏强大而又正道的自保力量，使列强的侵略能够轻易得逞。面对强大的邪恶侵略者，仁义道德和善，非但不能保家卫国，反而为列强的入侵打开了方便之门。在邪恶残暴面前，仁义道德几乎变成可笑和懦弱的代名词。秀才遇到兵，有理说不清。因为那是讲力量的地方，并不是讲理的地方。对于讲力量不讲理的人，你的仁义道德和所谓的善何用之有？秦始皇焚书坑儒，毛主席批孔，历史上的灭佛运动，并不是否定儒和佛，而是看到了只儒只佛不武对国人国家的精神和强骨的毒害和削弱，是对儒和佛致命缺陷的否定和打击。因此，善不能没有原则，不能没有边界，更不能没有力量，否则，所谓的善，也只能打引号。善人的根在道，善人的心在

「第三十章」 以道佐主

正，善人的骨在硬。善者只有自身守正强大，善利苍生，德泽万物，才能从根本上除恶抑邪，成就人间正道。

弟子：人要想做好善，还真的不是想象的那么简单容易，善也要有道啊。

老师：善本身就是合于道的，善的根在道，而不在其他任何方面。与道相合的善才是真善，不能合于道的善，就不是真善。是否合于道，是检验善和德的唯一标准。

师之所处，荆棘生焉

老师：军队是一个相对封闭的特殊群体，出于保密和安全的需要，军队是不对外开放的，更是不容许闲杂人员自由出入和靠近的。因此，但凡军队驻扎的地方，周围总是人烟稀少，田地荒芜，荆棘丛生，野兽横行，凄凉不已。

弟子：军队里那么多士兵，为什么不经营和打理呢？

老师：军队是为战争服务的，生产和生活不是它们的使命，官兵是不能让生产生活分散精力和心神的。

弟子：如此看来，军队无论在哪儿，对周围的建设和发展都难以造成好的影响，除非军队处在和平年代，能够有时间和精力来经营生产和生活。

老师：在和平年代，军队的主要使命并不是战争，而是训练备战，其职能已经发生转变，因此也会或多或少地对周围进行适当合理的经营和改造，但无论怎么样，程度都会很有限，毕竟那不是军队的职责和使命，官兵是不能不务正业的，否则一旦战争的号角吹响，官兵将无以为战，那才是最可怕的。因此，无论如何，也是不能指望军队成为生产生活和建设的主力军。

大军过后，必有凶年。善者果而已，不敢以取强

老师：但凡大的战争，总是存在极大人力、物力和财力的消耗和损失，存在环境的极大破坏。在大的战争过后，由于各种资源和条件受到严重破坏，比如劳动力的大量损失，生产物资的大量消耗，田地的大量荒芜，人精神和体力的极度透支等，致使地没人耕，田没人种，疾病瘟疫流行，生产生活的物质资源严重匮乏，产生饥荒灾病的年岁是极其正常的事情。

第三十章 以道佐主

弟子：既然战争已经结束，为什么不能立即投入生产生活建设中去呢？

老师：由于战争极大地消耗了人的元气，极大地摧残了人的身心和精神，使人很难定下心来。同时，自然环境和生产生活基础的极大破坏，使人根本无力快速地得到休整。更为关键的是，由于人群体元气的透支和消耗，人的精气神处于虚弱状态，此时恰恰是邪恶抬头盛行的时段。而邪恶的根本特征，就是破坏正常的生产生活秩序，阻碍人元气的提升和强大。因此，在战争刚结束阶段，往往正是灾荒盛行的阶段。

弟子：杀敌一万，自损三千，一点也不错。无论如何用兵，无论是恶意侵略还是正当防卫，对双方的危害和影响都是无法用语言来形容的。

老师：对于武力，无论人怎么使用，都是伤人害己的。虽然通过运用武力，使自己的权益和财产得到保全，但是自己必然要付出相应的代价。因此，老子提倡武力只用于自保，而不能用于攻取和强占。但凡运用武力强迫别人屈服或通过武力欺负弱小而达成目的之人，必定是不合于道的，自然会遭到相应的报应。所以，老子才说：'善于用兵作战的人，只是取得胜利而已，不敢用武力来求取强大。'

弟子：毛泽东主席就说过："落后就要挨打。"如果你不强大，别人就不会怕你，别人非但不怕你，还会欺负你、侵略你，不求取强大怎么行呢？

老师：强大是通过自力更生不断发展壮大，而不是通过武力侵略而求得强大的。自我强大是为了防止邪恶的侵略，而不是侵略别人。

果而勿矜，果而勿伐，果而勿骄，果而不得已，果而勿强

老师：既然用兵的目的只是以暴制暴，用兵在达到基本的目标之后就应适可而止，那么自然就要求用兵者："胜利了不自吹自擂，胜利了不自我夸耀，胜利了不骄傲自满，胜利了认为是迫不得已，胜利了不自我逞强。"否则容易使军队由保家卫国的职能演变成侵略扩张的工具，这是慎之又慎的事情。

物壮则老，是谓不道，不道早已

老师：物极必反是适用于万事万物的自然规律。世间任何事物，一旦强盛到了极点，就必然开始转向衰弱。因为任何事物都是循环往复存在和发展的，它们的核心就是道的本原状态。无论它们怎么发展和变化，终究要回归道。天地万物都有极其强大的向心力，即回归本原的内驱力。万事万物发展变化离本原状态越远，其回归的向心力也就越大，所以反向转化的力量和可能性也就越大，这就是物极必反的道理。

弟子：任何事情，越早强盛到极点，就越早衰败灭亡吗？

老师：道的规律是循环往复，无始无终。世间万物的规律是阴阳相合，动态平衡。阴衰阳盛，阳衰阴盛，阴到极点必转阳，阳到极点必转阴。只有中道和谐，才能阴阳平衡，长生久视。

弟子：世间的万物，很多弱小者，往往会过早地夭折，这怎么解释呢？为什么没有弱到极点然后开始变强，反而导致个体早早地消失了呢？

老师：道的规律是无始无终、循环往复。但由道所派生的世间万物，也即以有的形式存在的物，其生命历程却是单程的，是不能重来的。任何事物，重来往往就意味着死亡，回归于虚无缥缈的道。因此，万物只能遵循从无中来，到无中去的自然规律。对于弱与强的转换问题，只存在于个体还独立存在的情况下，阴阳会发生转换。如果个体消失，阴阳自然跟着消失，哪来的阴阳转换呢？万不能把阴阳看成是独立于事物之外的存在，阴阳只是存在于独立个体内的存在，是不能脱离个体而存在的。

弟子：原来阴和阳是对实际存在的有而言的，如果有消失，相对应的阴阳也就自然消失，自然不存在转换问题。

老师：凡事要用道的观点来看问题，不能就事论事，更不能以相推相，否则是极端容易犯错误的。

「第三十一章」兵者

一、原文

兵者，不祥之器，非君子之器。不得已而用之，恬淡为上。胜而不美，而美之者，是乐杀人。夫乐杀人者，则不可以得志于天下矣。夫兵者，不祥之器，物或恶之，故有道者不处。君子居则贵左，用兵则贵右；吉事尚左，凶事尚右；偏将军居左，上将军居右，言以丧礼处也。杀人者众，以哀悲莅之；战胜，以丧礼处之。

二、译文

兵器，是不吉利的器物，不是君子的器物。万不得已而使用它，清静淡泊是最好的。战胜了也不得意，如果得意了，就是乐于杀害人。乐于杀害人的人，就不能够完成治理天下的目标。好的兵器，是不吉利的器物，是令人厌恶的器物，所以，有道的人不依靠它。君子平素以左为尊贵，打仗则以右为尊贵；吉祥的事情尊崇左，不吉利的事情尊崇右；副将占据左位，主将占据右位，说是用丧葬礼仪来对待的。杀人众多，用悲伤怜悯来管理；战胜，用丧葬礼仪来处置。

三、演义

兵者，不祥之器，非君子之器。不得已而用之，恬淡为上

老师：兵器，不是用来杀人的，而是用来除暴安良，救国救民的。君子虽然讨厌兵器，把它当作不吉利的东西，但是在必要的时候，在面对邪恶和强暴盗贼的时候，为了公平，为了正义，为了除暴安良，为了解救人民于水火之中，不得已才用它以暴制暴。因此，对于兵器，君子的态度以清静淡泊为最好。

胜而不美，而美之者，是乐杀人。夫乐杀人者，则不可以得志于天下矣

老师：君子不以武力自居，不以战争胜利为得意，只是淡然处之，达到目的便适可而止，不用武力求强求大。只有残忍成性的人，只有失道的人，才会以战争的胜利为美。战争必定要杀伤人，因此，以胜利为美的人，本质就是乐于杀人。

弟子：乐于杀人的人，即使侥幸得到了天下，也很难守住，往往也会很快败亡吗？

老师：顺道者昌，逆道者亡，这是千古不变的规律。

君子居则贵左，用兵则贵右

老师：古往今来，人们约定成俗地以左为贵，以左为尊，以左为吉，但却偏偏把用兵打仗按传统的凶、贱、卑为贵，为尊。因为从古到今，人都是讨厌战争的，都把用兵打仗和用武力征服当成凶事，当成贱事，当成卑事，是人人所厌恶和反对的。武力是以伤害他人或自遭伤害为核心的，强力征服、打击和掠夺，必然严重伤害他人的生命权利和尊严，是对生命最残忍的打压和剥夺，是世界上最为残酷的事情，更是所有文明人所不齿的。

吉事尚左，凶事尚右；偏将军居左，上将军居右，言以丧礼处也。杀人者众，以哀悲莅之；战胜，以丧礼处之

老师：中国传统崇尚以左为贵，利人利他是吉，因此，吉事必然尚左；中国传统以右为凶，死人是凶事，凶事自然尚右。延伸到战争主帅，负责辅佐主将的将军居左位，而主将居右位，就是把战争当作凶事来对待。用丧礼的方式来对待用兵和战争，就是警示和提醒人们，战争无好事，好事无战争，只要是作为文明的人类，就不屑于去做，也不能去做，这是老子对战争所持的态度，是老子反战思想的集中表现。一将功成万骨枯。把战争按丧礼对待，实际上也是对因战争而亡的亡灵们的一种告慰，更是对战争者的提醒和警告，是具有深层反战意义的。

「第三十二章」道常无名

一、原文

道常无名，朴，虽小，天下莫不臣。侯王若能守之，万物将自宾。天地相合，以降甘露，民莫之令而自均。始制有名，名亦既有，夫亦将知止，知止所以不殆。譬道之在天下，犹川谷之于江海。

二、译文

道本来就是没有名相的，是敦厚质朴的。道虽然幽微不可见，但天下万物没有不臣服于它的。侯王如果能够遵循道，万物将自动服从于他。天地阴阳互相和合，就会降下滋润万物的雨水，没有人发号施令，百姓就能自发地平均与公平。天地万物从出生便有了名相，名相已经拥有，也就应当遵守各自的界限和法度，知道适可而止，知道适可而止就能没有危险。比如天地万物归依于道，犹如山川河谷的流水归依于江海。

三、演义

道常无名，朴

弟子：道无名无相，无形无状，不可捉摸，难以理解，而原木有形有状，有物有相，怎么和道相联系呢？

老师：朴，是指未经加工的原木，是老子为了简单、直观、形象地表述道，为方便人们理解和把握道而借用的喻体。老子用未经加工的原木来比喻道，并不是用原木来代表道，而是借用原木的特质来喻示道。因此，凡事不能只看表象，而要从隐藏于表象之后的本质去认识和理解。

虽小，天下莫不臣

老师：这里的小，是相对于有形的物相而言的。对于有形的实物，大小一目了然，直接而又易于理解。如果事物看不见摸不着，而且又实际存在，人们通常就会用小来描述和定义它。各种有形的物相，只是茫茫宇宙极其微小的组成部分，宇宙最为广大、最为普遍的存在是没有物相的无。因此，道相对于有形的物相而言是小，而且是小到极点，小到空无。但相对于无形的世界而言，却是大到无边，大到玄妙深奥，不可捉摸。

弟子：宇宙万物为什么要臣服于道呢？

老师：顺道者昌，逆道者亡，万物不臣服于道，就是自取灭亡啊！道小到不可见，但是万物却没有不臣服于它，道究竟是大还是小呢？

弟子：对于如此微小不可见的道，却无物不臣服，无物不被主宰，当然是大。但由于世俗功利的人不能理解，更不能相信，因而总把一切归因于神灵，归因于不可知，或者归因于命运，多么让人费解啊！

老师：智慧照亮前程，愚昧毁灭人生。人，合于道需要修炼，愚昧无知总是会背道失德，自招麻烦和祸患。

侯王若能守之，万物将自宾

老师：侯王合道，遵道和行道，就是道的使者，是道现实性的代表，万物服从于他，也就等同于服从道。

弟子：那些想方设法臣服万物的人，也属于守道之人吗？

老师：臣服万物靠的是感召，靠的是对道的持守，而不是主观刻意和强求。俗话说，强扭的瓜不甜。想方设法臣服万物的人，结果总是谁也臣服不了。

弟子：这或许就是"越想得到越得不到，越不想得到反而得到越多"的真正内涵吧。

老师：人的思想和言行合于道才能达成目标，如果违背道，那么往往是越努力越坏事。

弟子：看来，人生只有一条光明大道可走，那就是顺道而行。

老师：人只要背道，前方必定到处是陷阱，条条是绝路。

弟子：愚昧无知的人，都是自寻死路的人，整个世界真的太需要圣人的智慧引领了，否则世界将不再是令人向往的世界。

老师：因此，世界需要更多道的使者引领众生脱离苦海，走上正途，否则人将不人，自绝后路。

天地相合，以降甘露，民莫之令而自均

老师：《易经·泰卦》下卦为乾，上卦为坤。天气下降，地气上升，阴阳交合，和平安泰。天地相合，阴阳和谐，自然普降甘露。在风调雨顺的世界里，人人遵道顺德，凡事顺其自然，根本不需要人为地干预、指令和作为。

弟子：但凡需要人为地干预、指令和作为的，就属于不和谐吗？

老师：可以这么讲。对于和谐合道的事物而言，是无须任何形式的干预、指令和作为的。然而对于那些失谐失道的事物，就需要圣人的干预、指令和作为，以使他们回归正道，和谐发展。

弟子：如何把握有道和无道呢？

老师：自然和谐即顺道，不自然不和谐即失道。对顺道者，自然无为，对失道者，则用自然和谐引领和干预，使之回归正道。

弟子：大道至简真不是虚言啊！

老师：道本来就异常简单，复杂烦琐都不是道的本真。

弟子：道真的是既简单又神奇。

老师：凡事平凡至极就是神奇，平淡至极就是神妙，简单至极就是道。

始制有名，名亦既有，夫亦将知止，知止所以不殆

老师：虾有虾路，蟹有蟹道。天地万物各有其性，各有其界，各有其道。万物依照各自的规则和规范生生不息，才是合于道的。避免危险的最好方法就是遵道顺德，招灾引祸的最好办法就是逆道背德，只有在各自的界限和法度之内适可而止，才能长盛不衰，平安长久。

譬道之在天下，犹川谷之于江海

老师：宇宙万物生于道，最后又回归于道，循环往复，无始无终。水出于江海，回归于江海，循环往复，无始无终。万物生于道回归道是无始无终的大循环，水出于江海回归于江海是无始无终的小循环。虽然有循环大小之别，但本质却是相通的。

「第三十三章」知人者智

一、原文

知人者智，自知者明；胜人者有力，自胜者强；知足者富，强行者有志；不失其所者久，死而不亡者寿。

二、译文

了解他人的人是聪明的，了解自己的人是明智的；战胜别人的人是有力量的，战胜自己的人是强大的；知道满足的人是富有的，持之以恒的人是有志向的；不失去道的人是长久的，死去而不消失的人是长寿的。

三、演义

知人者智，自知者明

老师：人真正陌生的，不是别人，恰恰是自己的肉体和精神。每个人都可以扪心自问：自己对自己的肉体和精神到底了解多少？到底能把握多少？是整个人受肉体和精神的控制和左右，还是肉体和精神的主人？人，只有能够真正了解自己，才能做自己的主人，才能让肉体和精神为自己服务，才能役物而不是役于物。一个不能支配自己肉体和精神的人，是没有自我的，是没有能力决定和主导自己的命运的。

弟子：人，唯有自知才能做自己的主人啊！

老师：俗话说："人贵有自知之明。"自知之所以珍贵，是因为人们通常习惯于去了解别人，而不习惯了解自己。人的眼睛能看到外界的万事万物，却不能看到自己的睫毛。因此，人了解别人容易，了解自己往往很困难，尤其是了解自己的本性，了解自己的内心世界更加难上加难。

弟子：在现实生活中，要想真正了解一个人似乎并不容易。

老师：正因为人难于被了解，所以能够了解别人的人自然就属于聪明人。

弟子：但人了解自己却是很容易的，谁不了解自己呢？

老师：你所指的了解，只是表面浅层意义上的了解，对于内在真实的自己，能真正了解的人是少之又少的。

弟子：我不了解我自己，难道别人了解我吗？没有人比我更加清楚我自己，所以也没有人比我更能了解我自己。

老师：事实恰恰相反，真正了解你的人是别人，而不是你自己。

弟子：这就很不可思议了，别人又不是我，怎么能知道我内心到底是什么样呢？

老师：鱼并不知道它为什么要生活在水中，鸟并不知道它为什么会飞，狮子并不知道它为什么要吃肉，但是人都能知道。同理，一个人并不知道自己为什么会这样，但是别人会知道。

弟子：当局者迷，旁观者清？

老师：人，活在现实中，往往并不知道自己究竟为什么而活；身处红尘之中，往往并不知道什么叫红尘。如同鱼生活在水中，并不知道水的存在；人生活在道中，并不知道道的存在一样，人总是会迷失在自我的小天地之中，总是知其然，而不知其所以然。

弟子：真正的自己到底是什么样子呢？

老师：真正的自己，就是无所不在，无所不能，刚正万能的真我。

弟子：什么是真我？

老师：真我，是指人内在合于道的本真，是人人具有的内在真实的存在。

弟子：那人为什么有善有恶，有差有别呢？

老师：因为世俗的尘垢不同程度地掩盖了真我光芒。人的真我，是内心存在的一颗闪闪发光的明珠。明珠越洁净，光芒就越显耀，人就越正善；明珠越污垢，光芒越暗弱，人就越邪恶。

弟子：人除尽内心明珠的尘垢，岂不就成圣贤了？

老师：内在明珠光芒万丈，普照天地，人就是圣贤。由于人人内心都有闪闪发光的明珠，因此人人都能成为圣贤。

弟子：人要成为圣人太难了，中国五百年也出不了一位圣人呢！看来人要想了解自己，真的比了解别人更难。人要是能够了解自己，真的不仅仅是聪明那么简单。

老师：人只靠聪明和明智也是不行的。

弟子：那靠什么行呢？

老师：靠合于道的智慧。

弟子：什么是合于道的智慧呢？

老师：人不仅仅要能够了解他人，更重要的是要能够了解自己。知人者，知于外；自知者，知于内。知人者，知人不知己，知外不知内；自知者，知己知人，内外皆明。人内外皆明才是智慧，而智慧通常都是理性的、辩证的，都是合于道的。因此，智慧是人合于道的外在表现。

弟子：人合于道就是有智慧的，逆于道就是愚昧的、无知的。

老师：智慧照亮人生，愚昧毒害人生。

弟子：看来人只要拥有智慧，那么人生必然是光明的。

老师：人拥有智慧，并不能保证人生光明，人的智慧全在于运用，如果不能运用，那么即使拥有智慧也等于没有，甚至远不如没有智慧。

弟子：为什么呢？有智慧总比没有智慧好吧。

老师：从知人的角度来讲，一个人能够很好地了解别人，是聪明的表现。然而，如果他仅仅满足于了解别人，但并不知道如何在现实生活中运用，那么他对别人的了解还不如不了解的好。

弟子：能够了解别人，总比不了解的好吧，为什么一定要在现实生活中应用呢？

老师：知是为了用，如果不用，知干吗呢？

弟子：了解了别人，并能够在现实生活中运用，就一定理想吗？

老师：了解别人，只有正确运用，结果才能理想；如果错误或者歪曲运用，结果非但不理想，反而会招致麻烦和祸患。

弟子：运用也分正确和错误啊。

老师：对知人的正确运用，是指在充分了解他人优点和缺点的基础上，运用自己的智慧，发现并彰显其积极正向正能量的方面，屏蔽或削弱

其消极负面负能量的方面，创造和谐关系，这样才会利己益人。

弟子：什么是对知人的错误运用呢？

老师：对知人的错误运用，是指在充分了解他人优点和缺点的基础上，运用自己的智巧，发现并彰显其消极负面负能量的方面，屏蔽或削弱其积极正面正能量的方面，充分利用对方的弱点和不足，来实施对对方的控制，来达到自己不可告人的目的。

弟子：这错误的运用，就是在害人利己啊。

老师：人与人之间的相处、沟通和往来，以平等、尊重、理解、包容、信任和支持等积极正能量的善模式为原则，以损己利人，不损己利人，或者利己利人为宗旨，才是正确地运用知人。

弟子：看来如果错误地运用知人，反而真不如不知人，最起码不知人不会对他人造成多大的祸害。那自知呢？

老师：自知也要能够运用才是真正的自知，否则远不如不知。

弟子：为什么呢？

老师：但凡人的自知，是指人对自己的优点和缺点都能够知晓和了解。人知道了自己的优点对自己是有益的，但是知道自己的缺点，却是益害难料的。如果人明明知道自己的缺点危害自己但又无能为力，那么除了痛苦无奈还有什么呢？

弟子：在有些时候，如果没有足够解决自己缺点的能力和智慧，自知反而并不是什么好事情。

老师：因此，人自知是需要实际运用的，要能够运用自己的智慧，去除自己内在的缺点和不足，不断完善和提升自己的优点和长处，这才是真正的智慧。

弟子：人有自知之明但不善于运用，会怎样呢？

老师：人如果自己能够了解自己，但是在现实生活中原来怎样，现在还怎样，那么了解自己又有什么意义呢？

弟子：看来人要了解自己，首先要能够实际运用。人对自知的实际运用，也有正确和错误之分吗？

老师：当然，凡事都有正反两面，都是阴阳和合、此消彼长的动态结合体。

弟子：什么是正确的运用自知呢？

老师：所谓正确的运用自知，是指在对自己优点和缺点充分了解和把握的基础上，运用自己的智慧，不断经营和完善自己内在积极、正向、正能量的优点、善和德，不断削弱和改变自己的缺点和不足，使自己不断地完善提升，不断地接近真我。

弟子：这是成圣成贤的基本路线啊。

老师：也是积德养善的根本途径。

弟子：那错误的运用自知呢？

老师：所谓错误的运用自知，是指在对自己优点和缺点充分了解和把握的基础上，总是习惯于屏蔽或忽略优点和长处，不断放纵和姑息自身的缺点和不足，使内在积极正能量的光辉被严重遮蔽，消极负能量的阴霾被无限制地彰显和增强，使自己不断地自我毁灭。

弟子：可是没有人愿意自我毁灭，只是管不住自己而已啊。

老师：人如果连自己都管不了，还能管别人吗？还能做成事情吗？人成就人生和事业的根本首先在自制，即自己管理自己。没有自制，即便侥幸做成事情，也会很快败掉，根本不可能稳定和长久。

弟子：还真的是这样啊，人总是成也自己，败也自己。

老师：人的智慧要能够运用，能够落地生根，首先是要能够自制，能够自我管理和经营好自己，否则非但不是有智慧，反而是愚蠢。

弟子：聪明反被聪明误？

老师：小聪明或者伪智慧，往往不是智慧，而是更严重更彻底的愚蠢，远不如普通人稳定和平安。人不仅要知人，更要自知，不仅要能够运用，而且要用好，用正确，只有这样才是真正意义上自知知人的智慧。

弟子：人拥有了自知知人的智慧，就能够做自己了吗？

老师：人要做自己并不是那么简单容易的。首先，要能够持守正道；其次，要有知人知己的智慧；再次，要能够随时随地抑制和克服外界功名利禄甚至邪恶的诱惑；最后，是要敢做敢当，任何时候都要勇于做自己。否则，要想做自己，真的比登天还难。

弟子：难怪为数众多的人会迷失自己，终其一生都在为功名利禄而活，都在为别人而活，是因为他们不具备做自己的条件，或者虽然具备做自己的条件，但是自己做不到啊。

老师：人做自己才能找到真我，人找到真我才能真正强大，才能有效

抑制外界一切不良的诱惑和压制，获得持久而稳定的善和德，从而成就光辉灿烂的人生。

胜人者有力，自胜者强

弟子：通常情况下，能够战胜别人的人是有力量的，是强大的，怎么战胜自己的人反而强大呢？

老师：战胜别人，无论用武力战胜，还是用智谋取胜，都是一方对另一方压倒性的强压、打击、损害和时空资源的剥夺和占有，都是对对方的摧残和伤害，从本质上讲都是恶。因此，能够战胜别人的人，只能称其为有力量，并不能称之为强大。而战胜自己的人，是运用自己的力量和智慧，和自己无止境的本能私欲、无所不在的消极负面的东西和内在的不良习惯做斗争，通过自我抗争，自我净化，自我提升和自我完善，达到和谐自我，利益苍生的目标。因此，战胜自我的人，总是利他的，是善的，是正能量的，是完美和谐的，自然是真正强大的。

弟子：如何战胜自己呢？

老师：通常情况下，人若以外求为主导，则往往趋向于逆道，因此，外求主恶主祸；相反，人若以内求为主导，则往往趋向于顺道合道，因此，内求主善主吉。

弟子：难怪人向善求道首先要修身，修身就是内求，内求才主善主吉，因此，修身才能得善得福得吉得善终。

老师：人生在世，总是先入世然后再出世。入世是为了获得存在的必需品，巩固基础，保障生命，因此入世必须外求；出世则是为了修身养性和求道，是在生命安全和健康有保障的基础上，内求智慧，完善自我。入世是索取，外求是争夺；出世是付出，内求是和谐。

弟子：难怪人生需要智慧，需要求道，因为如果缺乏智慧，不合于道，真的不知道如何平衡出世和入世，外求和内求的关系和分寸，往往会在求索的路上迷失自我，致乱招祸。

老师：所谓清者自清，浊者自浊，根本区别只在合不合于道而已。

知足者富，强行者有志

弟子：知道满足怎么是富有呢？现实生活中那些富可敌国的人，往往并不知足，总想拥有更多，他们才是真正的富有啊。

老师：不知足的人，越有越欠缺，虽有也穷；知足的人，拥有便丰足，虽缺也富。正确处理物质拥有和精神丰足之间的关系，保持物质需求和精神丰足的协调、平衡与和谐，才能拥有真正意义上的富足。

弟子：有点违背常理，不是甚明白。

老师：人对外物的索取和占有的欲望是没有止境的，人对自我本能欲望的满足同样没有止境。对于一个欲壑难填的人而言，哪怕把他想要的东西都给他，都让他占有，他也不会满足。这样的人，虽然表面上拥有一切，富得无法想象，但对于他本身而言，依然是缺失的、贫穷的。因为他的精神如同乞丐，他把生命中最重要的东西——精神给丢失了。从某种程度上讲，他拥有的越多，他就越贫穷。而对于知足者，他们知道人的欲望是无止境的，是永远没有满足的时候的，因此，他们会运用自己的智慧，在欲望和物质得到基本满足之后，开始修炼自己，滋养人生命中最重要的精神。精神上的满足才是真正的满足，精神上的富有才是真正的富有。因此，知足的人，才是真正富有的人，因为他们是和谐的，是快乐的，是丰足的。

弟子：知足是一种智慧，是精神提升和发展的关键啊。

老师：不知足的人，永远没有时间和精力关注自己的内心世界，去提升自己的精神境界。只有知足的人，才会以静定淡泊的心，来滋润自己的心田和精神。人无静不能内修，无定不能养神，这是规律。

弟子：不知足的人，永远不能静定，永远不能淡泊，他们永远在荣华富贵、声色犬马、灯红酒绿中穿行，是真正的精神上的乞丐。

老师：而知足的人，总能静定淡泊，总能克制本能欲望和邪恶，用善和德来滋养身心，成就精神。他们面对世俗诱惑不动心，面对欲望邪恶不动念，随喜随缘，是真正精神上的巨人，是真正富有的人。

弟子：强迫自己行动的人能叫有志向吗？

老师：这里的强行不是指强迫或者刻意去做事行为，而是坚持不懈、持之以恒的意思。对于人来讲，坚持不懈、持之以恒是人生经营之神，任何人的世界，都来自于坚持不懈和持之以恒。但前提是有个明确的目标和志向。

弟子：如果人生没有方向，就会乱冲乱撞，根本不可能在某一事情上一直坚持。

老师：修身最核心的就是拥有坚持不懈、持之以恒的能力。只要这个

能力素质不具备，所有的修身悟道都只是一句空话。

不失其所者久，死而不亡者寿

老师：道是永恒的，因此，合于道的事物也自然是长久的。人的肉身是物质的，物质的肉身总是遵循物质的规律，从无中来，到无中去，因此，人的肉身必然是会死去的，真正长生不老的人是不存在的，这也是违背自然规律的。而人不仅仅有肉身，还有精神。人的精神世界是无形无状、虚无缥缈的，与道有共通之处。道是永恒的，因此，人的精神同样能够永恒。也就是说，人的肉身会死亡消失，但人的精神不会消失。人真正的长生是身死但精神永存。

弟子：那人如何做到精神永存呢？

老师：中国古人所倡导的人生三不朽，即立德、立功、立言。人，终其一生，只要能以有形养无形，以无形成有形，做到三不朽中的任何一不朽，就能实现精神的永生，实现生命的不朽。

「第三十四章」

道氾

一、原文

大道氾兮，其可左右；万物恃之以生而不辞，功成而不名有，衣养万物而不为主。常无欲，可名于小；万物归焉而不为主，可名为大。以其终不自为大，故能成其大。

二、译文

道广阔无边，无所不在，它主宰着宇宙间的万事万物。万物依靠它生存却从不推辞，功业有成却不拥有功名，覆盖并培育万物却不自以为主宰。道永远没有私欲，可以叫它小；万物归附于它却不自以为主宰，可以叫它大。由于它始终不自认为大，所以才成就了它的大。

三、演义

大道氾兮，其可左右

老师：老子用水的漫延泛滥来形容道，意指道的广阔无边，无时不有，无处不在。

万物恃之以生而不辞，功成而不名有，衣养万物而不为主

弟子：道虽然主宰万物，养育万物，但总是顺其自然，任由万事万物按照自己的规律自由生长繁育，从不干预，从不刻意强求，从不以功劳自居，好像根本就不存在一样，主宰万物于无形。

老师：当宇宙万物顺道时，道是自然无为的；但当万物背道或逆道时，道也自然无为吗？

弟子：好像也是，不管不问，顺其自然，让其自生自灭。

老师：当宇宙万物背道或逆道时，道并非无所作为，而是用自然规律的强大力量来促进万物改变和扭转，避免其在失道的道路上越走越远，这就是道的伟大和神奇之处。

弟子：道究竟是如何来改变和扭转背道或逆道的万事万物呢？

老师：当宇宙万物开始背道或逆道，也就是违背自身存在和发展的规律时，道就会以挫折、祸患和身陷囹圄来警示它，用失败、障碍、衰弱等损害或破坏性的力量来惩罚它。如果挫折、祸患和身陷囹圄的警示并不能促进其改变或扭转，那么就加速其的毁灭进程，这就是道对违背它的事物作为，而不是纯粹的无为。

弟子：道生万物同时也生人，因此，人道即合于天道，不人道即违背天道。因此，合道者昌，逆道者亡，人类万物莫不如此啊。

老师：道既然是万物的主宰，既然创造和生养万物，岂是万物随便背离就能背离得了的？不遵道就是丢了根本，失根者注定会快速毁灭，因为它失去了根的滋养和保护，如同树一样，如果没有了根，树当然要死亡。

常无欲，可名于小

老师：小和大，都是相对的，都是相比较而生的。没有独立的大，自然也没有独立的小。

弟子：道没有私欲是公，是伟大，如何叫它小呢？

老师：这里的小，本质并非真的小，而是相对于有形的物质世界而言的。它存在于平凡之中，看不见，摸不着，无形无状，无法用具体的实物来形容它，因此称它为小。

万物归焉而不为主，可名为大

老师：万物都归附了，不归附于大，难道归附于小吗？从有的层面来辨识，万物都归附，说明它必然大过任何物，强过任何物，主宰任何事物，如何能不是大呢？区别仅在于对于万物而言，一个是感觉不到道的存在，另一个是无处不显示道的伟大和威力，自然就有小与大之别。本质上，道无所谓大与小，道永远充斥于整个宇宙时空。

弟子：参照的标准不同，结果大相径庭。

老师：大与小，只是相对于现实的有而言的，如果离开现实的有，就无所谓大与小了。

以其终不自为大，故能成其大

老师：道大不大？

弟子：大，极大。

老师：道自认为大吗？

弟子：从不。

老师：大是自己认为大就大得了的吗？

弟子：不是，是自己本身就大，才大的。

老师：人大不大？

弟子：不大。

老师：那人怎么总自认为是万物的主宰，自认为强大无比，能够改造世界，能够主宰万物呢？

弟子：这都是人自以为是，自吹自擂而已，其实人渺小得很。

老师：人自认为大就大了吗？

弟子：人再怎么认为大，也大不了；再怎么认为能，也不可能无所不能。

老师：因此，大不是自己标榜吹嘘就能大得了的，如果自身本来就大，则无须言说，自然就属于大。人如果能够遵道顺德，谦卑低下，终不自为大，道赋予他的智慧和力量，最终反而能成就他的大。

弟子：人如何才能真正地大呢？

老师：人有私难正身，无私方有道。人真正的大格局、大境界、大胸怀来自于对自我的超越，来自于真正的无私，来自于对德的构建，来自于对道的遵从。

「第三十五章」

大象

一、原文

执大象，天下往；往而不害，安平太。乐与饵，过客止。道之出口，淡乎其无味。视之不足见，听之不足闻，用之不足既。

二、译文

执守大道的人，天下的人都会自动投靠他；投靠他又没有妨害，于是天下就太平安泰。音乐和美食，会令过往的行人止住前进的脚步。道所显露的端口，平淡又没有味道。看它不能够看到，听它不能够听到，用它不能够穷尽。

三、演义

执大象，天下往

弟子：能够持守道的人，就是圣人，天下的人敬畏他，崇拜他，进而归附他，是理所当然的事情。

老师：圣人是道的使者，是道的代言人。圣人遵循道的规律，能够顺其自然，实行无为而治，实施不言之教，无私无我，谦卑不争，任由百姓按照自身的规律不断繁衍生息，成就百姓但不自认为有功，天下人怎么能不自动归附于他呢？

往而不害，安平太

老师：在圣人治理的国度里，大家和平共处，互利而不相害，互助而不相扰，和谐共荣，自然能够天下大同。

弟子：天下大同似乎只是个遥远的理想，遥远得近乎不可能真正实现。

老师：理想虽然不代表现实，但合于道的理想一定能够实现。现在人们普遍认为大同社会难以实现，是因为人的私欲太重，对物的依赖太深，自我迷失太远，不知归路。当人们离道越来越远，背离本性越来越远，走在自我毁灭的错误道路上时，别说天下大同，甚至连短暂的和平都难能可贵。

弟子：往而不害中的害，具体指什么呢？

老师：从现实有的层面来讲，但凡扰乱、干涉或损害自然万物本性及规律的行为，都属害。

弟子：那什么是利呢？

老师：从现实有的层面来讲，但凡顺应、遵循自然万物本性及规律的行为，都属于利。

弟子：那如何理解利和害的关系呢？

老师：利己者必招害，利他者必自利，害他者必自害。

弟子：究竟怎么界定利和害呢？

老师：从物种的存在和发展层面来讲，凡有利于物种的存在和发展的都属于利，凡不利于物种的存在和发展的都属于害。这里指的是物种而不是个体，因为个体相对于整个物种种群来讲，是微不足道的，是不能以个体的利与害来衡量种群的利和害的。

弟子：也就是说，关于利和害，只能从广义的整体的角度来评判，而不能从狭义的个体的角度来评判吗？

老师：从道的层面来讲，是无所谓利和害的，所谓的利和害，只是人类自身主观认定的标准和界限而已，人类主观上对事物的是非、高低、贵贱、大小、利害的评判，对于道而言，没有多大实际意义。

弟子：从道的层面来考量，利和害怎么界定呢？

老师：合于道就属于利，逆于道就属于害，宇宙万物莫不如此。

乐与饵，过客止

老师：有形世界，风光无限。物质和欲望的世界，唯美而迷乱。功名利禄、美食、美色、音乐等，因其可见、可听、可感、可嗅，能够满足人

的本能欲望，因而显得尤为可亲，可喜，可爱和可乐。人最大的缺陷就是对本能欲望控制的缺乏，世间能够引起人欲望的东西，似乎有一种无形强大的魔力，总能使世俗中人趋之若鹜而不能自已。

弟子：人为财死，鸟为食亡，人总是死在自己的欲望和对外物无止境的追求占有过程之中。

老师：天下熙熙，皆为利来；天下攘攘，皆为利往。在现实生活中，那些掌握和把持功名利禄、美食、美色和音乐等能够彰显和满足人欲望的东西的人，总是能够最大限度地吸引众人归附他，依靠他，这就是利益或欲望满足的巨大吸引力，几乎是世俗之人不可能拒绝的。

弟子：当世俗之人都归附于物和欲的主导者时，会有什么结果呢？

老师：利益是争斗的根源，贪欲是祸患的元凶。当众人归附并依靠掌握功名利禄、美色、美食和音乐等彰显人欲望的东西的人的时候，人会为了个人贪欲和私利，陷入永无休止的你争我夺的恶性循环之中，片刻不得消停。如此这般，世界怎么可能和谐、平和呢？

弟子：难怪生活在大好机遇中的现代人生活得如此之累，原来都是欲望在作祟，如何有效解决这个问题呢？

老师：功名利禄尘与土，声色犬马空与无。贪欲不止招祸患，胸怀无私德善生。修得真圣泽后世，炼得金身普众生。

弟子：真禅机妙语也，此乃修身得道的心诀啊。

道之出口，淡乎其无味

老师：道无形无状，无物无象，看不见，听不到，摸不着，在人的感觉层面，似乎根本就不存在。在人的欲望和功利层面，道往往是平淡而又无味的，是没有吸引力的，这也是普通人难于信道修道的根本原因。

弟子：那道岂不是不可识，与世俗之人绝缘了？

老师：人是道的产物，而且是道的最佳代言，道与人同在，如何能够绝缘呢？道一直与人相生相伴，只是人执迷不悟了，过于主观妄为了。

弟子：看来人虽然背道逆道，但从来就没离开过道，道一直在支配着人，只是人不自觉而已。那人如何才能回归正道呢？

老师：致虚守静，减少外求，专注于内求，道就自然而然地在人身上显现了。

弟子：原来人修身悟道也很简单啊。

老师：看似简单，实际上很难。对于那些执迷不悟的人而言，简直比登天还要难，因为他们的心在外游荡，他们迷失太久，他们根本不可能静心定神，因此，道永远也不可能被他所悟，自然就不可能行道了。

　　弟子：是不是任何人只要能够致虚守静，减少外求专注内求，都能悟道？

　　老师：人人都可以，道对所有人都是公平的，都是没有门槛的，只要愿意修，只要愿意做，都能悟道。

　　弟子：看来修身求道并非难到普通人无法做到，而是简单到任何人都能做得到。

　　老师：修身求道，并不是智力问题，也不是能力问题，而是意愿问题，心在哪儿的问题。人只要心在悟道上，那么他怎么都能悟道；如果心不在道上，怎么都悟不了道。

　　弟子：人的心在哪儿，思就在哪儿，行就在哪儿，身就在哪儿。

　　老师：明心定性，是修道的前提和保证。

视之不足见，听之不足闻，用之不足既

　　弟子：世界上唯有道才能真正度人于无形，成人于无声，显人于无相。

　　老师：道才是成就人的唯一法宝，是取之不尽、用之不竭的宝藏。

第三十六章 欲翕固张

一、原文

将欲翕之，必固张之；将欲弱之，必固强之；将欲废之，必固兴之；将欲取之，必固与之，是谓微明。柔弱胜刚强，鱼不可脱于渊，国之利器不可示人。

二、译文

要想聚合它，必先扩张它；要想削弱它，必先增强它；要想废除它，必先兴盛它；要想夺取它，必先给予它，这就叫微妙明通的道理。柔弱能战胜刚强，鱼不能够离开水，国家锐利的武器不能够向外人展示。

三、演义

将欲翕之，必固张之

老师：世间万物遵循对立统一的自然规律，都存在正反两个对立面，彼此相互依存，相互联系，对立又统一，并在一定条件下相互转化。与对立统一律相近的规律是阴阳律。同一事物，阴极必转阳，阳极必转阴。所以，要想达到事物的某一种理想状态，从理想状态的对立面着手，通过对对立面因子的管理和控制，使之符合向理想状态转化的条件，这就是正者反求法则的实际运用，也是老子所提倡的正向反中求，全向曲中求的微妙而明通的道理。

弟子：转化是不能一蹴而就的，这岂不是太慢了？或者当目标对立面强大时，直接毁掉了目标怎么办呢？

老师：只要主导者遵从道的规律，无论对立面如何扩张强大，也不可能失去控制。然而对于慢的问题，是事物存在和发展的规律，任何事物的产生、发展、壮大、衰弱和消亡，都是由量变到质变的过程。突然或者很快就完成所有的进程，以最快的速度达成目标，在自然界是没有的事情，因为这是逆道的，是不会长久的。达成目标最理想的方法，就是遵循正者反求的法则，采取合于道的行动，如此既能快速高质量地达成目标，又能减少麻烦和祸患；至于其他与道相背的方法和手段，由于不合于道，根本就达不成目标。

弟子：看来遵道顺德，循序渐进，才是成就一切的根本啊。

老师：心急喝不得热茶，拔苗不能助长，就是这个道理。

弟子：这也属于因果律吧。

老师：对于同性同质同一事物而言，凡事有因必有果，有果必有因，因果既对立又统一，既相互依存、相互作用，又会在一定条件下相互转化。因此，凡事若想得果，必须要在因上下功夫，这是规律。

将欲弱之，必固强之；将欲废之，必固兴之；将欲取之，必固与之，是谓微明

老师：由于道的规律往往隐藏在平凡而又平淡无奇的现实事物之中，很难被人发现和利用，所以，真正能够克制自我主观感性的习惯性模式，发现并利用这个微妙明通的道理的人，在现实生活中是少之又少的。

弟子：道理虽然微妙，虽然于人有益，但是似乎无法为普通大众所用。

老师：其实很简单，致虚守静，修身求道就行了。普通人也能比较轻易地从中获益，道不远人啊！

柔弱胜刚强

老师：在老子看来，柔弱属于合道的表现，而刚强属于逆道的表现，自然柔弱最终胜过刚强。柔弱的事物往往蕴涵着内敛，富于韧性，生命力旺盛，发展的余地极大。相反，看起来似乎强大又刚烈的东西，由于它的显扬外露，往往失去发展的前景，因而不能持久。

弟子：还是不好理解。

老师：老子所倡导的柔弱，并不是纯粹本质的弱，而是自身强大，以

第三十六章 欲翕固张

柔弱向世人呈现以获得长治久安的一种手段。在弱肉强食的社会大环境中，真正的弱者是很难有良好的生存空间的，总是受到强者的掠夺、压迫和损害，而且无论弱者如何反抗，最终也不能实现愿望。真正的弱者，是不能适应自然规律的，是注定要被自然所淘汰的。所以，甘守纯粹的弱，最终只能把自己逼入绝路，使自己陷入万劫不复的深渊。老子所倡导的柔弱胜刚强，是正言反说，是本身强大，向外示弱而已。示弱的目的，一方面不致于使自己身陷麻烦、祸患之中，避免物极必反的结局；另一方面，能够有足够的时间、精力和资本来实现自我保全。在自己不侵犯别人的前提下，如果对方胆敢造次，就必定让他遭受最为严重的惩罚，从而使其自取其祸，自寻死路。因为自我强大而有益于人，不损害别人，别人又没有能力攻击和伤害自己，所以自我才真正拥有自由和空间，从而实现真正的平安幸福。

弟子：看来柔弱胜刚强的思想智慧，并不能真正成为弱者的保护伞。

老师：道不生无用之人，不保无用之物。真正的弱者，是属于消亡一族，并不是道的保护对象，只是道的毁灭对象，因为它已经失去了存在的意义和价值。

弟子：道看起来也很残酷。

老师：道无所谓残酷，顺道者生，逆道者亡。残酷与否，只是人的主观感性认知而已，并不是道。

弟子：那弱者也有生存的权利啊。

老师：那是自然，但凡弱者，只要还存在，就必定有其存在的价值，自然也有生存的权利。道对任何人和物都是平等的，没有偏私的。

弟子：意思就是说，对弱者消失不必悲观叹息，一切顺其自然就好了。存在，就生存，不存在，就回归于道，一切自然而然。

老师：合于道的事物，其生命力是强大而又旺盛的，无论外界事物及环境条件是好是坏，它都照样生生不息，并不因外界的变化或阻碍而削弱或消失；而与道相背的事物，由于其内在的衰弱和腐朽，逐渐丧失了适应外界整个动态大系统的能力，因此，无论外界事物及环境条件是好是坏，它都难以为继，并因外界的变化和发展而逐渐削弱并消失。合于道的存在亡不了，背于道的存在活不成，这是规律。

鱼不可脱于渊

老师：鱼离开水会死，人离开道会亡。《中庸》中讲："道也者，不可须臾离也，可离非道也。"孔子也讲："吾道一以贯之。"道非但片刻不能离开人，而且人要始终如一地贯彻执行，这样才叫不离开道。

弟子：如此看来，遵道顺德，需要始终如一，不能三心二意，不能三天打鱼两天晒网，更不能一日曝十日寒啊。

老师：但凡在遵道顺德方面变化无常的人，都属于离道背德之人，结果自然可想而知。

国之利器不可示人

老师：老子认为："兵者，不祥之器。"兵器，属于凶器。国家利器，自然更加属于凶器一类。国家利器不可以向外人展示，是因为人都是自私的，都是有攀比之心的。当看到其他国家拥有更好更先进的利器时，必然会产生心理失衡，进而会产生不安全感。出于人的本能反应，他们开始集中人力、物力和财力，试图研发并拥有同等甚至更高级的利器。当自己拥有与别国同样的利器，或者更高级的利器之后，内心有了一定的安全感，以至心生攻伐强掠之心，进而对别的弱小国家动武。所以，将国家利器示人，一则容易引发全世界的军备竞赛，加重人民的负担，导致国内矛盾加重；二则容易使那些背道而行的国家领导人，错误地估计自己的实力，盲目通过武力来达成自己的目标和欲求，从而给人类带来灾难。用利器自保而不是侵略，保证本国的人民安居乐业，恒久发展，这才是正道。

弟子：如果国家有利器不向外人展示，外人会认为你软弱可欺，进而对你虎视眈眈，甚至不惜发动侵略战争，不是反而害了人民吗？

老师：只有你真正弱小的时候，别人才敢欺负你，侵略你；如果你足够强大，即便什么也不向外展示，别人也没有胆量欺负你。

弟子：如此看来，国家有利器，不对外展示的益处多于对外展示啊。

老师：这是老子所倡导的守柔、持弱、不争、谦虚、处下的合于道的品格，也是老子的挫锐、解纷、和光、同尘、韬光养晦的策略和智慧。

「第三十七章」 道常无为

一、原文

道常无为而无不为，侯王若能守之，万物将自化。化而欲作，吾将镇之以无名之朴，镇之以无名之朴，夫亦将无欲。无欲以静，天下将自定。

二、译文

道永远是顺其自然不妄为的，然而它又无所不能为。侯王如果能持守道，万物就会自动发育生长。万物自动发育生长将要兴起发作，我就用道的敦厚质朴来镇服它们。用道的敦厚质朴来镇服它们，万物也将没有贪欲。万物没有贪欲因而平静安定，天下就自动太平安定。

三、演义

道常无为而无不为

弟子：道无所不能地主宰和控制着自然万物，人怎么会有背道逆道之别呢？

老师：因为人本身就是世界上最大的矛盾统一体，终其一生都在有和无，阴和阳的动态流变中反复循环，会出现各种各样的状况。加之人受自身主观意识和意志的影响与左右，会在不知不觉之中偏离道，这就是灵动的代价。

弟子：灵动的代价就是可能因为灵动使自身更加完善，合于道，也可能因为自身主观原因而愈加糟糕，背离道吗？

老师：灵动的本质就是变化，既然是变化，就必然有正的变化和反的变化，因此，总会有合于道的变化和不合于道的变化存在，这是不以人的意志为转移的。

弟子：人类的灵动，是人类的神奇和魔力，同时也是人类的宿命，所谓成于灵动，也毁于灵动。

老师：世间任何实际存在的事物，都存在正反两面，都是对立的统一体，因此，万物往往是成于合道，毁于逆道。

弟子：如此看来，背道逆道是人类特有的常态。

老师：人类抛弃主观，往往就能够合于道；而持守主观，则必然背于道或逆于道。

弟子：看来人类的主观意愿，才是人类所有问题和麻烦的根源。

老师：因此，人修身求道，就是要致虚守静，与道相合，尽最大可能控制和减弱人的主观妄为，从而达到合于道的目标。

弟子：修身悟道就是为了压制人非道的灵动吗？

老师：可以这么说。人的主观灵动导致人背道逆道，因此人的主观灵动也经自己感召麻烦和祸患。人通过修身求道，通过对自身非道灵动的管理和控制，使人的灵动合于道，就能与万物共通共荣，与万物合其德，自然就合道成圣。

侯王若能守之，万物将自化

弟子：能持守道的侯王，才是真正意义上道的使者吧。

老师：侯王持守道，遵循道的规律，实施无为而治，实行不言之教，与万物合其德，万物自然能够在没有干扰的环境下，依照自身的规律自动生长发育。

化而欲作，吾将镇之以无名之朴，镇之以无名之朴，夫亦将无欲

老师：对合于道的事物，道是自然无为的；对不合于道的事物，道才会用自然规律来镇服，使其回归阴阳平衡状态。如果镇服无效，道则用障碍、祸患或危险来加速其灭亡进程，使其快速消失。

弟子：什么是无欲呢？

老师：无欲，指的是没有贪欲，引申为不逆道，自觉消解自身与规律相违背的成分，实现与道相合。

弟子：无欲指的是通过自身的努力，使自己回归正道吗？

老师：道的本质是无私利他的，道所派生的万物必须与道相合，才能长生久视。而万物若要与道相合，则必然要与道一样，无私利他。万物只要有私欲，就开始与道相逆。因此，无欲，才是万物的本真。

弟子：原来无欲并不是指没有欲望啊。

老师：但凡是活的物，就都有欲望，只有失去生命的物才会没有欲望。

弟子：世间万物，拥有欲望是常态，没有欲望是非常态？

老师：任何活的物，要想完全拒绝欲望是根本不可能的，因为活本身就是生命的一种欲望。

弟子：欲望不能杜绝，就只能约束和规范了。

老师：欲望是生命的一种本能。生命的欲望并非都是理想合道的，总是或多或少地存在与生命相违逆的现象。生命本身就是一个波浪式前进螺旋式上升的渐进过程，合道和逆道并存，前进和后退消长反复和变化流转，都是正常的现象。因此，合于道的欲望，要持守并发展；不合于道的欲望，要消解和杜绝，这才是生命长生久视之正道。

无欲以静，天下将自定

弟子：天下太平是自然而然来的，不是主观努力和刻意强为来的吗？

老师：万物顺道而生，和谐平衡，根本无须任何努力，自然而然就拥有天下太平。如果万物背道逆道，那么必然阴阳失调，自身尚且难保，何来天下太平呢？

第三十八章 上德不德

一、原文

上德不德，是以有德；下德不失德，是以无德。上德无为而无以为，下德为之而有以为。上仁为之而无以为，上义为之而有以为，上礼为之而莫之应，则攘臂而扔之。故失道而后德，失德而后仁，失仁而后义，失义而后礼。夫礼者，忠信之薄，而乱之首。前识者，道之华，而愚之始。是以大丈夫处其厚而不居其薄，处其实而不居其华，故去彼取此。

二、译文

上等的德没有彰显德，因此拥有德；下等的德没有失去德，因此没有德。上等的德顺其自然不妄为，因而没有能够作为的事情；下等的德有所作为，因而总有能够作为的事情。上等的仁有所作为因而没有能够作为的事情；上等的义有所作为因而总有能够作为的事情；上等的礼有所作为却没有人响应，于是就伸出胳膊使人强从。所以，失去了道之后才彰显德，失去了德之后才彰显仁，失去了仁之后才彰显义，失去了义之后才彰显礼。礼，是忠实诚信的轻微，也是混乱败坏的开端。先前那些先知先觉的人，是道的虚饰，是欺骗愚弄的开始。因此，大丈夫以淳厚自处，而不以浅薄自居；以朴实自处，而不以虚华自居。所以，舍弃薄和华而求取厚和实。

三、演义

上德不德，是以有德

老师：德是事物内在合于道的规则和规范，是自然而然、隐秘不显的。事物所能外显的，只是德的外壳和表象。因此，人能彰显于外的德，只是德的外壳和表象，并不是真正的德。

弟子：德不彰显，就等于没有。

老师：恰恰相反，有德者无须彰显，彰显者反而无德。

弟子：不表现，怎么证明一个人是不是有德呢？

老师：无论表现不表现，德始终存在于人的内核之中。一个人是不是有德，并不在于他外在的表演和作秀，而在于能否持守道，能否回归真我，能否行合道统。只要人合道行道，就必然有德，只要背道逆道，就一定无德。

下德不失德，是以无德

老师：没有失去德，本质上是刻意追求德。当人追求形式上的德时，必然就会丢掉真正的德。

弟子：越是固守德，越是彰显德的人，反而是没有德的表现吗？

老师：道是强求不来的，同样，德也是强求不来的，越是强求，反而越是达不到。人彰显什么，往往就意味着缺失什么；人越低调谦卑的方面，往往越是真正拥有和大成的方面。真正的圣人从来不自我彰显，真正有德的人，反而让人感觉不到德的存在，这才是真正的至德啊！

上德无为而无以为，下德为之而有以为

老师：上德合于道，总是顺其自然，因而总是没有需要刻意作为的事情。为之于无形，主之于无象，这是德的最高境界。

弟子：为什么下德有为，却总有做不完的事呢？

老师：人的主观施为如同一个美丽的陷阱，会使人陷入其中再也没有能力跳出来。由于道是无穷无尽的，德自然也是无穷无尽的。以人有限的时间、精力，想要刻意追求并获得完美的德，就必然会随着自己行为的沉入，发现很多问题和不足，并努力去改进和提升。而越是改进和提升，就有越多的问题和不足，就要更加努力和拼搏以求圆满。结果非但德没得到，反而使自己陷入不归路。谁能达到真正完美的境界呢？从事物本身来讲，当其本性受到干扰、损害或压制时，就不能按照自身的规律自由发展。如果要想维持或保障其繁盛和发展，就必然要进行无止境的外力干预和扶持。外力无论有多么强大，总是有限的，是不可能包打天下的。以有限的力量去维持和保障无限的需求，怎么可能做到呢？主观作为的结果，没有一个能圆满，更不可能善终。

弟子：人越是顺其自然不妄为，就越是无为可作；越是主观施为，就越有没完没了的为可作，这确实很奇怪。

老师：当人处于和谐完美的境地时，还需要刻意地作为吗？而人如果处于失衡失谐的境地，不作为难道要坐等毁灭吗？人由于失衡失谐而努力作为，试图追求并获得新的和谐和平衡，这是人的一种本能，也是道对人逆道行为的惩罚。

弟子：总有做不完的事情，然而却越做越脱离根本，这是多么无益和痛苦的事情啊。

老师：脱离根本的人，本身就是水中浮萍，必然会在强大外力的作用下随波逐流，迷失自我。在这种情况下，人如何能不痛苦呢？

弟子：看来修身求道，才是人生唯一的光明大道啊。

老师：人有道自然有德，如果无道，即便有德，也只是形式上的德，并非真正的德。

上仁为之而无以为

老师：仁爱众生的人，对待众生平等无分别心。既然无分别，那么无论他怎么做，对众生的仁爱都是一样的，因此反而感觉没有什么能够作为的。

弟子：平等无分别就不需要作为了吗？

老师：仁者有所作为的行为和出发点就是仁爱众生，他们既然已经做到仁爱众生了，还有什么可以作为的呢？

上义为之而有以为

老师：义，是指道义，公正合宜的道德、行为。义是建立在公平正义基础之上的，偏离公平正义，也就无所谓义。

弟子：为什么上仁没有能够作为的事情，上义反而有了呢？

老师：仁爱无等级，无分别心；但义有等级，有分别心。人，只要有分别心，就必然会有为，只要有为，就必定无所不为。人一旦步入主观施

为的陷阱，能够作为的事情将多如牛毛，没有止境。

上礼为之而莫之应，则攘臂而扔之

老师：真正意义上的礼，是由内涵自然外显的一种表达方式，而不是纯粹的仪式，没有内涵的仪式并不能称之为礼。

弟子：没有内在真心诚意的礼不能称为礼吗？

老师：那只能叫伪礼，是为了做给别人看的作秀，或者是为了达到某种目的而故意为之的一种伪装。

弟子：为什么上礼者有为了，反而没有人响应呢？

老师：礼，是形式，是表象。重礼者往往因为重形式规范而忽略了其真正的内涵。那些尚礼者，有多少是出于真心诚意呢？因此，礼，比义离道更加远。既然礼离道很远，自然与人的本性相差很远，礼如何能有人响应呢？

弟子：原来礼并非人的自然本性。

老师：礼并非人生而具有，也并非人本性自然就能呈现的，更不是人内心所自然渴求和向往的。礼是人用自我的主观意识和意志，所制定的约束和规范人类自身的一种规矩和模式，是人主观施为的集中表现。因此，礼越是烦琐刻板，人的本性就越压抑迷失，人的自由就越是被抑制和削弱。

弟子：原来礼并非人的本性使然，礼压抑和削弱了人的天性，自然就没有人愿意响应。

老师：礼都是为统治阶级服务的，是统治阶级意志的反应。因此，当崇尚礼而又有所作为却无人响应时，就只能通过强力的方法使人服从于礼。

弟子：礼是人类文明进步的产物，礼确实能给人带来一定程度的益处，但强迫人服从就可以有礼了吗？

老师：强迫他人服从的礼，自然会存在真正服从、部分服从、不服从和假意服从等几种形式。强迫服从往往会有效果，会在某些特定的人群中起作用。因此，强迫服从的礼，也并非一无是处，对于离道越来越远的人来讲，确实有非常难得的功用。

弟子：人背道才讲礼吗？

老师：如果天下大同，人人合于道，还需要礼的存在吗？礼是人类文明发展过程中必不可少的约束机制，是防止人类逆道而亡的有效方法。同时，礼并不完全合于人的天性，因此崇尚礼必然带有强力服从的成分，人天性的自然而然，是无须礼的。

弟子：在现实生活中，如何实施礼呢？

老师：本着真心诚意的原则，重内涵而轻仪式，与时俱进，不做异类，不钻牛角尖。

弟子：异类或做过头的尚礼者，往往会成为众人的笑柄，甚至会被他人认为不正常。

老师：礼本来是尊敬对方的一种表达形式，如果礼变成一种作秀，一种追求异类的方式，就失去礼的本真了。

故失道而后德，失德而后仁，失仁而后义，失义而后礼

老师：道、德、仁、义、礼，是老子提出人于道由高到低的理论层级，其中道属于无为，德、仁、义、礼属于有为。无为者，无为而无以为；有为者，为之而有以为。无为是本，有为是末。舍本逐末，自然为无止境，终不得善终。

弟子：难道有为都是在舍本逐末吗？

老师：合于道的为，是正为，是求本；背于道的为，是逆为，是求末。人只要言行不离开道，就不存在舍本逐末的概念。人类一切的麻烦、问题、祸患和灾难，都来源于背道、舍本逐末的有为。

弟子：在老子道的五个理论层级中，礼排在最末位。如果人连礼都没有了，会有什么结果呢？

老师：那就是纯粹的逆道，纯粹的无可救药，只能自取灭亡了。

弟子：看来礼虽然不怎么理想，但在人类普遍离道越来越远的情况下，礼非但难能可贵，而且是救人于末路的救命稻草啊。

老师：对于失道的人，有礼尚有救，无礼则纯粹无药可救。当世界以礼为核心潮流的时候，说明人处于脱离道、自取灭亡的边缘境地了。在特定条件下，礼完全具备救人于乱世的功能。

夫礼者，忠信之薄，而乱之首

老师：礼能救人于乱世，但是人类如果纯粹以礼为礼，丢掉礼的根本——道，那礼仅仅是个形式，整个世道就败坏无常，人将不人了！

弟子：礼不脱离根本，就能救人；礼如果只拘泥于形式，脱离了根

本，那非但不能救人，反而害人于无形了。

老师：礼，已经是人处于道与德的边缘状态，难道还能再继续恶化下去吗？处于边缘状态的事物有两重性：正道而行，往往能使事物回归正轨，进而繁荣昌盛；逆道而行，往往会加速事物的衰败和灭亡，脱离边缘状态的事物，只有死路一条。

弟子：原来一个礼字，学问这么高深啊！

老师：总而言之，当社会通过礼来维系和稳定民众时，人通过礼互相尊重，也能够在一定程度上实现社会和谐和稳定。但是当人与人之间的礼变成一种礼仪，一种约定俗成的风俗习惯时，人们的礼往往会流于形式，所表现出来的礼，往往与内心不相符，出现内心一套，外表一套的虚伪造作。所以，礼，是忠信衰败的最直接表现，是动乱祸患的罪魁祸首。如果人们都遵道顺德，人与人之间自然能够和谐安宁，根本无须仁、义和礼来装饰和维系。

前识者，道之华，而愚之始

老师：道是客观存在的，是循环往复、无始无终运动变化的，是不以人的意志为转移的。那些所谓先知先觉的人，往往是故弄玄虚，用虚伪巧妙的方法，来迷惑民众，达到利己的目的。当以功利为导向的所谓先知先觉开始盛行时，不就是用道来虚饰，是纯粹的愚人之举吗？

弟子：如果用道来欺骗或愚弄人，那就是极端的逆道了。

老师：因此，崇拜先知先觉者，甘愿上当受骗，天下没有比这再可悲和愚蠢的人了。

是以大丈夫处其厚而不居其薄，处其实而不居其华，故去彼取此

弟子：厚与实是本，薄与华是末。

老师：持守根本，是君子的品行，更是圣人的本真。真正的大丈夫，自然效法君子和圣人，始终如一地坚守淳厚而不居浅薄，坚守朴实而不居虚华，如此才能合道顺德，长生久视。

「第三十九章」 **得一**

一、原文

昔之得一者，天得一以清，地得一以宁，神得一以灵，谷得一以盈，万物得一以生，侯王得一以为天下贞。其致之，天无以清将恐裂，地无以宁将恐废，神无以灵将恐歇，谷无以盈将恐竭，万物无以生将恐灭，侯王无以为贞将恐蹶。贵以贱为本，高以下为基。是以侯王自谓"孤""寡""不谷"，此非以贱为本邪？非乎？故致数誉无誉，不欲琭琭如玉，珞珞如石。

二、译文

往昔与道相合者，天合于道而清明，地合于道而宁静，神合于道而灵妙，谷合于道而盈满，万物合于道而繁育，侯王合于道而做天下的首领。由此推知，天逆道恐怕要崩裂，地逆道恐怕要塌陷，神逆道恐怕要消失，谷逆道恐怕要枯竭，万物逆道恐怕要灭绝，侯王逆道恐怕要颠覆。尊贵以卑贱为根本，高大以低下为根基。因此侯王自称是孤、寡、不谷，难道不是以卑贱为根本吗？不是吗？所以，获得过多的荣誉反而没有荣誉。因此，不追求美玉的尊贵华丽，而持守石头的坚硬平凡。

三、演义

昔之得一者

老师：道是万物的主宰，宇宙万物都由它创生，无论人与物如何，道永远都存在于他们的内核之中，因此，对于人或万物而言，无论得道还是失道，道都一直存在，不因他们个体的得与失而转移。人和万物，只有合道之说，没有得道的概念。

弟子：从古到今，人们都习惯于说修身求道，对合于道的人习惯于称为得道，难道都是错误的？

老师：得道的本意就是合道，只不过是人们习惯性的称呼而已。既然一直以来都称呼合于道的人为得道者，也就没有必要一定要分得那么清楚，搞得那么认真，遵从习惯就好了。

弟子：明知不合适还要遵从，那不是明知错误还是让错误存在和发展？

老师：这只是文字上的称谓而已，并没有本质上的冲突和影响。既然所有人都那么称呼，为什么非要改变所有人的习惯呢？那不是主观施为吗？改过来又能如何呢？

弟子：道也可以入乡随俗？

老师：道不是入乡随俗，而是你犯了主观偏执的错误。人的改变需要过程，人的适应同样需要时间，没有必要一步到位。当所有人都认识到文字称谓的问题时，想不改正，都困难了。

弟子：这也是顺其自然啊。

老师：真的假不了，假的真不了。是真的，最终会还原真相；是假的，无论多久，也没有真相可言。

弟子：既然人和万物的内核就是道，那为什么还有合道失道现象呢？

老师：道是本，是根，是质，是核；物只是相，是末，是外壳，是表象。宇宙万物根本就是道，是唯一的，是永恒不变的。然而宇宙万物的相却是种类繁多，变化无常，是可生可灭的。相有真相和假象，有实相和虚相，有正相和反相，因此自然有合于道的相和失于道的相。道在万物的内核之中，因此无所谓得到和失去。人和万物只有合道和逆道的问题，没有得道和失道的概念。

天得一以清，地得一以宁，神得一以灵，谷得一以盈，万物得一以生，侯王得一以为天下贞

老师：道的本质是自然和谐，表现在物上就是阴阳平衡。万物只有在阴阳平衡的情况下，才最合于道，才最和谐，才最具生命力，才最具本来面目，才最理想和优化。

弟子：不协调、不平衡、不和谐、不稳定、不理想等都是逆道的结果吗？

老师：至少也是属于背道，而绝不是合道。自然和谐，是万物合于道的唯一标准。因此，天和谐自然清明，地和谐自然宁静，神和谐自然灵妙，谷和谐自然充盈，万物和谐自然繁育，侯王和谐自然成为天下的首领。

其致之，天无以清将恐裂，地无以宁将恐废，神无以灵将恐歇，谷无以盈将恐竭，万物无以生将恐灭，侯王无以为贞将恐蹶

弟子：万物逆道太可怕了，逆道并不仅仅是灾祸加身的问题，还意味着毁灭啊。

老师：顺道者生，逆道者亡，这是自然规律。

贵以贱为本，高以下为基

弟子：那何谓贵呢？

老师：贵，指的是因稀少、不凡或价值高而彰显的珍贵、尊贵。

弟子：何谓贱呢？

老师：贱，指的是因众多、平凡或价值低而显现的低下、卑贱。万丈红尘归于空，千秋岁月终于无。贵能如何？贱又能如何？无论高低贵贱，能够中正和谐，能够平安长久，才是正道。

弟子：无贵无贱？

老师：对于道和德而言，本无贵贱之分，也无所谓贵贱。对于贵和贱，只是人特有的主观界定，并不是真理或道。通常情况下，人类所认为尊贵的东西，在他物看来可能一文不值；人类所认为低贱的东西，在他物看来可能最为珍贵。贵和贱，只是人类自身的标准和界定。如果将人类所界定的贵和贱置于宇宙万物之中，则没有任何意义和价值。

弟子：如此看来，人类所珍视的所谓贵与贱，所谓名与利，所谓财与物，在宇宙自然面前，简直可笑之极，简直渺小之极啊。

老师：宇宙自然本无分别，众生本来平等，因此没有必要一定分出高低贵贱。

弟子：这只有圣人才能为之的啊，普通人是不可能做到的。

老师：即使普通人做不到，非得要有高低贵贱利害之分，那么也要明

白道本无高低贵贱利害的道理，在日常生活中，能够持守知雄守雌、知白守黑、知荣守辱等固守根本的基本原则，不至于丢根弃本，不至于倒行逆施，不至于自招祸患，自取灭亡。

是以侯王自谓"孤""寡""不谷"，此非以贱为本邪？非乎

老师：中国人历来就有内敛谦让的美德，所以中国人对于自己或家人的优秀和突出，总是用谦卑的语言来表达，这就是坚持以贱为本。侯王自称孤、寡、不谷，最起码在思想意识和言语方面是这样的，至于有没有相应的行动，也未可知。

弟子：侯王只有持守根本的思想意识和言语还是不行的，还必须做到思想、语言和行为与根本相吻合，才是真正的守本固根之道。

老师：如果只是在思想意识上和言语上不脱离根本，却在行动上背离根本，那么这种思想意识和语言又有什么意义和价值呢？充其量只是个形式或表象而已。

弟子：说着固本守根的话，却做着离根脱本的事，言行不一，就是典型的作秀。

老师：无论是侯王还是百姓，首先必须固本守根，知行合一，才能真正地合于道。但中国人的另一个习俗却极端不可取，那就是对自己的亲人或家人的缺点和毛病，总是过度夸大。似乎只有这样，才能让对方全部改掉缺点和毛病，从而变得完美。

弟子：结果呢？

老师：结果总是事与愿违。对于自身的缺点和毛病，家人或他人越是关注，越是夸大，就越是不愿意改变，甚至越发糟糕。这是中国人违背物极必反的规律主观妄为的结果，也是人脱离根本追求虚华的结果。

弟子：对于人本身的缺点和毛病，总不能视而不见，任其发展吧。

老师：毛病和缺点从何而来的？怎么看不见造成缺点和毛病的根本是什么呢？

弟子：好像很少有人有这样的意识。

老师：这就是人丢掉根本的典型表现。

弟子：还真的是这样的，大家都把眼光盯在了缺点和毛病上，也都害怕缺点和毛病扩大和发展，但就是没人去关注缺点和毛病到底是怎么来的。

老师：这不是丧失根本是什么？造成缺点和毛病的根本一直存在，却妄想直接去掉缺点和毛病，怎么可能做到呢？主观施为的结果，往往是越关注问题越糟糕，越改变问题越严重。

弟子：怎么才最理想呢？

老师：这如同治病一样，头疼医头、脚疼医脚是不行的，只有找到病根，然后对症下药，才能药到病除。因此，只有抓住造成缺点和毛病的根本，然后努力改变之，缺点和毛病自然消失不见。

故致数誉无誉，不欲琭琭如玉，珞珞如石

弟子：什么是荣誉呢？

老师：所谓荣誉，是指人的一种名誉，是他人、集体或社会对一个人才德、贡献或付出牺牲所作出的肯定性光环。

弟子：作为光环，都是正能量的，肯定越多越好，怎么荣誉多了反而没有荣誉了呢？

老师：老子倡导"少则得，多则惑"，这对人的功、名、利、禄、权势、地位等都是适用的。无论如何，一个人的荣誉必须与他的才德或贡献相契合才行，只能才德和贡献大于荣誉，不能荣誉大于才德和贡献，否则，荣誉非但于人无益，反而有害。

弟子：就是《易经》中所讲的："德不配位，必有灾殃"吗？

老师：德与贡献或荣誉配，才叫德与位配，自然不会有问题。当人德不配位，名不副实时，通过自身常规的努力已经不能维系或保持现有的荣誉和名望了，出于惯性和虚荣使然，他会不由自主地开始走歪门邪道，开始行虚假欺骗之手段，要么行邪作恶，要么虚伪欺骗，要么无限度地透支身心，试图维系和保持相应的荣誉或名分。结果是荣誉非但没给他带来多大的益处，反而成了他的累赘，成了他的负担，成了祸害毁灭他的帮凶。"

弟子：当一个有荣誉和名望的人到了这个境地，那就真的非但没有荣誉，反而成为笑谈了。

老师：如果把一个人的荣誉和名望放在整个人类的历史长河中，小小的荣誉又算得了什么呢？简直不值得一提啊。因此，老子强调人要不追求表象上的虚华和尊贵，而要持守根本和基础的平凡和谦卑，这才是真正智慧的人生，真正高境界的人生，真正长生久视的人生！

「第四十章」
反者道动

一、原文

反者道之动；弱者道之用。天下万物生于有，有生于无。

二、译文

循环往复的运动变化，是道的规律；柔弱而微妙，是道的功用。天下万物从有中产生，有又从无中产生，循环往复，周而复始，无始无终。

三、演义

反者道之动

老师：反，通返，即循环往复的运动变化。老子将反称为道的运动规律。

弟子：道不是静止的？

老师：运动变化，是道永恒不变的特性。整个宇宙处于一个动态变化的核心系统之中，绝对静止是不存在的。世界唯一不变的，就是循环往复的运动变化。静止，只是有形事物的外部表象，是相对的。看似静止的事物，不但内部系统在运动变化，其本身也随着所处的外部系统在高速运动变化。

弟子：整个世界永恒在动，岂不永远没有终点？

老师：道的运动变化是循环往复，无始无终的；具体的实物却是有始有终的。事物的孕育形成，就是运动变化的开始；事物的成长、壮大和衰弱，就是运动变化的过程；事物的灭亡，就是运动变化的终结。

弟子：事物的有始有终和道的无始无终有什么联系呢？

老师：道的循环往复，是通过有形的事物来体现的。有形事物有始有终的运动变化，是事物微观的一个整循环。在事物消失之后，同类事物的另一个循环又会重新开始，如此周而复始。有形事物的循环往复，就是从无到有，再归于无的反复循环。宇宙万物的所有微循环，构成了整个宇宙的宏观大循环，构成道的循环往复，无始无终。

弱者道之用

弟子：道的功用为什么是弱而不是强呢？

老师：因为对于宇宙万物来讲，强力纵然能够使事物屈服或破坏，甚至灭亡，但是强力所造成的结果，必定是更为强烈的对抗和反弹。一个人的力量毕竟是有限的，当周围或世界所有人都开始反对他时，即使他有再强大的力量，也是极端渺小的，失败是必然的。所以说，强力并不是解决问题的最佳方式。

弟子：强力往往会到处树敌，也是自取其祸、自招灭亡的根源啊。

老师：所以老子提倡柔弱，用柔弱来处置天地万物。柔弱用的不是强力，用的是柔和，慢慢使对方受到影响和作用，并在不知不觉中发生改变。所以，柔弱并不会对对方造成剧烈的实质性的伤害，并不会引起对方强烈而明显的抗拒和防御，而是在平和与愉悦中，实现对对方的影响和改造。因此，柔弱才是最智慧的处世哲学。

天下万物生于有，有生于无

弟子：虽然万物来自于无，但是人好像更注重现实的有。

老师：客观世界是物质世界，天下万物皆体现于有形，万物之灵的人对于世界的认识，往往局限于有的层面，以有观有，形成以有为中心的世界观、人生观和价值观。这样一来，治国则把希望寄托在有为的领袖身上，治身则把希望寄托在有用的物质上，从而忽视了必须体现无形的自然规律和人生法则。浩瀚的宇宙之所以丰富多彩，生生不息，和谐有序，在于无形却至诚不移的自然规律在左右着宇宙，而绝不是哪一个星球在统治着宇宙。故人类欲求有，必须先遵循无的规律，否则，不管人类多么富有，多么强大，最终必然遭受自然规律的惩罚，结果是一无所有。

弟子：有和无，究竟是一种什么存在呢？

老师：有和无，本质是一种物质和能量的综合存在。

弟子：也就是说，物质和能量的聚合生成有，物质和能量的分解或消散变成无吗？

老师：对于生物体而言，都是以物质和能量为载体，以基因为根本，通过吸收和聚合外界的物质和能量，不断分裂成长，成就了现实的有；而当有完成历史使命之后，因基因衰竭而无力维系或支撑有的存在时，就会以物质和能量的形式分解和消散，从而实现有回归无的循环。

「第四十一章」 **闻道**

一、原文

上士闻道，勤而行之；中士闻道，若存若亡；下士闻道，大笑之，不笑，不足以为道。故建言有之：明道若昧，进道若退，夷道若颣。上德若谷，大白若辱，广德若不足，建德若偷，质德若渝，大方无隅，大器晚成，大音希声，大象无形。道隐无名，夫唯道善贷且善成。

二、译文

上等智慧的人听见了道，努力地实行它；中等智慧的人听见了道，半信半疑它的存在；下等智慧的人听见了道，就会大声嘲笑，如果不嘲笑，就不值得称之为道。所以，古人立言有说：光明的道好似暗昧，前进的道好似后退，平坦的道好似凹凸不平。上等的德好似山谷，最纯洁的东西好似有污垢，广大的德好似不充足，刚健的德好似怠惰，质朴的德好似浑浊，最方正的东西好似没有棱角，最大的器物总是最晚成就，最大的声响反而听不到声音，最大的物象反而看不到它的形状，道幽静深邃没有名状。只有道，才善于给予和成就万物。

三、演义

上士闻道，勤而行之

老师：人对道的领悟层次不同，反应和行为方式也会不同。明道才能行道，如果根本不知什么是道，又如何去践行呢？因此，上等智慧的人听见道，因为能够参悟其中的神妙，做到与道相合，所以总能身体力行地去践行道。

中士闻道，若存若亡

老师：中等智慧的人听见道，受到觉悟的局限，很难真正了解道、体悟道，因此，他们总是会在悟道的时候践行道，在不能悟道的时候背离道，在行与不行，信与不信，疑与不疑之间徘徊。道对他们而言，一会儿存在一会儿不存在，反复变化，因而他们往往无法真正地合于道。

弟子：左右摇摆，是对他们最好的概括吧。

老师：尽管如此，他们仍然不失为智者，因为他们的言行有时是能够与道相合的，而且是能够践行道的。

下士闻道，大笑之，不笑，不足以为道

老师：下等智慧的人不能悟道，因此他们总是本能地否定道，认为道可笑而又滑稽。当他们听见了道时，就会本能地大声嘲笑。如果他们不嘲笑，就不值得称之为道了。

弟子：为什么不嘲笑，就不是真正的道呢？

老师：只有悟道的人才不会嘲笑道。对于下士，因为他们对道一无所知，因而认为道不可思议、不可理解、不合常理，自然感觉滑稽可笑。他们非但不会遵从，反而会轻慢和亵渎，嘲笑和讥笑是再正常不过的事情。如果他们不笑，就说明他们对道有认知，那他们就不属于下士，而是中士或上士了。

弟子：大笑，正说明他们的愚蠢和可悲啊。

老师：圣人对宇宙万物无分别心，因此他们根本就不会嘲笑宇宙万物，相反会对万物心生敬畏。他们对万物的敬畏，就是对道的敬畏、对道的体悟、对道的遵从。

弟子：不能悟道的人嘲笑道，是很正常的现象吗？

老师：无知者无畏，他们对道一无所知，并不知道道的威力和无所不能，相反他们认为道根本不存在，没有什么可担心害怕的，没有什么值得敬畏的，因而他们才会肆无忌惮地大声嘲笑。只要他们对道有一点点的认知和体悟，让他们笑也是笑不出来的。

故建言有之

老师：建言，是古人"三不朽"之一的立言，即著书立说，树立精要

[第四十一章]

闻道

可传的言论，或者是虽久不废，流芳百世，具有真知灼见的言论。

明道若昧

老师：越是与道相合的人，就越是谦卑，就越是持守柔弱，甘居低下的位置。因此，越是光明，反而越显得暗昧。

进道若退，夷道若颣

老师：知强守弱，知雄守雌，知白守黑，知荣守辱，才是真正的合于道。然而，对于真正的弱、雌、黑、辱，无论守与不守，结果都一样。

弟子：道一直存在于人的内核之中，难道持守也不能？

老师：要想持守道，首先要能够领悟道。人内核中的道，如同一颗闪闪发光的明珠，一直存在于人内心最深处。只是人长年累月地自我迷失，使自己的身心积染了各种各样消极、负面、邪恶的尘垢，把明珠的光芒给遮蔽了。人早已经看不到明珠的光芒，又如何去守呢？

弟子：如何去除明珠上的尘垢呢？

老师：坚持修身求道，致虚守静，就能不断消减或解除身心长久积染的各种消极、负面、邪恶尘垢，使明珠光芒展现。当蒙蔽人内心正道的邪恶被消解之后，自然就拨云见日，道显而真成。

弟子：对于真正的弱、雌、黑、辱，该怎么对待呢？

老师：顺其自然，对于能够存在的，就顺应它们的存在；对于不能存在的，就随它们消失。

弟子：岂不是很无情？很残酷？

老师：对于已经失去存在可能性的事物来讲，强行让它们痛苦地存在，这才是真正的无情，真正的残酷。

弟子：难道就不值得挽救和努力吗？

老师：对于注定要消失的事物，无论人怎么努力和挽救，都不可能阻止其灭亡的进程，与其白费力气，不如顺其自然。

弟子：对于即将走向生命终点的人，即便明知努力和挽救无用，也不能停止努力，哪怕多活一分钟，也不能让他们早走半分钟，这是人之常情啊！

老师：所谓有情，所谓不忍，只不过是人类自己的主观意愿而已，人类难道就是真正的有情吗？人类自身就不残忍吗？本质上，对于那些逆道的人，比世界上任何事物都无情，都残酷，都暴虐。残忍莫过于逆道之

人，无情莫过于不合于道的人。道看似无情，看似残酷，本质上是一种有情，一种真正的不忍。

弟子：为什么这样说呢？

老师：因为既然事物已经没有存在的可能性了，强留它是折磨它，是坑害它，是把自己的意志强加给它，不是让它更加痛不欲生，没有活路吗？这才更加可怕，更加无情，更加残酷和残忍。

上德若谷，大白若辱，广德若不足，建德若偷，质德若渝，大方无隅，大器晚成，大音希声，大象无形。道隐无名，夫唯道善贷且善成

弟子：上德、广德、质德和建德讲的都是德，大白、大方、大器、大音、大象等讲的是物相吧。

老师：无论是德还是相，本质论述的都是道，都是对道性的举例说明或精要论述。只有合于道的德，才能称得上是上德、广德、质德和建德。只有合于德的相，才能称得上是大白、大方、大器、大音、大象。

弟子：什么是道隐无名？

老师：指道是幽静深邃没有名状的。

弟子：道是隐没的，认识道能且只能通过物相间接地了解和把握。

老师：人类对世界的认知，总是遵循由简单到复杂，由感性到理性，由现象到本质的规律。如果没有现象的导引，人类的认知将无从着手。如果道完全抽象于有形的事物之外，不能通过现象反映本质，那么人类就根本不可能真正认识和体悟道。

弟子：什么是善贷善成？

老师：大道包容万物，给予万物，成全万物。圣人能够以贱为根本，以下为根基，以柔弱为策略应用，故能真正给予万物并成全万物。

「第四十二章」道生一

一、原文

道生一，一生二，二生三，三生万物。万物负阴而抱阳，冲气以为和。人之所恶，唯"孤""寡""不谷"，而王公以自称。故物或损之而益，或益之而损。人之所教，我亦教之。强梁者不得其死，吾将以为教父。

二、译文

道生出宇宙自然初始混沌未开一统状态的一，初始的一又生出阴阳二气，阴阳二气和合生成三，三生成宇宙万物。宇宙万物背负阴并怀抱阳，阴阳二气交互作用催生和谐。人们所厌恶的，虽然是"孤""寡""不谷"，但王公却用它们来称呼自己。所以，世上事物有减损必有增益，有增益必有减损。古人教诲的道理，我也用它来教诲他人。强横逞凶的人不得好死，我要把它作为施教的开端。

三、演义

道生一，一生二，二生三，三生万物

弟子：一不是道？

老师：一不是道，而是道所派生的混沌未开的状态。

弟子：二是指什么？

老师：二指的是构成宇宙自然的阴阳二气。《易经》称一为太极，二

第四十二章 道生一

为阴阳，有太极生两仪，两仪生四象，四象生八卦之说。阴阳学家认为，阴阳二气相互作用，是自然界一切事物发生、发展、变化和灭亡的根本原因。阴和阳，是宇宙万物一体的两极，是对立又统一，相互依存，相互融合并在一定条件下相互转化的。

弟子：三呢？

老师：三是阴和阳相互作用、相互融合动态流变的一种状态，是催生万物的基本状态。有了阴阳二气的和合，才有了三，三才派生了宇宙万物。

弟子：万物都是阴阳和合的产物吗？

老师：是的。宇宙自然没有纯阴的物，也没有纯阳的物。阴和阳必须同时存在于同一事物的本体之内，彼此相生相克，相互融合，构成该事物运动变化的内在动力系统。

弟子：何谓内在动力系统？

老师：所谓内在动力系统，是指事物内部阴阳平衡的动态循环系统，是一个此消彼长，此长彼消的动态流变过程。事物内部阴阳变化发展的规律，就是该事物内在道的规律，是使该事物成为该事物的核心动力系统。

弟子：同一事物内部阴和阳的运动变化，就是该事物存在和发展的自然规律吗？

老师：是的，把握了事物阴阳变化发展的规律，就等于掌握了该事物的运动发展规律，进而能够引导和控制事物在良性轨道上变化和发展，但不是为了左右和控制事物的阴阳变化，进行人为的意志强加，这才是真正的认识和应用规律，真正的合于道。

弟子：掌握了事物运动变化规律之后，人类人为地将事物控制在朝向于人类有益的方面变化和发展，难道不是好事情吗？

老师：这是目前社会人类的通行做法。人类通过掌握和利用事物的规律，将人类的意志强加到事物之上，让事物随着人类的愿意进行变化和发展，从而促使物质大发展，社会大进步，这是好事情。但是，由于人类这样的行为是不合于道的，是破坏万物自身运动发展规律的，因此，人类必然会因为自己的无知而受到惩罚和报复，这是没办法的事情。

弟子：人类发展了物质文明，却牺牲了环境；人类创造了各种高科技产品，却危害了自身和下一代的健康；人类城市化的集中和发展，工业化的普及和扩大，却致使水资源的严重污染，等等，都是人类自身不合于道的行为所带来的后患吧。

老师：宇宙万物，都是利害优劣参半的，有一利必有一弊。人类在享受一物所带来利益的同时，必然会同时遭受该事物弊的一面的损害，这是规律。

弟子：难怪人类物质极大丰富了，人类的幸福感却降低了；工业科技大发展了，环境水源却受到极大的破坏；物质生活水平提升了，人伦道德却沦丧了……这种因一物便利同时又带来损害的事例比比皆是，人类真的是要好好醒醒了啊。

老师：只要不是事物自然而然变化发展的方面，就必然会带来损害。当人类把自己的意志强加给万物时，万物也一定会通过另一种渠道把惩罚带给人类，这是对人类主观妄为不合于道的报复。

弟子：看来人认识规律，但不能违背道去运用规律。

老师：人类认识规律，要合于道地利用规律，绝对不能逆道而行，否则必然要受到自然规律的惩罚。人类认识规律是能力，但能够合于道地利用规律，才是真正的智慧。凡事要想长久，要想无害，首先必须要合于道，这是人类唯一正确的行为准则。

万物负阴而抱阳，冲气以为和

老师：天地万物，皆有阴阳。阴阳交互融合，才会成就万物的和谐、平衡和稳定。阴阳最佳的交互融合状态，称为和谐，是万物最理想的状态，是最符合道的生存和发展状态。所以，以和为贵，家和万事兴，和气生财等经典格言警句，都是对道的规律的最好阐述。凡事有和必生贵，有贵必有和。天地万物，和才最为珍贵。

人之所恶，唯"孤""寡""不谷"，而王公以自称。故物或损之而益，或益之而损

老师：同一事物的阴阳是一个统一的整体，不存在阴阳同时增加或减少的情况，更不存在一方不动另一方增加或减少的情况，阴增阳必减，阴减阳必增，彼此动态平衡，才能使物的整体稳定和存在。

弟子：为什么呢？

老师：因为但凡存在的事物，都是阴阳和合动态平衡的结果。只要阴阳失衡，事物必将会因失衡混乱而衰败消亡。事物的损益，如同阴阳、祸

福一样，牵一发而动全身。

人之所教，我亦教之

老师：道是教化之根，古人所教诲的道理，指的是万物相生相克，相依共存的道理，是自然和谐的道理。凡事有益未必无害，有害未必无益。遭祸未必无福，有福未必无祸。

强梁者不得其死

老师：但凡强梁者，无不是用极端过分的手段，用邪恶逆道的方法，对他人他物实行强占、强压、强夺，并以损害他人他物来满足自己的贪婪和私欲。按照物极必反、祸福相依、损益并存的道理，强梁者在获得自身增益的同时，也在不停地折损自身。

弟子：强梁者折损自己就会不得好死吗？

老师：但凡以损害他人他物来增益自己的，都属于极端逆道的。他们损害他人他物，一方面在不停地折损自己，另一方面也在不停地给自己树敌招祸。任何事物都不可能永远强大，当强梁者开始衰弱，力量与被损害者持平，甚至弱于被损害对象时，被损害对象便会群起而攻之，这样的人会有善终吗？

吾将以为教父

老师：老子提倡施教的开端，首先是天地万物保持阴阳和谐，以和为贵；其次是天地万物有损必有益，有益必有损，相生相克，生死相随；最后是强横凶暴的人不得好死，作恶者必然自留祸患，自取灭亡。这是一切教育思想理论和方法的核心，也是真正意义上的教育，而不是以功利为目的的教育。

弟子：教育也要合于道，不能乱来啊。

老师：只有合于道的教育，才是真正的教育，其他的都是虚妄。教育要有方法，要有思想，要有准则。违背客观规律的教育，只会害人，只会误人子弟，而非使人得益。因此，所有实施教育的人，都必须时刻牢记老子的教诲，这是老子教育智慧的结晶，是人类伟大的精神遗产。

第四十三章 天下至柔

一、原文

天下之至柔，驰骋天下之至坚。无有入无间，吾是以知无为之有益。不言之教，无为之益，天下希及之。

二、译文

天下最柔软的事物，能够腾跃穿行于天下最坚硬的事物之中。空虚无形的事物，能够进入没有缝隙的事物之中。我因此知道了无为的益处。不言的教诲，无为的益处，天下很少有人能够做得到。

三、演义

天下之至柔，驰骋天下之至坚

老师：世界上最柔软的东西莫过于水，但水却无处不在，渗透于万事万物之中，成为生命的源泉。所以，最柔软的水，恰恰是最有力量最有生命力的物质。

弟子：事实胜于雄辩，比如滴水穿石，最柔软的水居然能把石头穿透，水的力量确实很神奇。

老师：光能够在玻璃中任意穿行，为什么呢？

弟子：这是由玻璃的原子排列结构所决定的，玻璃的原子排列结构，恰好能让光线无阻碍地通过。光能够在玻璃中任意穿行，这是常识，根本没有疑问。

老师：相对于玻璃而言，光也是最轻柔的。然而最轻柔的光，却能够毫无阻碍地穿透坚硬的玻璃；同样是最轻柔的光，却能给地球带来光和热，给万物提供源源不断的能量，使万物的生存和繁育成为可能。如果没有光，人类会存在吗？各种生物会存在吗？

弟子：如果没有光，就不会有生命。即便是生活在完全黑暗中的生命，也是依靠光提供的能量而生存的，或者说它的祖先是来自充满光和热的世界中的。

老师：由此可见，世界上最柔软的东西，并不一定是最没有力量的，相反往往是最有力量的。

无有入无间

老师：虚空无形无状，是道最基本的形态。道无处不在，循环往复，无始无终，控制和主宰着宇宙间的万事万物。所以，柔软和虚空无形，是天地间最强大、最无处不在的力量，这两种力量具有持久恒常的坚持力，总是一刻不间断地影响和控制着宇宙间的万事万物。

弟子：这就是坚持的力量吧。

老师：世界上最强大的力量就是恒久不变的作用力，只要时间足够长，它就能影响、改变并摧毁世间任何事物。人类如果确定正确可行的目标，并能够坚持到底，那么整个世界都会为他让路。所以，具有这种精神的人，才是最强大、最具影响力、最能掌握成功秘诀的人。人类成功的所谓秘诀只有一个，那就是在正确的道路上坚持到底，永不放弃。

吾是以知无为之有益

老师：在老子看来，至柔、无有属于道的无为，至柔无坚不摧，无有无孔不入，二者皆无所不能，如何能没有益处呢？

弟子：无为的益处具体有哪些呢？

老师：无为，是顺其自然不妄为，最终实现无所不能为，其益处是显而易见的，能够使人合于道，顺应自然天性；能够避灾离祸，获得平安长久；能够得到周全，获得善终；能够利益他人，成就自我；能够克刚胜强，无为而无不为。

弟子：这都是无量的功德啊。

老师：人，只要合于道，遵道顺德，行善积德，自然功德无量，前程似锦。

不言之教，无为之益，天下希及之

老师：不言之教，无为而治，需要柔软和虚空无形，更需要坚持到底，永不放弃。世界上有几人能够自甘柔弱，自居卑下，顺其自然不妄为的呢？又有几人能够具有坚持到底、永不放弃的素质和能力呢？

弟子：由此看来，不是能够达到不言、无为境界的人不多，而是合于道的人太稀有了啊。

老师：不言之教，无为而治，是需要道来统领和把握的。人既然多在背道和逆道，他们如何能够通达道呢？对于背道和逆道的人而言，不能通达道很正常，能够通达道才是异常。

弟子：这是真正的"弱者道之用"啊。

老师：柔软是一种慈爱，一种温暖，一种慢力，使人无力抗拒；虚空无形，是道的基本形态，它最大的功能是潜移默化，它才具有无与伦比、无坚不摧、无孔不入的力量。所以，坚持柔软和虚空无形，用潜移默化和榜样引领，坚持到底，永不放弃，来达到不言之教，无为而无不为的目的。只有坚持，只有不放弃，才能感化一切，让世界为你让路，让天地万物助你成功。

第四十四章 名与身

一、原文

名与身孰亲？身与货孰多？得与亡孰病？甚爱必大费，多藏必厚亡。知足不辱，知止不殆，可以长久。

二、译文

名誉与身体哪一个更亲近？身体与财物哪一个更重要？获得名利与失去健康哪一个更有害？过分的珍爱必然造成巨大浪费，过多的货藏必然造成重大损失。知道满足就不会有耻辱，知道适可而止就不会有危险，因而能够长生久视。

三、演义

名与身孰亲

老师：1和0理论认为：人的身体为1，与人相关的其他方面为0。即人只有首先拥有身体的1，其他诸如名誉、功劳、财富、地位、权势等身外之物才对人起倍数叠加效应，人才会真正拥有。人一旦丧失掉1，即便把身外的0全给他，他也是0，等于什么也没有。

弟子：确实如此啊！对于个体的人而言，自己就是世界，世界就是自己。而作为个体的小世界，身体是这个世界唯一的寄托和依靠，人的一切，都是建立在身体的基础上的，丧失了身体，就丧失了一切，也就是丧失了整个世界。

老师：对于好功的人，功往往比身体重要；对于好名的人，名往往比生命重要；对于重利的人，利往往比身体重要；对于忠情的人，情往往又比生命重要；对于爱权的人，权往往比身体重要；对于爱面子的人，面子往往比生命重要……当人面对自身的物质追求或欲望时，往往就把所有的宝都押在了外物上，而很自然地忽略了最为重要的身体，这是人普遍存在的致命缺陷。面对人的这一重大缺陷，老子才有这么惊世一问。

弟子：在现实社会中，似乎很少有人能够摆脱名利的纠缠和控制。

老师："天下熙熙，皆为利来；天下攘攘，皆为利往""人为财死，鸟为食亡"，都是放之四海而皆准的真理。

弟子：那人类岂不是很愚蠢，很不可思议？

老师：相对于宇宙万物来讲，人类最聪明，最有智慧；但相对于人类自身而言，人类又最愚蠢，最缺乏智慧。动物尚且知道安全第一，何况是作为万物灵长的人类呢？然而现实情况却是：人往往会因为外物而忽略自身的安全，往往会因为外物而把自身陷于万劫不复的可怕境地。

弟子：或许这是人类进化的必然结果吧。

老师：从人类进化发展的整个过程来看，人类要想很好地生存和延续，必须要有足够的物质和安全保障。人类之所以会本能地追求外物和本能欲望的满足，就是受到生命本能的驱使。在远古生产力落后，人的生存没有保障的条件下，这是人类不得已而进行的选择，但对物质极大丰富，科技高度发展，文明高度进步的现代社会来讲，人这样做就是愚蠢和舍本逐末了。

弟子：也就是说，人类虽然各方面都进步发展了，但是人类生命本能的基因并未发生根本性的改变，总会在无意识之中控制和左右人的行为，导致人无止境地追求外物和本能欲望的满足。

老师：在现实生活中，人类是非常短视的，往往只看到眼前的利益和欲望的满足，而看不到利益和欲望满足背后潜在的祸患和危险。因此，在他们不惜一切追求物质利益或欲望满足时，随之而来的祸患和危险，就是他们所始料未及的了。

弟子：如此说来，是人类的安全意识缺失，洞察事物本质的能力缺失啊。

老师：从浅层次说，就是人能够从正反两面看问题意识的缺失，人往

往只注意正而忽略了反，或者只注意了反而忽略了正。

弟子：人好像一次只能关注或做一件事情，很难同时去关注和做两件或者两件以上的事情，除非经过特别的训练。

老师：这是人的行为特性，是人类最大的优点，同时也是人类最不容忽视的缺点。人总是习惯性地关注自身行为，很少关注行为以外的因素。因此，人追求外物和欲望满足，而忽略外物和欲望满足所带来的祸患和危险，可以说是人的一种本能，一种很难克服的自身缺陷。

身与货孰多

弟子：这还用问吗？当然是身体更重要。

老师：在现实生活中，有多少人有这方面的意识，又有多少人能做到呢？

弟子：能真正做到的还真的不多，为什么会这样呢？

老师：无他，迷路背道而已。

弟子：也就是说，现实生活中，绝大多数人都没有走在正确的道路上？

老师：最起码没有始终如一地走在正确的道路上，而是经常性地迷途不知返。《红楼梦》中有一副经典对联："身后有余忘缩手，眼前无路想回头。"从古至今，迷路的人不在少数！

得与亡孰病

弟子：失去健康肯定比获得名利更为有害。

老师：有多少人能真正把健康看得比名利更重要呢？

弟子：确实少得可怜啊，当人面对名利得失时，就会很自然地忘掉健康和祸患，人确实很奇怪。

老师：人为财死，鸟为食亡，并不是虚言。

弟子：为什么会这样呢？

老师：因为人大多习惯于重眼前而轻长远。老子讲："祸莫大于不知足。"几乎所有的麻烦、祸患和损害，都来自对功名利禄的过度追求和拥有。人追求功名利禄是好事情，如果过度，超过了自身所能承载的度，就有害无益了。

甚爱必大费，多藏必厚亡。知足不辱，知止不殆，可以长久

老师：世间万物，只要发展到某一极端，必然就会向另一个相反的极端转化，这是规律。人们对于世间的事物，不能过度地珍爱或偏爱。因为一旦珍爱或偏爱超过一定限度，人就失去了理性和智慧，就会沉迷于其中，必然会造成时间、精力和金钱物质的极大耗费。为了某一珍爱的事物，耗费大量时间、精力和物质，结果却使自己少了时间、精力去做更有价值更有意义的事情，自然是一种极大的浪费。人们对于收藏的货物，如果在合理的范围之内，并没有什么不妥。但是如果过度，必须占用大量的时间、空间、精力和金钱，造成物资的极度积压。货物的价值在于流通和使用，一旦其被长期搁置，就失去了它存在的意义和价值。收藏需要占用资金和空间，自然是一种损失。同时大量的收藏总会让很多货物因为时间过长而失去实际的流通价值，或者开始变质变坏，或者因为各种不可预知的意外而造成损失。所以，货藏过多，造成重大损失是必然的。

弟子：这是要警示人们，凡事要适可而止啊。

老师：不知足、过度和极端是人类普遍存在的通病，加之社会上各种功名利禄和声色犬马等的诱惑，使那些没有自制力，或者自制力不强的人，不知不觉地掉入无止境地追求功名利禄和欲望满足的陷阱之中，使人身处险境而不能自知，遭遇祸患而不能自明，从而自己把自己带入万劫不复的危险境地。有多少人拥有适可而止的智慧和能力呢？

弟子：人如何才能做到适可而止呢？

老师：知足和知止。人知足才不会有耻辱，知止才不会有危险。

弟子：什么是知足呢？

老师：所谓知足，是指满足于已经得到的指生活、愿望等。

弟子：知足有什么益处呢？

老师：人知足，就不会被功名利禄所控制和左右，就不会被本能欲望牵着鼻子走，更不会被邪恶所引诱。功名利禄，是麻烦祸患之根；本能欲望和邪恶，是耻辱之源。

弟子：那什么是知止呢？

老师：知止，就是知道适可而止，指的是人的思想、言论或行为到了适当程度就能够停止。

弟子：知止有什么益处呢？

老师：《大学》中讲："知止而后有定，定而后能静，静而后能安，安而后能虑，虑而后能得。物有本末，事有终始。知所先后，则近道矣。"人的言语、行为如果都能恰到好处，那么就能够与道相合。人能得到道的

护佑，益处不言自明。

弟子：如何才能知足和知止呢？

老师：持守适中和适度原则，凡事不过度，不极端，知道满足和停止。

弟子：这些都是人人皆知的道理，但能真正做到、做好的人少之又少啊。

老师：关键是人能不能遵道顺德，能不能合于道。人只要能够合于道，知足知止，不过度、不极端是顺理成章的事情，并不需要刻意地去在意和努力。人，只要走在错误的道路上，只要在背道和逆道，只要没有回归正轨，那么无论他怎么努力，都将是徒劳。

弟子：要想做到适可而止，也必须要修身求道吗？

老师：道本身就存在于每一个人的生命系统之中，无须刻意去求，只要去修炼体悟和遵从就可以了。道是求不来的，而是修炼和悟来的。修身悟道，是人终其一生都要努力追求的目标，也是人生的终极追求。

弟子：人要修身，要悟道，要行道，而不是求道啊。

老师：世间万物，人只要一求，就带有刻意和强求的意味，自然就脱离道的本性了。道不可求，只可悟。人修身，才能悟道；悟道，才能合于道；合于道，才能长久。

〖第四十四章〗 名与身

「第四十五章」大成若缺

一、原文

大成若缺，其用不弊；大盈若冲，其用不穷；大直若屈，大巧若拙，大辩若讷。躁胜寒，静胜热，清静，为天下正。

二、译文

最完美的东西好像有残缺，它的作用不会衰败；最充盈的东西好像虚空，它的作用不会穷尽；最笔直的东西好像弯曲，最灵巧的东西好像笨拙，最会说话的人好像言语迟钝，最大的赢利好像亏本。运动能克服寒冷，静定能克服暑热。清心静笃，才是天地万物的正统。

三、演义

大成若缺，其用不弊

弟子：既然完美，为什么还表现残缺呢？有残缺就意味着不完美啊？

老师：道完美不？

弟子：道是宇宙自然的唯一，是最完美无缺的。

老师：道完美，但道却总是虚无缥缈，无形无状，谦卑低下，自然无为，好像根本不存在一样，这是为什么呢？

弟子：因为道本身就最为完美，无须任何形式的自我彰显和表现，然而它的影响和作用却无处不在，无时不有。

老师：不彰显不代表没有，有残缺不代表不完美，最完美的道，虽然表现得虚空无相，但它的作用却无穷无尽，永不衰竭。道统万物，合于道的万物，其特性都是一样的，道理也都是一样的。

弟子：大道至简、一通百通、一能百能、一会百会，都是万性归一的结果吧。

老师：道生一，万性归一。因此，知一通万，万通归一，这是自然而然的事情。

大盈若冲，其用不穷

弟子：最充盈，不是满到极点了吗？又如何跟虚空一样呢？

老师：道是宇宙自然最充盈的吧。

弟子：道无处不在，渗透到宇宙自然的所有时空之中，宇宙自然没有比它更充盈的了。

老师：然而道却总是表现为虚空无物，好像根本不存在一样，这是不是"大盈若冲"的最好例证？

弟子：道是圆满充盈永恒的，万物呢？

老师：万物由道所派生，万物盈满就意味着要归于道。万物归于道，就是归于无，就是衰败或灭亡。因为万物都是由阴阳和合而成的，无论是阴还是阳，任何一个方面达到极点，就意味着该事物的消亡。因此，最完美的物，是阴阳和合的最佳状态，是一切刚刚好，而不是极阴或极阳。

弟子：世界上存在绝对完美的事物吗？

老师：从理论上讲是有的，当事物达到阴阳和合的最佳状态时，就是最完美的。然而，由于事物内在的阴和阳总在一刻不停地动态流变，即便事物达到了阴阳和合的最佳状态，也只是暂时的，是不可能永久的。因此，绝对完美的事物肯定存在，但只属于短暂的存在，不可能持久，不完美，是事物常态化的存在。

弟子：既然不完美是常态，万物还追求完美干什么呢？既然终究要回归于道，早一点、晚一点回归又有什么区别呢？

老师：这个观点是错误的，道不生无用之物。如果道生出万物，刚出生就回归，那么道还生它干吗呢？道派生万物，就是要万物完成自身使命的，是要充分发挥自身的作用的，是要能够很好地完成事物延续和发展任务的。那些没有责任和义务，只是单纯的生与死，道是不会容忍其存在的。

弟子：看来万物从出生开始，生死由不得它自己，而是要完成道所赋予它的使命，尽到自身的责任和义务才行的。

老师：万物存在的全部意义和价值，就是对它自身使命的完成，就是对责任和义务的履行。只要使命感缺失，只要没有责任和义务，就意味着没有存在的价值。

弟子：那些自我结束生命的人，都是自我使命感丧失，放弃自我责任和义务的人吧。

老师：人的天赋使命，就是为他人他物的付出和奉献。如果人缺失了人之所以为人的基础和条件，那么自我灭亡是必然的选择，即便它想苟延残喘，道也不会让它残喘多久的。

弟子：难怪好吃懒做，自私自利，寄生虫式的人难以很好地存在和生活，原来他们丧失了生命所赋予的价值和意义啊。

老师：这类人都是逆道的，因此，必定没有好结果，注定不能成为真正意义上的人。

大直若屈，大巧若拙，大辩若讷

老师：大智若愚，是人生的大智慧。有才、有德、有能、有功、有钱便彰显的人，必定会招来他人的嫉妒和怨恨，无形中给自己招来祸患，影响自己的前进和发展。坚持以贱为本，以下为基，功成名就不张扬，有名有利不彰显，反而能赢得更多人的尊重和爱戴，使人们更加心甘情愿地跟随他，服从他，以他为榜样，故能成就和谐。

弟子：这是和谐长久的方略啊。

老师：这是合于道的必然选择，也是万事万物存在发展的根基和保障。

第四十六章 天下有道

一、原文

天下有道,却走马以粪;天下无道,戎马生于郊。罪莫大于可欲,祸莫大于不知足,咎莫大于欲得。故知足之足,常足矣。

二、译文

当统治者治理天下合于道时,就可以把战马退回田间去耕田;当统治者治理天下背道或逆道时,战马就在荒郊野外产下小马驹。罪恶,没有比放纵欲望更大的;祸害,没有比不知道满足更大的;过错,没有比贪得无厌更大的。所以,知道满足的满足,才是长久的满足。

三、演义

天下有道,却走马以粪

老师:当统治者能够遵道顺德,顺其自然地治理国家时,国家和谐安定,人民丰衣足食,国家内部没有混乱,外部没有战事,战马还有什么作用呢?

弟子:统治者能够用道的规律来治理天下,难道天下就一定能太平吗?

老师:只要是真正意义上的合于道,天下自然就太平和乐。

弟子:何谓真正意义上的合于道呢?

老师:统治者能够致虚守静,谦卑低下,遵循道的规律,顺其自然,实施无为而治，行不言之教，无私利民，德善天下，就是真正意义上的合于道。

弟子：这是圣人才能达到的至高境界啊。

老师：合于道的统治者，就是圣人。如果圣人治理天下，天下太平，那么战马就失去了打仗的用途，只能用来训练备战了。

弟子：既然已经天下太平，为什么还要训练备战呢？

老师：自然万物都有两面性，都是由阴阳和合而成。万物有正必有反，有善必有恶，有好必有坏。虽然天下已经太平，但并不意味着邪恶已经彻底根绝，只是被正道力量抑制住不能彰显和发展而已。因此，无论天下如何太平，也不管人多么善良安定，都需要建设强大的军队以备不时之需。

弟子：这叫防患于未然啊。

老师：在太平安泰的社会里，人们按照自己的天性顺其自然地繁衍生息。在前进和发展过程中，各种各样的邪恶和不良因素也会同步滋生和发展。当邪恶和不良因素开始发展并显现时，能够第一时间予以镇压并克制，使其丧失继续发展的可能性，如此才能保证天下长久太平安宁。

弟子：也就是说，任何时候人都不能放松对邪恶势力的预防和控制吗？

老师：由于人的邪恶因子并不能完全根绝，因此只要外界条件适合，它们就会立即死灰复燃，迅速发展壮大。如果没有强有力的武装力量对之进行有效镇压和控制，那么必定会出现邪恶势力横行的局面。

天下无道，戎马生于郊

老师：当统治者背道或逆道而行时，必然会受到自然规律的惩罚。在无道的社会里，邪恶滋生，争斗不断，整个国家和社会将处于内忧外患之中，到处人心惶惶，民不聊生。当整个国家或社会处于动荡纷争之中时，在冷兵器时代，战马就会被无休止地扩充。同时，由于战事不断，居无定所，战马也只能跟随军队转战南北，哪还有固定安全的地方让它们生养后代呢？

弟子：战争时，军队通常都在荒郊野外辗转腾挪，因此荒郊野外就是战马们的生存之所。

老师：如此，战马在荒郊野外产下小马驹，岂不是顺理成章，自然而

然的事情吗？

弟子：如此看来，人民要想有天堂般的生活，就只能生活在有道的社会中。无道的社会是民众的灾难。

老师：天下有道，是百姓的天堂；天下无道，是百姓的地狱。有道和无道，最得益和最受害的都是普通百姓。

弟子：圣人之所以伟大，是因为他们让普通百姓过上了幸福快乐的生活。

老师：不能利益众生的人，怎么能够称之为圣人呢？不能惠及苍生的人，如何又能够合于道呢？

弟子：看来世界大同只能寄希望于圣人。

老师：只有圣人才能成就世界大同，也只有圣人才能成为大同世界的领导者。

罪莫大于可欲

老师：欲为谷+欠的组合，意指人对内在欠缺之物的需求和满足。人，正当常规的欲望满足是合理的，这是人的一种本能。而纵欲则是人对自我欲望放纵不加管控，不加以收敛的放肆行为，也是一种对外物的过度占有。

弟子：人为什么对放纵欲望无法控制呢？

老师：欲望是人内心的恶魔，一旦打开门锁放它出来，它就会直接控制人的一切，使人成为欲望恶魔的奴隶，失去自主和意志。

弟子：按理说，欲望是人本能的一部分，人应当是有能力控制和支配的。

老师：当人面对自己欲望满足的快感时，往往直接忽略或放弃理性和智慧。欲望失去了理性和智慧的控制，自然为所欲为，无法无天。

弟子：那对于那些已经有罪恶的人而言，是不是也可以用理性和智慧来挽救呢？

老师：当然可以，浪子回头金不换，罪恶的人，什么时候回头都不太晚。人类的伟大和神奇，就是能够通过自我修炼回归自我，去恶从善。因此，即便是罪大恶极的人，也能够通过对其理性和智慧的唤醒，使其摆脱罪恶，获得超度和新生。

弟子：放下屠刀，立地成佛？

老师：佛家也是在某种程度上合于道的，因此，佛往往也是道的化身。人修道修佛都能够摆脱罪恶，获得新生。

弟子：看来放纵欲望的人，罪大恶极的人并非无药可救，这也是人类的福音啊。

老师：拯救人类于水火之中，本来就是圣人的天职，是道家、儒家和佛家的无上追求。

祸莫大于不知足

老师：不知足，是人的一种本能，同时也是祸害的根源。当人面对巨大的诱惑和欲望渴求时，不知足往往使人丧失理性和智慧，做出一些于情、于理、于法皆不容的事情，把人兽性的一面发挥得淋漓尽致。当人的行为与禽兽无异，或者以损人害物来满足自己的欲望时，祸害就紧随而至了。人性的野兽往往比真正的野兽更加残酷和血腥，更加可怕和祸害人。

弟子：看来不知满足不是好事，适可而止才最好。

老师：适当的不知满足是好事情，那是人前进的动力和创造的源泉。但如果过度，就非但无益，必定有祸害了。适可而止是人类合于道的大智慧，谁遵循谁受益，谁违背谁受罚。

咎莫大于欲得

老师：人的欲望是无止境的，人的贪欲同样是个无底洞。无论是谁，只要贪得无厌，轻则众叛亲离，重则灾祸加身，是很难得善终的。人，如果能够控制自己的欲望，能够适可而止，那么自然就能最大可能地减少罪恶，减少祸患，成就快乐幸福圆满的人生。

故知足之足，常足矣

老师：知足，是一种素质，一种境界，一种修养，一种从容。世间万物各有其度，当行则行，当止则止，当足则足。做人做事也一样，只有知止，知足，行止，才能感受到真正的幸福，才能业有所成。

弟子：获得长久的满足有什么现实意义呢？

老师：对于个人而言，养生之道之于当今社会尤为迫切，尽管世界人民的平均寿命有了很大程度的提高，但生命质量并不乐观，身体对疾病的抵抗能力却越来越差，各种心理和精神疾病如影随形。据统计，人们用于治病的费用已经远远高于饮食的费用，并且越是发达的国家医药费用越高。造成这一现状的根本原因就是人不懂得养生之道。人们不知惜精如

命，加强自身内在修养，毫无节制地行淫欲之事，以满足自我情欲。不仅造成身体疾病，而且还会造成精神上的疾病。如今，因心理或精神问题而自杀身亡的人逐年增加，各种心理和精神疾病也日趋严重，根本原因都是人不知修之于内，一味地寻求外来刺激，以满足自我欲望。

弟子：原来人逆道不但会导致身体上得病，还会造成心理或精神上得病啊。身体上的疾病除了绝症之外，大多能够治愈，但心理或精神上的疾病好像根本没有什么药物能够根治。

老师：有一个办法，就是中国古圣先贤的思想和智慧。

弟子：具体指哪方面呢？古圣先贤的思想和智慧可是包罗万象啊。

老师：古圣先贤的思想智慧核心只有一个，那就是修身养性，悟道行道，行善积德，无私利他，这是根治人心理或精神疾病的良药。

弟子：那还要心理咨询和心理治疗干吗呢？让他们去修身悟道，积德行善就行了啊。

老师：人积德行善，修身养性是需要机缘的，并非人人都能做到。对于那些没有机缘积德行善，修身养性的人而言，心理咨询和心理治疗对他们实施现实上的帮助是非常必要的。

弟子：看来社会上无论哪个行业都是不可或缺的啊。

老师：凡事不能绝对和机械地看，因为人本身就是灵动的，是千变万化，无法把握和预测的，因此，永远不存在单一适合任何人的固定模式和方法。

「第四十七章」 不出户

一、原文

不出户,知天下。不窥牖,见天道。其出弥远,其知弥鲜。是以圣人弗行而知,弗见而明,弗为而成。

二、译文

不出门,就能知道天下的事理。不看窗户,就能看见自然万物运行的规律。人向外走得越遥远,知道的道理反而越少。所以,圣人不出行就知道天下的事理,不看见就明白自然万物运行的规律,无为就能成功成就。

三、演义

不出户,知天下

弟子:谁有那么神呢?

老师:道统万物,在宇宙万物之中,道最神,作为道的使者的圣人自然神。

弟子:合于道就能够不出户而知天下?

老师:宇宙万物统一于道,因此万性归一。合于道的人,能够透过现象直接抓住本质,并通过本质来推知万事万物的事理。

弟子:有现实例证吗?

老师:听说过"运筹于帷幄之中,决胜于千里之外"吗?

弟子:这是汉高祖刘邦对张良的评价。

老师：张良只是个贤人，尚且拥有"运筹于帷幄之中，决胜于千里之外"的能力，何况是圣人呢？

弟子：如此看来，"不出户，知天下"并非虚言啊。

老师：在整个历史长河中，并非只有张良具有这样的能力，刘伯温、诸葛亮、毛泽东等都是"运筹于帷幄之中，决胜于千里之外"的典型代表。因此，"不出户，知天下"并不神奇，只不过是人合于道，掌握了自然规律而已。

不窥牖，见天道

老师：普通人只要不断地修身悟道，遵道顺德，使自己言行合于道，自然也能做到。然而，如果普通人逆道，那么即便他天天看着窗外，也见不到天道。

其出弥远，其知弥鲜

弟子：人贵在经历和经验，怎么反而走得越远，知道得越少了呢？与常理不合。

老师：外出和远行，字面意思是行走或行为，本质上是外求。外求的人，把自己所有的时间和精力都用在了走路，用在了欲望满足上，他早已迷失了自我，透支了时间和精力，沦为物质和欲望的奴隶。对于丢掉自我的人，何来真知灼见呢？充其量只是个工具和摆设而已。

弟子：人一旦为了功名利禄而疲于奔命，一旦为了欲望满足而不择手段，一旦被外物所奴役，那么他就将成为一个完完全全的机器，终其一生，都将在煎熬中穿行。

老师：从本质上讲，外求是不合于道的。因为人本身就是道的化身，道就潜藏在人的内在系统之中，根本不需要向外求，只要内求就好了。因此，人内求才能真正有得，而外求，则有得必有失。

弟子：人背离了道，走得再远，也无济于事啊。

老师：对普通人而言，由于他们总是在外求，因而总是被万物所奴役。因此，即便整天处在事物之中，也不能准确预知事物发展的状况和结果，也不能深知万物的事理。一个人的精力是有限的，智力也是有限的，仅凭五官去感知世界远远不够，因为宇宙是无限的。用有限的生命奔波世界各地，于事物的表面现象探索无限的宇宙奥妙，必然知之甚少。人离道越远，知道的就越少，这是规律。

弟子：马克思提出"经济基础决定上层建筑"，如果人不外求，哪来的经济基础的积累？

老师：老子并不是反对人外求，更不是要求人不要外求，而是必须要经历一个外求的过程，以获得生存的安全和保障，在此基础上，再专注于内求，获得生命的圆满。外求必须要适度，外求不能迷失和丢掉自我，外求必须遵道顺德，外求必须为内求服务。

是以圣人弗行而知，弗见而明，弗为而成

老师：逆道之人，即便出行也难以知道天下事理，即使天天看见也难以明白自然万物的运行规律，即使天天作为也难以成功成就。

弟子：圣人和普通人最大的不同，就是圣人凡事不用亲力亲为便能掌控全局，普通人整天疲于奔命，却总是被掌控、被奴役。

老师：圣人合于道，用智慧待人治世；普通人远道，只能用蛮力或笨力劳作。

弟子：为什么圣人能合于道，而普通人却不能呢？

老师：圣人在最初阶段也是普通人，只是他们后天努力修为悟得智慧之后，才逐渐地与道相合。圣人也不是生下来就具备合于道的能力，也是需要后天不停地反复修炼和提升才能达到。

弟子：那为什么普通人不知道内求呢？

老师：因为他们能量不够、智慧未开。

弟子：如此说来，普通人照样能成为圣人。

老师：圣人本来就是普通人的一员，圣人能从普通人飞跃成圣人，那么普通人都能够。

弟子：这是多么让人兴奋的事啊，普通人都能够成为圣人。

老师：道就在你的肉体里，就在你的精神世界之中，只要你愿意去找，就一定能找到，并且一定能够做到与道相合，获得长久的幸福和成功。

「第四十八章」 为学日益

一、原文

为学日益,为道日损,损之又损,以至于无为,无为而无不为。取天下常以无事,及其有事,不足以取天下。

二、译文

做学问的人知识会一天比一天增长,修道的人欲念会一天比一天减少,减少又减少,达到与道相合的无为境界,实现无为而又无所不为。治理天下常常用无为,如果有为,就不能够治理天下。

三、演义

为学日益

老师:益和损,是事物对立统一,不可分割,相辅相成的两个方面,任何事物有损必有益,有益必有损,并且会在一定的条件下相互转化,与祸与福的关系类同。

弟子:意思是若要益己,首先要损己吗?

老师:这也是老子正者反求的智慧。人要想益己,就首先要减损于自己无益的东西,当自身无益的东西削减到可有可无了,那么被削减的损就会自然而然地转化为增加的益了。损己益人而后己益,益己损人必定损己。所谓厚己必损己,薄己必益己,就是这个道理。

弟子:若益己又利人呢?

老师:这当然是最理想的,这也是圣人的准则。做学问的目标就是益己又利人。

弟子：知识的增长有顶点吗？总不能无止境地增长下去吧。

老师：庄子曾说过："吾生也有涯，而知也无涯。"人的生命是有限的，人的时间是有限的，人的精力也是有限的，然而知识却是无限的。人用有限的时间和精力，能够学完无限的知识和学问吗？

弟子：学无止境，任何一门知识或学问，作为一个个体的人而言，都不可能学到穷尽。

老师：知识和学问，比海更深，比洋更广，小到无孔不入，大到无处不有。因此，做学问，只能坚持"活到老，学到老"的原则，生命不息，学习不止。

弟子：做学问，知识就一定会一天天增长吗？

老师：但凡真正做学问的人，其知识一定是一天比一天增长的。而那些搞形式主义，假学或者浮躁不定的学习者，他们的知识往往非但不会增加，反而会不断地减少。

弟子：知识的增益也必须要适度吗？

老师：人做学问，增长自身的知识、经验和思想体系，是一个益己利人的好事情。当一个人的知识、经验和思想体系增益提升之后，他就会自然而然地运用自己的所学，去利益他人。世界上没有一个人是能够把他自身所增益的知识、经验和思想体系全烂在自己肚子里，或者完全让自己独自享用的。因此，做学问在益己的同时，必然益他人，这是一个近乎平衡的循环体系，是一个合于道的动态系统，本身就合适有度，何来适度之说呢？"

为道日损

弟子：何谓损呢？

老师：损，即减损之意。《易经·损卦》取"损有余而补不足"之意。《道德经》第八十一章则将"损有余而补不足"阐释为天之道。

弟子：修道者的损，也属于"损有余而补不足"吗？

老师：修道者的损，指的是自身本能欲望方面的损，自身拥有物质和名利等方面的损，以及自身内在思想精神方面的问题的损。

弟子：不减损自身的物质和欲望上的有，人就不能修道了吗？

老师：修道是内求，而对有的获取是外求。人外求只能使自己离道越来越远，物质占有越多，欲望满足越彻底，人逆道的可能性就越大，祸害就越严重，这是规律。

损之又损，以至于无为，无为而无不为

老师：当人的各种欲念变得空无时，人身心就慢慢进入空无的状态，

也就进入道的虚空缥缈的状态，自然就能与道相合了。

弟子：空无究竟是一种什么样的状态呢？

老师：虚极静笃。人只要能够达到虚极静笃的无我状态，就能够达到天人合一，就能够与道相通，与道相合，达到道的至高境界。

弟子：如果外在什么都没有了，那修道还有什么用处呢？不是白白浪费生命吗？

老师：这是从世俗功利的层面来看问题的，有了这样的思想观念，连身都修不了，道就更别悟了。对于修道者而言，通过自我修炼，和谐了自我，助益了家人，普度了众生。虽然在功利层面他可能一无所有，他的生活简单平淡，然而他对他人，对社会的价值和贡献，却是无法衡量的。也正是有他们的存在，人类才有了前进的方向，才不至于误入歧途，自取灭亡。

弟子：圣人真是太伟大了，要向圣人致敬。

老师：圣人本来就是所有人敬仰的榜样，只有圣人才是人类真正的引领者，真正大同世界的缔造者。

弟子：真的希望天下人都成圣、成贤啊。

老师：如果天下人人都是圣贤，岂不无趣得很？

弟子：如此说来，圣贤注定只能少数人能成就吗？

老师：宇宙自然历来是少数引领和主宰多数，正因为多数的存在，才使少数更加珍贵；也正因为多数的存在，才使整个世界丰富多彩。

弟子：原来做普通大众的一员，并不低贱，也不卑下，而是标准的众生缘，也有众生的幸福和快乐啊。

老师：世界历来就是众生为主体构成的世界，是以众生的幸福和快乐为幸福快乐的，即使只有少数的圣贤，他们也是以众生利益为利益，以众生的福祉为福祉的。

取天下常以无事，及其有事，不足以取天下

弟子：为什么无为才能治理天下呢？

老师：因为道的本性就是无为，圣人合于道，治理天下顺应自然，无为而治。治理天下如果有为，那么就非圣人所为，就是不合于道的行为，自然就不能够治理天下。只有上的顺其自然不妄为，才有下的自然而然和作为。只有宇宙万物按照各自的规律生长繁育，并统归于道的引领，整个世界才有真正的进步、繁荣、和谐与大同。

「第四十九章」 圣人无常心

一、原文

圣人无常心，以百姓心为心。善者吾善之，不善者吾亦善之，德善；信者吾信之，不信者吾亦信之，德信。圣人在天下，歙歙焉；为天下，浑其心。百姓皆注其耳目，圣人皆孩之。

二、译文

圣人永远没有自私心，以百姓的心为心。善良的人，我善待他；不善良的人，我也善待他，整个社会的品德就归于善良了。诚信的人，我信任他；不诚信的人，我也信任他，整个社会的品德就归于诚信了。圣人得天下，和顺地治理天下，使百姓的心归于淳朴。天下百姓都专注于圣人的一言一行，一举一动，圣人使百姓都恢复到婴儿般的纯真质朴状态。

三、演义

圣人无常心

弟子：意思是说圣人永远没有自私心，没有分别心吗？

老师：道无私，无分别，圣人自然无私，无分别。

以百姓心为心

老师：无私无我才成圣，圣人内心无我，只有天下百姓和苍生；而普通人心中往往只有自己，少有天下百姓和苍生，这就是圣人与普通人的不同。

第四十九章 圣人无常心

弟子：如此看来世界上几乎都是普通人啊。

老师：圣人本来就不多，有时候几百年也出不了一位。

弟子：既然大家都是普通人，圣人非常人能及，那何必一定要做圣人呢？做普通人不也是挺好的吗？

老师：圣人得长生，他们永远活在人们的心中。普通人只有短短几十年的寿命，如同过眼云烟而已。人活着是为了长生，还是只作为匆匆过客走一圈就消失呢？

弟子：长生是每个生命的本能追求，只是人根本不可能做到长生而已。

老师：圣人就做到了，因此，做圣人是值得的，得到的回报是无法用语言来形容的。圣人与普通人，如同天地对草芥，差别不是一点半点，而是天上地下的差别，恒久与短暂的差别。

弟子：从生命本身的价值和影响而言，做圣人才最具价值和影响力。

老师：圣人的思想言论是全人类最宝贵的精神财富，其价值是无穷的，其影响力是无法用语言来描述的，所以圣人就应当长生久视。

善者吾善之，不善者吾亦善之，德善

弟子：善良的人我善待他，这合乎情理，但对于不善良的人，干吗还要善待他呢？要给他惩罚和报应才是啊。

老师：冤冤相报何时了？如果对不善的人，大家也用不善来对待他，那么不善的人岂不失去回归善良的正途了？善待不善的人，是运用善来感化邪恶，超度罪恶的灵魂，使其回归正道，而不是为了惩罚而惩罚，为了报应而报应。

弟子：如果感化不了呢？就任由不善的人作恶非为？

老师：天作孽，犹可活；人作孽，不可活。如果人一直作恶不回头，他必然是自招祸患，自取死路，这是道的规律。

弟子：圣人一视同仁地对待善人和不善的人，会出现什么结果呢？

老师：圣人对善人给予善的回应，善人受到正向积极的认同和鼓励更加与人为善；不善的人受到圣人的善待，不善行为受到抑止，并引发他善的思考和改变，因而开始去恶向善。在圣人的大度包容和超度下，天下人都归心于善，整个社会的品德自然就归于善良了。

弟子：圣人对不善的人包容超度，如果不善的人没有任何改变，或者变本加厉呢？

老师：对于顽固不化，穷凶极恶之徒，圣人也不会纵容和任由他们行凶作恶的，圣人同样会用非常之手段处置他们的。圣人的天职是抑恶扬善，如果圣人不能抑恶，或者纵容邪恶，怎么能是圣人呢？

信者吾信之，不信者吾亦信之，德信

老师：圣人对诚信的人给予信任的回应，诚信的人受到正向积极的认同和鼓励更加诚信友善；不诚信的人受到圣人的以诚相待，不诚信的行为受到抑止，并引发他诚信的思考和改变，因而开始生诚向信。在圣人的大度包容和超度下，天下人都归心于诚信，整个社会的品德自然就归于诚信了。

圣人在天下，歙歙焉；为天下，浑其心

老师：淳朴是道的本性，人心归于淳朴，就是合于道。圣人通过无分别心地对待天下众生，使天下众生归善向信，德行天下，百姓心自然归于淳朴，因而合于道，于是国家太平，社会大治，天下大同。

百姓皆注其耳目，圣人皆孩之

老师：在现实生活中，上位者要想得到百姓的拥护和爱戴，就必须弃绝个人私利，真正做到大公无私，全心全意为百姓，用仁慈博爱之心，善待世间的每一个人，用个人崇高的品质和精神境界，使百姓自动服从和追随。

弟子：这就是圣人的治理之道吧。

老师：圣人行"利而不害"的天之道，实行无为而治，行不言之教，虚心实腹，使民众去除伪智、巧诈、邪恶和私欲。这是通过看似无为的治理，实现无所不为、天下大同的目标。

「第五十章」出生入死

一、原文

出生入死。生之徒，十有三；死之徒，十有三；人之生，动之死地，亦十有三。夫何故？以其生生之厚。盖闻善摄生者，陆行不遇兕虎，入军不被甲兵。兕无以投其角，虎无以措其爪，兵无以容其刃。夫何故？以其无死地。

二、译文

人出世为生，入地为死。长寿的人，有十分之三；短命的人，有十分之三；本来长寿却又步入短命境地的人，也有十分之三。是什么缘故呢？因为他们求生的欲望太强烈，营养过剩，过度享乐，奢侈淫逸，奉养过厚了。听说善于养生的人，在陆地上行走不会遇到犀牛和老虎，到军队中参战不会受到杀伤。犀牛对他无法投入它的角，老虎对他无法使用它的爪，兵器对他无法用它的锋刃。是什么缘故呢？因为他没有步入短命的境地。

三、演义

出生入死

老师：宇宙万物，有生就有死，生生死死，死死生生，是万物周而复始的一种规律。万物生于无，最终回归于无，因此，生死本是一体的，是不以人的意志为转移的。

弟子：人总是追求长寿，有实际效果吗？

老师：每个人的生命都有特定的长度和厚度，人追求长寿是生命的本能，是合于道的。人的生命长短，总是受到先天遗传因素的制约和后天行为习惯的影响，尽管个人的主观努力很多情况下并不奏效，但还是会或多或少地起到延长寿命的作用。通常情况下，人寿命的长短不是自己主观努力所能决定的，但是人完全可以通过依从自己的天性，通过构建和成就适合于自己的行为习惯，使自身合于道，实现肉体和精神的和谐统一，达到健康长寿的目的。

弟子：有的人因失去了生的勇气而选择提前结束生命，这属于自己主导自己的生命吗？

老师：这并不属于自己主导生命，反而是自我残害生命。人主导生命是正能量层面的，是以自我健康长寿和利益苍生为目标的，而不是消极负能量层面。那些因为挫折或打击而主动放弃生的可能的人，都是极端残忍和不人道的，他放弃了自己的责任和义务不说，还辜负了生他养他的父母，辜负了他人和社会对他的培养和关爱。

弟子：那些自杀的人，并不值得同情和惋惜？

老师：道不生无用之物，道不养无用之人，他们自己贬低自己，自己毒害自己，同情有用吗？惋惜能解决问题吗？

弟子：哪些人属于无用之人呢？

老师：主动放弃作为人的责任和义务的人，对他人和社会没有任何意义和价值的人。

弟子：人没有权利选择结束自己的生命？

老师：在不是利他的情况下，是没有权利的。因为他忘记了他是怎么来到这个世界上的，他也忘记了他是怎么长成那么大的，他同样忘记了自己所应负的责任和义务，他更加忘记了他要回报父母的养育之恩，回报他人和社会的关爱之恩。

生之徒，十有三；死之徒，十有三；人之生，动之死地，亦十有三。夫何故？以其生生之厚

弟子：本来长寿的人，却又中途夭折，是因为他们坏事做多了，或者说逆道了，或者说过分透支生命等原因吧。

老师：不珍爱生命，如何能使生命得到保养和保护呢？那是在加速自我毁灭啊。

弟子：生命是用来养护的，不是用来糟蹋的。

老师：古人说：财是催命鬼，色是刮骨钢刀，酒是穿肠毒药。人不懂养生之道就会放纵欲望，对外执着于获得，损人利己；对内追求感官刺激，纵欲奢靡。于是内损外耗，元气大伤，阴阳失和，各种疾病相伴而生。现代人的生命终结，有多少是无疾而终、自然老去的呢？因此，修身养性，悟道行道，利益他人，和谐自我，才是真正意义上的善待生命。

弟子：老子只提到三个十之有三，也就是说，老子只列举了十人之中的九人来阐述生与死，那另外一人哪去了呢？

老师：在老子看来，十个人之中有九个可以称得上是人，必然会有一个根本就不是人，因而他们的生死并不在老子考虑之内。

弟子：人生而为人，又如何能不是人呢？

老师：那些未出生就胎死腹中，或者刚出生就死亡的婴儿，就不能称为人；那些没有人性，作奸犯科，禽兽不如的人，就不能称为人。既然连人都称不上，还有人的生与死之说吗？

弟子：如此说来，只有真正能够配得上人这个称号的人，才能配谈人的生与死啊。

老师：对于不能称为人的人，要么是没有生命的人形存在，要么是属于逆道灭亡一类的人形禽兽。对于前者，本来就没有生命，无所谓生死之说；对于后者，是属于自取灭亡一类，无论他们怎么折腾，都属于死亡一类，因此，即便他们活着，也如同行尸走肉，根本不能和人相提并论。

盖闻善摄生者，陆行不遇兕虎，入军不被甲兵。兕无以投其角，虎无以措其爪，兵无以容其刃。夫何故？以其无死地

弟子：善摄生的人，岂不是刀枪不入？

老师：不能说刀枪不入那么神，只是因为这类人没有步入短命的境地而已。生活在纷繁复杂滚滚红尘中的人，总会受到来自自己或外界的伤害，然而各种事实证明，只有那些遵道顺德，那些养护生命的人，才能通过自我的力量成功抵制各种外来的伤害和袭击，从而使自己不至于陷入万劫不复的境地。

「第五十一章」道生德畜

一、原文

道生之，德畜之，物形之，势成之。是以万物莫不尊道而贵德。道之尊，德之贵，夫莫之爵，而常自然。故道生之，德畜之，长之育之，亭之毒之，养之覆之。生而不有，为而不恃，长而不宰，是谓玄德。

二、译文

道创造万物，德养育万物，物形成万物，环境成就万物。因此，万物皆尊崇道而贵重德。道的尊崇，德的贵重，没有人授爵位给它，因而总是自然而然。道产生万物，德养育万物，成长繁育万物，均匀成熟万物，扶植保护万物。生育万物，养育万物，滋养万物而不占有，施惠万物而不自恃有功，领导万物而不主宰，就是深奥玄妙的德。

三、演义

道生之，德畜之

老师：古人将德视为道的派生物，是阴阳和合的规律，是由道派生的万事万物生存繁育的规范和原则。

弟子：道和德原来是一体的。

老师：道和德是宇宙完整的构成体系，道生万物，德养万物，因此，德是合于道的，总是自然而然的。我们通常讲的道德，并非老子所讲的道和德，而是人类根据道的规律所制定的规范和原则，仅仅是德的一个人类学分支，并非指德的全部。

弟子：德并非人类才有吗？

老师：万事万物皆有德，人德只是万物之德的一个组成部分而已，只有合于道的人类生存和繁育的规范和原则，才是真正的德。不合于道的规范和原则，并不能称之为德，只能称之为人类运用自己的智慧和认知，所制定的制度或规范而已。

弟子：我知道如今社会为什么道德沦丧了，是因为人类把合于道的德用符合自身利益的规范和原则取代了，把真正的人德给忽略和亵渎了。

老师：人间乱象莫过于人类以功名利禄和本能欲望满足为核心的人生观，人们所追求和向往的，都是与真正的德相背的，怎么可能出现德行天下的大同社会呢？真正的德是合于道的，是自然而然的，是无私奉献的，是无我利他的。但凡逆于道，都不是德，自然不是道。

弟子：善符合德的标准和规范，善是真正的德吧。

老师：真正的善本身就是德，是合于道的，是人类真正的希望和未来。那种带有目的性的善，不是真正的善，不在此列。

弟子：意思是说，伪善无论是什么形式，都不是善，更不是德？

老师：伪善非德，只是施予者获取私利或私欲满足的手段或工具而已，非但不是德，反而是恶。

弟子：为什么说伪善是恶呢？他们不也是在做好事吗？

老师：伪善是人运用冠冕堂皇的手段或方法，通过对弱者的帮扶，来彰显自我的无私或伟大，从而达到功成名就的目的。他们是对弱者的利用，是强行把自己的意志加给弱者，因而对于弱者而言，他们是残忍的。

是以万物莫不尊道而贵德

老师：道生万物，德养万物。无德无物，无道无德。生是根本，养是根基。天地万物唯有尊崇道和贵重德，才能始终建立在牢固的根基之上，才能永远不脱离根本。万物不尊崇道和贵重德，怎么可以呢？

生而不有，为而不恃，长而不宰，是谓玄德

弟子：这是第十章重复的内容，属于重点强调的吧！

老师：是的。德是事物内在合于道的本真，因此，具有和道一样的深奥玄妙的特性。

「第五十二章」天下有始

一、原文

天下有始,以为天下母。既得其母,以知其子;既知其子,复守其母,没身不殆。塞其兑,闭其门,终身不勤;开其兑,济其事,终身不救。见小曰明,守弱曰强。用其光,复归其明,无遗身殃,是谓袭常。

二、译文

天下万物都有本始,用它作为天下万物的根源。能够认识万物的根源,就能推知万物。能够认识万物,再持守根源,终身就没有危险。堵塞嗜欲的孔窍,关闭欲望的门径,终身没有劳烦的事情。开启嗜欲的孔窍,增添纷杂的事务,终身不可救治。能够从细微处察知事物的道理,叫明通;能够持守柔弱,叫强大。运用道的光芒,再回归道的规律,不给自身留下祸患,这就叫承袭常道。

三、演义

塞其兑,闭其门,终身不勤

弟子:这就是心如止水,清心寡欲啊。

老师:这是人修身求道最基本的要求,也是虚极静笃的前提和保证。

弟子:只要是人就有欲望,怎么可能把所有欲望都控制住呢?

老师:人的大脑控制人的一切,管理了自己的大脑,也就等于控制好了整个人。

弟子：人最难管的就是大脑啊，人的思想如何能够有效管理和控制呢？

老师：只要后天经过正能量合于道的反复练习，将这种意念管控模式内化入潜意识，变成自动自发的习惯之后，人的思想就得到了根本性的管理和控制。修身，是克制欲望；求道，是减弱欲望。如果人自身欲望的孔窍被堵塞，满足欲望的门径被关闭，那么人就能够摆脱世俗之事和欲望的纠缠，达到心静神明，身心俱安的境界，终身没有俗事劳烦。

弟子：欲望才是麻烦和祸害的根源啊。

老师：人的欲望是没有止境的，人心不足蛇吞象，人为财死，鸟为食亡。欲望，如同人一样，一半是天使，一半是魔鬼。人的欲望一旦失控，人就会变成魔鬼，从而把人从天堂拉入地狱。人对功名利禄的追求以及本能欲望的满足以适度为好，一旦把它们当成人生的总目标和追求，那么人性的贪婪就会被强烈地激发，人就开始被自己的贪婪牢牢地控制，厄运也就随之而来了。

开其兑，济其事，终身不救

老师：人欲壑难填，陷入招灾引祸的泥潭中不能自拔，性命尚且难保，如何可以得救？

弟子：人如何才能得救呢？

老师：转外求为内求，清心寡欲，致虚守静，修身求道，仅此而已。

弟子：看来人要想心安、身安、神安，和谐稳定，平安长久，外求是不行的，只能内求，向内求于道，使自己的言行与道相合，才能达到目的。

老师：人本身就是道的化身，道始终潜藏于人的内心之中，求道不向内求，向外去哪寻找呢？又如何能够找得到呢？外求得财、得物、得名、得利、得满足，内求才能得道，这是规律。

见小曰明

弟子：就是见微知著吧。

老师：核心就是通过现象看本质，能够通过细微的现象，看到现象后面本质性的规律，这就叫明通。

守弱曰强

老师：持守柔弱，并非真正的柔弱，而是自己强大却表现柔弱，不张扬，不外显，不霸权。

弟子：持守柔弱的强大才是真正的强大吗？

老师："枪打出头鸟""树大风摧""强露敌来"都是说如果人强大而且彰显不知隐讳，那么必定会处处给自己树敌、招祸。强中更有强中手，谁也不可能强大到超过世间一切人。因此，强大的人，必然会受到更强大的人的压制和打击，受到同样强者的排挤和损害，受到弱者的嫉妒和怨恨。如果本身强大，但却持守柔弱，不外露，外界感觉不到你强大对他的威胁，或者根本就无从知晓你的强大，自然不会招引强敌。能够平安长久的强大，才是真正意义上的强大。

用其光，复归其明，无遗身殃，是谓袭常

老师：这是道的实践论，道的循环归一律，或者说叫承袭常道。

弟子：为什么能够承袭常道的人少之又少呢？

老师：因为绝大多数人不知道为何物，如何能够承袭呢？

弟子：看来只有明道，才能承袭啊。

老师：人，悟道才能明道，明道才会合道，合道才能承袭道，这是一个自然而然的过程。如果人根本都悟不了道，希望他合道行道，怎么可能做到呢？

弟子：要想承袭常道，还是需要修身悟道啊。

老师：不修不悟，一切照旧；我行我素，自然没路。

第五十三章 介然有知

一、原文

使我介然有知，行于大道，唯施是畏。大道甚夷，而人好径。朝甚除，田甚芜，仓甚虚；服文彩，带利剑，厌饮食，财货有余，是谓盗夸，非道也哉。

二、译文

假使我稍微拥有智慧，就会在正道上行走，唯独害怕走入邪路。大路非常地平坦，而有人却喜欢走小路。朝廷宫殿的台阶威武雄壮，农田却一片荒芜，仓库异常空虚。穿着华丽的服装，佩戴锋利的宝剑，饱足美味佳肴，占有大量的钱财和货物，这就叫强盗的奢侈，这是何其地逆道背德啊！

三、演义

使我介然有知，行于大道，唯施是畏

弟子：老子本身就是智慧的集大成者，本身就拥有无上的智慧，为何会有如此假设呢？

老师：如果稍微拥有智慧就要这样，那么拥有无上的大智慧者会怎样呢？

弟子：那还用说，自然会比拥有小智慧者做得更加好和没有祸患。

大道甚夷，而人好径

弟子：为什么平坦宽阔的大道不走，却非要舍近求远去走小路呢？岂不愚蠢得很？

老师：只要迷失自我，逆道背德的人，都会自然而然地习惯于选择走小路，即便大路就在眼前也会视而不见。

弟子：大路不走走小路者，都属于缺乏智慧的人吗？

老师：不能一概而论，如果人为了合于道的目标，在不得已的情况下选择走小路（非邪道），也是智慧的表现。人只要不是走在正道上，只要是为了达到自我目的不择手段，搞歪门邪道，就是逆道，就是愚蠢，就是没智慧。

弟子：智者是如何做的呢？

老师：智者即便走在大道上，走在正道上，也总是"战战兢兢，如临深渊，如履薄冰"，总是害怕误入邪道。

弟子：智者拥有大智慧，能够合于道去做事行为，完全应该放心大胆地去走，何必那么小心谨慎呢？岂不是多此一举？

老师：圣人尚且如此，智者能够例外吗？

弟子：没有智慧的人就是老子所指的伪圣、伪智、伪巧、伪利、伪仁、伪义、伪道、伪德等吧。

老师：但凡通过各种非正常手段追求功名利禄和私欲满足的人，都是属于伪，都是逆道的，自然是没有智慧的。

弟子：那通过合于道的途径和方法获得功名利禄和个人欲望满足，是属于有智慧的吗？

老师：这个自然。虽然说修身求道要少私寡欲，要致虚守静，但人生活在世界上，总是需要通过外求以获得自身存在的物质保障，要通过外求来历练自己，强大自己。如果人连自身生命都没有保障，那么还修什么身，求什么道呢？

弟子：也就是说，圣人也需要向自然和社会索取自身赖以生存的物质保障吗？

老师：这个自然，圣人也要活着啊。

弟子：那减少欲望，减少外求，专注于内求，专注于修身求道，他们的生活来源如何得到保障呢？

老师：修身求道并不是指一定要脱离尘世，与世隔绝，而是要身在红尘之中，而又独立于红尘之外。既要从尘世中获得生命存在的保障，同时又要跳出尘世观世界，独立红尘观万象。

弟子：这岂不跟隐士差不多？小隐隐于山，大隐隐于市，圣人都属于大隐吧。

老师：圣人运用合于道的思想言行来利益苍生，怎么可能脱离社会和尘世呢？人总不能到无人的地方独自一个人去利人益物吧。

弟子：圣人拥有大智慧大能力，如果他们要把智慧和能力用在功名利禄的追求上，用在自我欲望的满足上，那么世界上恐怕少有人能够与他们相提并论吧。

老师：所以，真正的圣人如何能够可怜到没有获得基本生活保障的智慧和能力呢？只不过是他们用心于内求，用心于利益苍生，施恩于天下，主动舍弃小我，顾全大局而已。

弟子：圣人如果追求功名利禄和欲望满足岂不是很可怕？

老师：追求功名利禄和欲望满足是外求，是属于个人私利，如果圣人把智慧和能力用在了追求功名利禄和欲望满足上，就违背道的无私无我利他的本真了，那还能叫圣人吗？

弟子：圣人对自然和社会的索取有什么原则吗？

老师：圣人只向自然和社会索取可以资生的物质保障，只要能够满足最简单的生存，圣人就停止外求，转而集中精力内求。

弟子：也就是视功名利禄为粪土吧。

老师：圣人追求的不是小我的有，而是大家的有，世界的有，追求的是天下合于道，天下大治，天下大同。

弟子：人眼光不同，境界自然也不一样。

老师：沉迷于自我得失的人，很难拥有真正的智慧。

朝甚除，田甚芜，仓甚虚

弟子：民以食为天，农田荒芜，仓库空虚，那百姓吃什么呢？

老师：这就是国家腐败的象征。上位者只顾自己吃喝玩乐，追求奢华，根本不顾老百姓的死活，如何能治理好国家呢？

弟子：这样的社会岂不是人人自危，活着都没有保障啊？

老师：无道的社会最基本的标志，就是民众生活于水深火热之中，生存得不到保障。

服文彩，带利剑，厌饮食，财货有余，是谓盗夸，非道也哉

老师：无道者所引以为自豪的，不是智者所为，而是强盗行径。

弟子：他们才是真正的不道啊！

老师：由于这些人私欲旺盛，贪得无厌，没有道和德可言，因此，总是用非正常手段，通过牺牲和侵害他人利益来成全自己，把自己的幸福和成功建立在广大民众的痛苦和伤害之上。这就是最可恶的强盗，他们自取其祸，自取灭亡是极端正常的事情。

弟子：得道多助，失道寡助。

老师：得民心者得天下，民心向背，就是统治者有道无道的最集中体现。

弟子：自古至今，盗夸好像从未消失啊。

老师：贪污腐败、涉黑邪恶始终是社会的挥之不去的毒瘤。

弟子：为什么根除不尽呢？

老师：自然万物，都存在阴阳两面，有正必有反，有善必有恶，有好必有坏，彼此相互依存，对立统一。只要人类社会存在不平等，"贪污腐败、涉黑邪恶"就永远不能除尽。人类只有真正实现天下大同，才能根除贪污腐败和涉黑邪恶。

弟子：为什么总有人顶风而上呢？

老师：那是人迷失了自我，被功名利禄所奴役的结果。

弟子：一个一个都是怪聪明的大活人，怎么能被生不带来死不带走的功名利禄奴役呢？不是很愚蠢吗？

老师：当人走错道而不自知时，什么愚蠢可笑的事情都做得出来，被外物奴役是再正常不过的事情。

弟子：绝大多数"贪污腐败、涉黑邪恶"者，好像都比正常人还明白清楚，为什么不改正停手呢？

老师：他们不是不想改，也不是不想停手，也不是不想走正道，只是他们被奴役的程度太深，侥幸心理过重，身不由己而已。

弟子：难道这些人就没救了？

老师：当然有救，只是他们不愿意自救而已。

弟子：怎么非是自救呢？别人救不了吗？

老师：能真正拯救自己的人，只有自己，其他任何人都无能为力。并不是他人或外力不能拯救人，只是成功的比例很小而已。

弟子：不能自救的人怎么办呢？

老师：那就只能通过外力强制拯救，如果外力还是拯救不了，就只能通过强力使之毁灭了。

弟子：看来作恶的人，无论怎么样都不会有好的结果。

老师：一邪三年祸，一恶十年灾。作恶是逆道的，属于死亡一类。因此，但凡作恶者，从开始作恶那一刻起，就开始自掘坟墓。他们在毁灭自己的同时，也在不停地伤害他人，祸及家人及子孙。无论是谁跟作恶的人挂上钩，都注定没有好结果。

弟子：看来不但自己不能作恶，而且要远离作恶的人。

老师：近朱者赤，近墨者黑。与作恶者为伍的人，不恶也邪，这不是他自己所能主导和决定的。当自己深受作恶者之害，或者被作恶者拉下水也跟着作恶时，后悔就已经晚了。

弟子：人要想修身悟道，不仅要从自身做起，也要从周边的环境做起，做到心清境正，才是根本啊。

老师：人不仅仅要性命双修，更要境物同净，如此才能道德共存，正善同行。

「第五十四章」

善建不拔

一、原文

善建者不拔，善抱者不脱，子孙以祭祀不辍。修之于身，其德乃真；修之于家，其德乃余；修之于乡，其德乃长；修之于邦，其德乃丰；修之于天下，其德乃普。故以身观身，以家观家，以乡观乡，以邦观邦，以天下观天下。吾何以知天下之然哉？以此。

二、译文

善于立德的人不会移易，善于持守道的人不会脱离，子孙对他们的传承不会停止。修道在身，德就是纯真；修道在家，德就是丰足；修道在乡，德就是和睦长久；修道在国家，德就是丰饶；修道在天下，德就是广大而普遍。因此，用是否纯真来观察一个人是否有德，用是否丰足来观察一个家是否有德，用是否和睦久远来观察一个乡是否有德，用是否丰饶来观察一个国家是否有德，用是否广大而普遍来观察天下是否有德。我怎么知道天下是这样的呢？凭借以上这些准则。

三、演义

善建者不拔

弟子：为什么善于立德的人不会移易呢？

老师：因为人的德一旦建立，往往具有极强的稳定性，就会跟随人的一生而不改变。

弟子：从古至今，不同的人对此句解读都是仁者见仁，智者见智，有的解读为"善于建功立业",有的解读为"善于建立规章制度"等,虽然都有一定的道理,但却总是感觉欠缺什么,还是解读为"善于立德"比较贴切。

老师:本章是德经的一部分,自然核心是德。人德是指人内在合于道的规范和准则,因此,无论解读为人类哪方面的规范和准则,都只能是对德部分的解读。

善抱者不脱,子孙以祭祀不辍

老师:道是万物的主宰,德是人内在合于道的规范和准则。只有合于道的德,才是家族长盛不衰,子孙传承延续的法宝。其他外在的东西,比如物质、财富、人脉、资源等,都将会随着人的变迁而发生变化,是根本无法长期持守的东西。

弟子:《三字经》中讲:人遗子,金满赢;我教子,唯一经。金银财富再多,后代也无法守住;而经典的思想和智慧,则是真正取之不尽,用之不竭的宝藏。

老师:人,唯有德以及建立在德基础上的智慧,才是真正能够流传千古而长盛不衰的,才是真正能够造福子孙,利益苍生,福泽天下的珍宝。

修之于身,其德乃真

老师:德是合于道的本真,即真我。一个人只要能够找到并持守真我,那么他就一定有德,就一定合于道。

修之于家,其德乃余;修之于乡,其德乃长;修之于邦,其德乃丰;修之于天下,其德乃普

弟子:这是人、家、乡、国、天下合于道的德的衡量准则吧。

老师:这是老子的德政观点,也是人立身处世、治家、治国、治天下的基本准则。

弟子:这与儒家的"修身、齐家、治国、平天下"有共通之处吗?

老师:道家与儒家关于人"修身、齐家、治国、平天下"是一脉相承,没有分别的,都是坚守先修身,先齐家,然后再推广到乡、国家和天下;都是先修于内,而后成于外;都是以道为根基,以德为核心的规范和准则。

故以身观身,以家观家,以乡观乡,以邦观邦,以天下观天下。吾何以知天下之然哉?以此

老师:人、家、乡、国、天下是否合于道,是否有德,"真、余、长、丰、普"就是最简单直接的衡量标准。

〖第五十四章〗 **善建不拔**

「第五十五章」含德之厚

一、原文

含德之厚，比于赤子。毒虫不螫，猛兽不据，攫鸟不搏。骨弱筋柔而握固，未知牝牡之合而全朘作，精之至也；终日号嗌而不嗄，和之至也。知和曰常，知常曰明，益生曰祥，心使气曰强。物壮则老，谓之不道，不道早已。

二、译文

蕴含深厚德的人，如同初生的婴儿。有毒的虫不蜇咬他，凶猛的兽不伤害他，凶猛的鸟不攻击他。婴儿骨头柔弱、筋脉柔软、手握东西却很牢固，不知男女交合之事，生殖器却常常坚硬地勃起，这是精气极为充足的缘故。整天大声哭叫嗓子却不沙哑，这是和气极为旺盛的缘故。知道和谐就叫常，知道自然规律就叫明，增益生命的就叫吉祥，内心顺从和气的就叫强大。世间万物强盛到顶点就会衰老，这是不合于道的，不合于道，就会提早败亡。

三、演义

含德之厚，比于赤子

老师：道的法则是自然和谐，是纯真，是无欲无为。从这方面来推理，厚德的人是不是与婴儿的特性有共通之处呢？

弟子：原来把德行深厚的人比作刚出生的婴儿，并不是指厚德的人跟婴儿一样无知和弱小，而是具备婴儿般纯真柔和、无欲无为啊。

老师：厚德的人是与道相合的人，是圣人，是智者，如何能无知和弱小呢？相反他们是大智和大强，有大勇和大为。

毒虫不螫，猛兽不据，攫鸟不搏

老师：从本质上讲，婴儿是最容易受到伤害的。然而由于婴儿无知无欲，没有伤害任何人或物的念和行，反而使任何人或物都不去伤害他们。从另一角度来讲，初生的赤子，由于他们的纯真柔和弱小，总是被父母和亲人一刻不间断地保护着、珍爱着，那些害人的毒虫、猛兽、飞禽即使再厉害，也不能接近他们，自然也伤害不到他们。由此推知，对于蕴含深厚德行的圣人，他们如同赤子一般生活在民众之中，民众心甘情愿地珍爱圣人，保护圣人，圣人又如何能够受到伤害呢？圣人利他，他人佑圣人；圣人无私，他人成圣人私。

弟子：这一切都归于厚德的人合于道，利他无我，与民众心意相通啊！

老师：只有与民众心意相通的人，才能生活在民众之中，才能得到民众的爱戴和保护，才能长生久视。

骨弱筋柔而握固，未知牝牡之合而全朘作，精之至也

老师：婴儿身虽弱但意坚心定，虽然初生但精气最为充足。

弟子：小孩子没有定性，总是活动过多，总是对一切充满好奇，总是玩乐不知疲倦，就是因为精力旺盛的缘故吧。

老师：当人精力旺盛的时候，总会想尽一切办法消耗过剩的精力。人无事生非，也是精力过多无处消耗，通过生是非来消耗精力达到内心平衡的一种方式。

弟子：看来精力过盛也并不是什么好事情，总会有意想不到的无事生非啊。

老师：精力旺盛对婴儿或孩童来说，是好事情，可以促进他们无止境地探索世界，体验世界，获得生存应当具备的技能和素质，这也正是他们生命力旺盛的表现。但对于无所事事的青年人或者成年人来说，精力过剩往往促使他们偏离正道，惹是生非，唯恐天下不乱，这才是真正的祸害。

弟子：如何避免无所事事的人无事生非呢？

老师：让他们走在正道上，让他们有正事可做，让他们有希望去争取，让他们有目标去奋斗，让他们去积德行善就行了。

弟子：这哪是一两句话就能做到的，简直就是不可能啊。

老师：世间万物，一切皆有可能。但凡人，唯有正才是根本，正者无敌，正者无邪，正者合于道。

弟子：一个正字，就能解决人的几乎所有问题吗？

老师：只有正，才是真正的人；只有正，才是真正的教育和管理；只有正，才是真正的人生；也只有正，才有真正的未来。

终日号嗌而不嗄，和之至也

老师：所谓和气，是指人身体内部的阴阳协调，和谐平衡。当人身体和谐平衡时，和气充足，就能够调动全身的能量去完成一件事而不会造成身心透支或损伤。婴儿和气充足，能够调动全身的力量和能量哭喊，虽然哭喊时间长，能量精力消耗大，但并不足以造成身心的透支和嗓子的损伤，这就是人阴阳平衡和谐的益处。

弟子：阴阳之气和合平衡，达到最佳状态，是不是盈满状态呢？按照老子的观点，万物达到盈满之后就开始衰竭，如果婴儿的阴阳和合达到了最好的状态，那么就意味着衰弱的开始啊。

老师：阴阳和合达到最佳状态，是阴阳平衡，是一切刚刚好，并不是顶点，也不是极端。对于刚刚好的和谐状态，哪来的衰竭和衰退呢？

弟子：阴阳平衡就是和谐啊，和谐并不是顶点，更不是盈满。

老师：和谐是万物存在的最佳状态，是十全十美的状态。人只要开始偏离正道，开始邪恶和内耗，那么身体内的阴阳之气就会因为邪恶和内耗而发生动态变化，导致阴阳失衡，失去和谐，慢慢也就失去了活力。

弟子：成年人话一说多就口干舌燥，声音沙哑，难道是阴阳平衡的最佳状态被打破，人的活力减弱所致吗？

老师：婴儿的生命力强大，精力旺盛充沛，因而整天哭号也不会沙哑；成年人，生命力受到种种因素的影响和消耗，已经大大减弱，精力也开始衰退，自然和气欠缺，容易出现透支和身心损伤的现象。

弟子：意思是说婴儿具有最强大的生命力，拥有最佳的和谐和精力，随着年龄的增长，人的生命力、人的和谐和精力都开始衰退吗？

老师：不能这样理解，人的生命力和精力是分阶段的，是一个由弱到强，由强渐弱，最终衰退的过程，并不是初生的婴儿最强，而是在某个阶

段最强。当强到顶点时，就开始衰退，这是自然规律。人阴阳和合的最佳平衡状态，才是生命力和精力最旺盛的状态。当成人的和气衰弱时，必然会精力不济，做什么都难专一。

知和曰常，知常曰明，益生曰祥，心使气曰强

弟子：对生命有助益的就是吉祥，这个好理解，但是内心顺从和气叫强大，却不好理解。

老师：和气是什么？

弟子：和气就是阴阳和合之气。

老师：因此，和气是合于道的。人的内心顺从和气，意味着人与道相合，就是合于道的人，就是大德之人，就是圣人啊。

弟子：能否解读为用心调动和气叫强大呢？

老师：一颗能调动和气的心，自然是与道相合的心，当人身心与道相合时，自然也是强大的。

物壮则老，谓之不道，不道早已

弟子：现代人为什么几乎毫无例外地都在追求强大强盛呢？奥运精神也是"更快、更高、更强"，这是不是意味着人都逆道？

老师：在正道上追求强大，使自己更加强大强盛，这是道的要求，如何能是逆道呢？人是不能弱小的，弱小是没有生存空间和保障的，人在正道上不断地追求更快、更高、更强，只要没有达到顶点，就不会衰弱，自然也不属于逆道。只有那些非正道的通过损害和侵夺他人他物使自己强大强盛的人，或者说强大到了极点的人，才是逆道的，才属于早亡一族。

弟子：道也鼓励生存竞争吗？

老师：生命本身就是一个竞争的历程，任何一个生命，只要是合于道的竞争，就没有什么后患，也是正当的。只有那些非正当的竞争，才是有后患的，是逆道的，自然也是难以长久的。

第五十六章 知者不言

一、原文

知者不言,言者不知。塞其兑,闭其门,挫其锐,解其纷,和其光,同其尘,是谓玄同。故不可得而亲,不可得而疏;不可得而利,不可得而害;不可得而贵,不可得而贱。故为天下贵。

二、译文

真正有智慧的人不夸夸其谈,高谈阔论的人没有智慧。塞住嗜欲的孔窍,关闭嗜欲的门户。折损锋芒,解除纷繁,和合光芒,混同于尘世,这叫玄妙和同的境界。正因为普通人不能够达到玄妙和同的境界,所以才会有亲疏、利害和贵贱之分。所以,圣人才是天下最尊贵的人。

三、演义

知者不言,言者不知

老师:沉默是金是智者的箴言。但凡真正的智者,都是不随便讲话的。因为他们深知自己的渺小和轻微,深知宇宙的复杂和奥妙,深知自己的无知和欠缺。尤其是在日常生活中,对于对的事情,无须说,自然是正确的;而对于不正确的事情,即便说得再多,也是不正确的。因此,谦和低下,谨慎好学,少言寡语,不显山露水是智者们共同的选择。

弟子:为什么越是有智慧的人,反而越觉得自己渺小和轻微呢?

老师:道是无所不在的,宇宙是无穷的,自然是无限的。在无穷无限的道、宇宙和自然面前，一个小如尘埃的人又能算得了什么呢？因此，人越是有智慧，就越清楚自己的渺小，越感觉宇宙自然的广博和宏大，越敬畏道和自然，因而就越战战兢兢，如临深渊，如履薄冰。

塞其兑，闭其门，挫其锐，解其纷，和其光，同其尘，是谓玄同

老师：人的欲望是无止境的，嗜欲的门户一旦打开，就很难控制，最终会被自己的欲望毁掉。同理，如果锋芒毕露，不但会处处树敌，而且会在伤害他人的同时，也使自己受到伤害；人如果被世俗的纷争和内心的繁乱所牵制，就不可能脱身获得自由和快乐；人如果总是自我炫耀和彰显，那么必然招灾引祸，反而把自己的无知和愚蠢表露无遗；人本身就是宇宙万物的一粒尘埃，与宇宙万物共生同存，如果硬是要独立出来，硬是要显示自己的强大和与众不同，那么只能是自作自受，自取其辱。所以说，玄同，才是圣人所追求和遵从的。

弟子：普通人好像总是在反玄同。

老师：当人与玄同背道而驰时，就离逆道不远了。人合不合于道，有没有智慧，看其能否遵循玄同的准则就可以了。

故不可得而亲，不可得而疏；不可得而利，不可得而害；不可得而贵，不可得而贱

老师：圣人合于道，顺其自然，无为而无不为，对宇宙万物没有分别心，自然没有亲疏、利害和贵贱之别。因此，只有圣人才能做到"善者，吾善之；不善者，吾亦善之""信者，吾信之；不信者，吾亦信之""常善救人，故无弃人；常善救物，故无弃物"；才能平等地善待众生，施恩于众生，用德来引领众生，使天下万物都在正道上生长繁育，最终实现天下大同。

弟子：圣人是天下最尊贵的人？

老师：圣人能够遵循自然规律，能够顺其自然，不妄想，不妄为，有智慧，不张扬，少私欲，大智若愚，能够超越亲疏、利害和贵贱，内外和谐平衡，无为而无不为，所以能成为天下最尊贵的人。

「第五十七章」以正治国

一、原文

以正治国,以奇用兵,以无事取天下。吾何以知其然哉?以此:天下多忌讳,而民弥贫;民多利器,国家滋昏;人多伎巧,奇物滋起;法令滋彰,盗贼多有。故圣人云:"我无为而民自化;我好静而民自正;我无事而民自富;我无欲而民自朴。"

二、译文

用正道来治理国家,用奇诈、诡秘的方法来用兵,用没有扰民的方略来治理天下。我凭什么知道它是这样的呢?根据以下几个方面:天下的禁忌越多,民众就越贫穷;民众的锐利武器越多,国家就越混乱;民众的技艺和巧智越多,诡异邪恶的怪事就越滋生兴起;法律禁令越是彰显,盗贼就越多。所以圣人说:"我无为,民众就自我化育;我好静,民众就会遵行正道;我无事,民众就自然富足;我无欲,民众就自然敦厚质朴。"

三、演义

以正治国

老师:只有用合于道的方略来治理国家,才是正道。但凡不合于道的治国方略,无论有功无功,有为无为,都不是正道。

弟子:原来治国的根本依据是道,而不是统治者的主观努力和有为,更不是表象上的变化和效果啊。

以正治国

老师：对于主观有为的统治者而言，有时候尽管他在逆道而行，在表象上往往会有令人信服的成果，但这并不意味着他的治国方略就合于道。

弟子：统治者有为，能够造福于人民，难道不好吗？

老师：统治者合于道的作为，才是真正的好，才是持久没有后患的好；如果治国方略与道相背，即使短期内能够给人民带来福利或益处，但总是会后患无穷，难以维继的。

弟子：什么样的治国方略才是合于道的呢？

老师：统治者能够顺其自然，能够无为而治，能够无私无我，能够利民爱民，尊民敬民，整个社会人人平等自由，和谐安详，幸福长久，这样的治国方略就是合于道的。

以奇用兵

老师：对于整个人类社会来讲，战争虽然是逆道的，但却往往是无法避免的。人类只有通过正义的战争来压制或消除邪恶，才能获得真正的和平与稳定。对于用兵来讲，往往是非正义方对正义方的侵略和武力强迫，本身就是非道的。对于魔鬼或邪恶，只能以其人之道，还治其人之身，以暴制暴，以恶打恶，以邪驱邪，以奇诈和诡秘出其不意，克敌制胜，如何能够死守正道的方略呢？

弟子：战争就不能有正道吗？

老师：正义终将战胜邪恶。对于战争本身来讲，其本质就是逆道的。作为战争中被侵略一方，是属于正义方，属于正道方。作为正义方而言，并非不能运用合于道的方式方法，而是要根据战争的实际，正奇兼备，诡秘并行，怎么有利于克敌制胜怎么实施，这才是真正的战争之道。

弟子：打击邪恶势力，必须要有比他们更加厉害的手段和策略啊。

老师：因此，圣人讲究以奇用兵，用智慧来克敌制胜，还人民和平与安宁。圣人的手段越是凌厉，越是奇诡，越能用最短的时间，以最快的速度，把残暴和邪恶势力消灭，就越能最大限度地减少战争对人民的影响和祸害。

弟子：如果邪恶势力过于强大，正义的力量根本战胜不了邪恶，怎么办呢？

老师：邪恶势力，不可能永远强大下去；因为它是逆道的，是处于不停地减损之中的，因此，正义方必须要树立信心，强大自我，遵循持久战和游击战的方针，不停地打击和消耗邪恶势力。当邪恶势力不停地衰弱，正义的力量不停地增长和强大时，最终正义必将战胜邪恶。

以无事取天下

老师：只要是利民爱民，尊民敬民，让民众顺其自然地生生不息，繁荣和发展，就是无事。

弟子：就是无为？

老师：也是无为而无不为。

天下多忌讳，而民弥贫

老师：天下的禁忌越多，对民众的管理和限制就越多，对民众的影响和干涉就越多。民众受到各种各样禁忌的制约和压制，平等自由不复存在，和平自然不见踪影。在这种情况下，民众的积极性和创造力受到空前的打击和压制，导致整个社会的生产生活受到严重的影响和制约，社会如何能够繁荣发展呢？人民如何能够富裕幸福呢？

弟子：如此看来，国家的禁忌过多，不但对国家不利，对百姓更加有害啊。

老师：整个宇宙自然本身就是一个开放的动态大系统，任何事物都不可能在完全封闭的环境中得到很好的生存和发展。过多的禁忌，从大的方面来讲，是不合于道的；从小的方面来讲，是与人的本性相违背的。禁忌过多的结果，就是人性被压制，社会经济缺乏动力和活力，人们的积极性、创造性被扼杀，必然导致经济止步不前，百姓贫困落后。

弟子：自我封闭是贫穷落后的根源吗？

老师：无论是个人、团队、集体、国家还是天下，主观自我保守自我封闭，都是害处大于益处的，因为这是与道相逆的，是不符合事物存在和发展规律的。封闭保守，自设禁忌的结果，首先是使自身裹足不前，保守落后；其次是损害本身的生机和活力，使生命开始衰弱不强；最后的结果是害人害己，甚至把自己引入不归之路。

弟子：是不是说，国家的禁忌越少越好呢？

老师：凡事不能走极端，更不能钻牛角尖。宇宙万物由道所派生，任何事物都有其独特的规则和规范，任何事物总有其优点，也必有其缺点。为了保证自身的延续和发展，为了能够让自己长生久视，就必须要避免对自身有害的方面，保持和发展对自身有益的方面。而能够给自己带来损害

的方面，就是该事物所必须要禁忌的内容，万物如何能没有禁忌呢？

弟子：万物都有禁忌，如何确保禁忌合理有度呢？

老师：任何禁忌，都必须以有利于自身的存在和发展为准则，都必须符合正道，都能够客观理性，符合自身的本性及存在和发展的规律。

弟子：看来任何禁忌，必须要正，要能够符合人的本性啊。

老师：最高明的统治者，民众只知道有他们的存在。最高明的统治者就等同于圣人，因此，只有圣人才能给予民众最大的自由和平等，才能够让民众顺其自然地生生不息，繁荣发展。

民多利器，国家滋昏

老师：制造和拥有武器，无非是为了防身或对他人施暴。武器的本质就是自保或武力侵害他人，因此，凡拥有武器的人，首先会获得相对的安全感，而且武器越是高级，越是先进，越是强于别人，自我的优越感就越强，安全感就越强。从另一个层面讲，人一旦拥有了武器，那么就会在特定的条件下首先使用武器。人在用武器自保的同时，往往会不由自主地用武器去争斗，去伤害他人。

弟子：人是有理性的，人不能自己控制自己吗？

老师：人虽然有理性，有智慧，然而人通常都是借助直觉和感性思考、判断、语言和行为的，理性在人的日常生活、休闲、学习和工作中所占的比重并不大，因此，人的理性往往很难克制住情感。当人在自我尊严受到打击，自我安全受到威胁，自我生命受到损害时，受到本能的驱使，第一反应往往就是自保和攻击。在这种情况下，人的感性上升到前所未有的高度，人的理性往往就丧失殆尽。在失去理智的情况下，人什么事情干不出来呢？此时人如果拥有强大厉害的武器，其结果可想而知。

弟子：看来人不能依靠理性来支配武器，只能用解除武器来消除失去理智所带来的恶果。

老师：世界上最不可靠的就是人的理性，因为当人自身的生命或利益受到侵害时，受本能的驱使，理性往往就消失得无影无踪，根本就没有任何约束效力。在情绪失控的情况下，建立在理智基础上的所有的假设或结果，都将统统变成空无。

弟子：对于个人而言，拥有武器会带来无穷的祸患，如果人人拥有武器，整个社会的治安就可想而知了。

老师：个人用武器斗狠所造成的后果往往具有极强的传染性，对他人和社会的影响是极端恶劣的，更是拥有武器的人最好的学习借鉴模式。往往一人斗狠，千人震动，万人仿效。如此下去，整个国家能够和平安宁吗？

弟子：好事不出门，坏事传千里。人运用武器斗狠对民众所造成的恶劣影响，用语言是无法形容的。

老师：所以，秦始皇和毛泽东，在国家统一之后，首先就解除了全民手中的武器，这是极其有益处的，是避免国家动乱最有效的治国方略。

人多伎巧，奇物滋起

老师：如果民众的技艺和巧智用在正道上是好事，问题是他们会不会用在正道上，如果用在邪门歪道上，那还远不如没有技艺和巧智。

弟子：在歪门歪道方面，民众的技艺越高，巧智越多，危害就越大，对他人和社会所造成的负面影响就越严重。

老师：普通民众，通常都欠缺足够的智慧，因此，他们很难一直在正道上行走，相反总会受到社会不良因素的影响而走上歪门歪道，能寄希望于民众把技艺和巧智全部应用到正道上吗？

弟子：这个还真的不能，在现实生活中，往往越是有能的人，越容易受到邪恶势力的影响而走上邪门歪道，并通过他们的技艺和巧智，来带动和影响更多盲目跟随的民众。

老师：从宇宙自然的整个大系统来讲，民众越单纯越好，技艺和巧智越少越好，越有利于国家和社会的稳定与和谐。然而从国家、组织或集体层面来讲，则需要拥有正而刚的规则和规范，拥有合于道的领袖，引领民众能够而且善于运用自己的技术、技能和智慧，来从事正的行业和事业，避免民众把聪明才智用于歪门邪道上。从个人层面来讲，拥有聪明才智并不是坏事，然而能且只能把聪明才智运用于正当的行业或事业上，绝对不能用自己的聪明才智来搞歪门邪道，这是人安身立命，长生久视的基本原则。

弟子：现如今的各种社会乱象，是不是人们把聪明才智用在歪门邪道上的结果呢？

老师：任何事物的成功成就，都是缓慢的，都是急不得的，都是很难在短期内拥有实质性的效果的。但凡急功近利，追求短期效应，都是缺乏

智慧的结果。

法令滋彰，盗贼多有

老师：人都是本能地厌恶被约束的。哪里有约束，哪里就有反约束；哪里约束厉害，哪里反约束就严重。因此，彰显法律禁令的结果，可能就是越禁越不能止，越禁越多。

弟子：不彰显法律禁令，如何能震得住那些违法犯罪分子呢？

老师：法律禁令彰显就能震得住了吗？

弟子：虽然效果不怎么理想，但总是会有效果的。

老师：所谓的效果，只是对那些聪明不足愚蠢有余胆小懦弱者有效果，对于真正的聪明人，真正的胆大者，往往非但没有效果，反而更强化了为非作歹者的智慧和能力，使他们更加强大，更加难以约束和控制。

弟子：也就是说，彰显法律禁令，反而会培养并强化了违法犯罪者的智商和能力？

老师：这是必然的结果，也是"法令滋彰，盗贼多有"的深层次根源。

弟子：怎么才最理想呢？

老师：越是和平稳定，越是繁荣昌盛，就越无须彰显法律禁令。只要社会的法律禁令得到彰显，显得重要和必要，那么社会一定存在严重的问题，一定是盗贼猖獗，邪恶滋生了。

故圣人云："我无为而民自化；我好静而民自正；我无事而民自富；我无欲而民自朴。"

老师：圣人的治国方略是：我无为，民众就自我化育；我好静，民众就会遵行正道；我无事，民众就自然富足；我无欲，民众就自然敦厚质朴。总而言之，在任何一个朝代，任何一个社会的管理者，用正当、符合道义的正道来治人、治家、治国、治天下，避免任何形式的假大空、歪风邪气和邪恶混乱，是唯一符合道的规律的治理模式。当然，对于任何个人、家庭、团队、集体、国家和天下，当自我面对来自外界的危险、攻击或迫害时，必须具有足够的能力和智慧，用奇诈、诡秘的方式来面对来犯之敌，这是长治久安的根本保证。

「第五十八章」政闷民淳

一、原文

其政闷闷,其民淳淳;其政察察,其民缺缺。祸兮,福之所倚;福兮,祸之所伏,孰知其极?其无正,正复为奇,善复为妖。人之迷,其日固久。是以圣人方而不割,廉而不刿,直而不肆,光而不耀。

二、译文

国家政治宽厚,人民就淳厚质朴;国家政治严苛,人民就狡黠抱怨。灾祸啊,幸福就依附在它旁边;幸福啊,灾祸就潜伏在它的中间。谁知道灾祸和幸福的终极?幸福和灾祸没有固定的标准,正又转化成邪,善又转化成恶。人们迷惑不解,时光由来已久了。因此,圣人方正却不伤害人,有棱角却不刺伤人,直率却不放肆,光亮却不耀眼。

三、演义

其政闷闷,其民淳淳

老师:国家的君王遵道顺德,顺其自然,处无为之事,行不言之教,让民众自然快乐地休养生息,不阻碍压制民众,不把主观意志强加给民众,不干扰和祸乱民众,还民众自由,总是施恩泽于民众,利益民众,使民众富足安康,民众自然淳朴善良。

弟子:不扰民,不乱民,不害民,不强民,这样民不受干扰和影响,顺其自然地生生不息,这是多么理想的国家和社会啊。

老师：这是圣人治理国家或天下的必然结果，虽然在现在看来是一种理想，但并不是无法实现，相反只要统治者能够遵道顺德，能够合于道治理国家，就一定能够达到和实现。

弟子：合于道的治国方略一定是无我利民的，一定是自然无为和不言的吧。

老师：道向来都是无我利他的，一向都是自然无为的。利己有为，主观妄为，损人利己，祸害百姓的，都是逆道的。圣人治理国家和天下，政治清明，家国和谐，民众如何能够不自然淳朴呢？

其政察察，其民缺缺

老师：俗话说：上有政策下有对策、上行下效、上梁不正下梁歪。统治者对民众严苛、干涉、扰乱和控制，统治者所管理的官员或政客自然纷纷效仿，对更低一级群体严苛、干涉、扰乱和控制。统治者严苛、干涉、扰乱和控制民众的结果，使底层的民众在层层严苛、干涉、扰乱和控制之下，失去自由，失去独立自主，失去积极性和创造性，生活贫穷痛苦，内心压抑不满，自然就会在当权者严厉禁止或控制人们的方面，运用自己的智慧和能力，寻求自保，试图获得解脱，甚至实施报复。当权者要好活，民众同样要好活；当权者不让民众好活，民众自然也不会让当权者好活。

弟子：难道民众的狡黠抱怨是统治者逼迫的结果？

老师：官逼民反，民不得不反。如果统治者不把民众逼迫到无路可走的境地，作为处于社会底层的普通民众，干吗还要冒着生命危险起而反抗呢？岂不是拿鸡蛋碰石头？但凡民众明知拿鸡蛋碰石头不行，还是要拼死去碰的时候，就是已经忍无可忍，别无选择了。当然，那些别有用心，利用民众的无知和浅见，实施乱政窃国的政治阴谋者或者邪恶者除外。

弟子：如此看来，政治严苛并非只对邪恶而言，对普通民众也是一样的，所以才会出现问题吧。

老师：对于遵纪守法的普通民众而言，国家根本无须干预他们，约束他们。如果用对待邪恶的手段来对待遵纪守法的民众，那么谁又能保证政治手段实施者是公平、公正、无私、无我、平等对人的呢？一旦国家工作人员在执法过程中出现偏差，出现包庇纵容等失职渎职行为，那么社会公平将受到严峻的考验。当民众对国家政治方略产生怀疑或者不信任时，谁还会有安全感呢？谁还会老老实实地遵纪守法呢？谁还不充分利用自己的智慧或能力来强大自我，以图自我保全呢？

弟子：人的任何行为，都不可能做到十全十美；同样，国家的任何治国手段，都可能存在缺陷或不足。更何况当国家公职人员知法犯法时，其消极负面影响，其对民众信任度的毁灭，几乎是无可复加的。

老师：政治严苛，往往是面对所有人的。对于邪恶分子，实施严苛的政令无可厚非；然而对待遵纪守法的普通民众，如果同样严苛无情，就有失公平正义了。面对公正公平受到非议的国家，民众如何能够不失衡抱怨呢？如何能够不增长智慧和能力以求自保呢？谁又愿意持守淳朴呢？

祸兮，福之所倚；福兮，祸之所伏，孰知其极

老师：对于宇宙万物本身来讲，福是指能够顺应自身存在和发展的规律，能够对自身存在和发展助益的一切关系和存在的总和。

弟子：幸福的前提是对自身的增益吗？

老师：对于有生命的事物来讲，幸福指的是对生命的增益。

弟子：对生命的增益无穷无尽，是不是幸福也是无穷无尽的？

老师：幸福本来就没有标准，没有规范，更是没有止境的。

弟子：那幸福是主观的还是客观的？

老师：从增益生命的角度来讲，是客观的；如果从主观感受来讲，则是主观的。

弟子：如此看来，现代人对幸福的认知以主观幸福居多，因为绝大多数人，他们所认为的幸福，往往是自我愿望的实现和自身欲望的满足，而其中绝大部分所谓的幸福，并非增益生命，反而是折损生命的。

老师：因此，如果人要追求幸福，就一定要对幸福有一个准确客观的认知，知道什么是真正的幸福，然后努力追求之。

弟子：增益生命的一切都属于幸福吧。

老师：增益生命，前提是正，是能够合于自身存在和发展规律，也是合于道的一切关系和存在的总和。

弟子：追求幸福和获得幸福，不是那么简单的事情。什么是祸呢？

老师：所谓祸，指的是不符合自身存在和发展的规律，对生命的存在和发展有损害的一切关系和存在的总和。

弟子：对事物造成损害的存在无穷无尽，意味着祸患也是无穷无尽

的吗？

老师：祸患也从来没有标准，没有规范，因此也是没有止境的。

弟子：祸患也有主观、客观之分吗？

老师：如果从损害生命的角度来讲，是客观的；如果从主观感受来讲，则是主观的。

弟子：与幸福一样，现代人对祸患的认知以主观居多，因为绝大多数人，他们所认为的祸患，往往是以自我的主观标准来评判的，其中绝大部分所谓的祸患，并非损害生命，反而是增益生命的。

老师：对于祸患，人也应当有一个客观准确的认知，如此才能真正地避灾减祸，幸福长久。

弟子：祸与福，确实是非常奇怪的事情。祸中有福，福中有祸，但祸与福如何转化，如何运行，却少有人能弄明白。

老师：祸与福，如同事物的阴和阳、利和害、正和反一样，都属于同一事物完全相反的两极，是对立统一，相互依存，并在一定条件下相互转化的。因此，祸极转福，乐极生悲，否极泰来，都是指事物内在相互对立的两极动态变化发展的经典论述。

弟子：这真是太玄妙了，真的是不可思议，更加不可预测。

老师：以阴阳两极为核心的事物内在矛盾，总是处于动态变化中，是一个极端复杂而又没有终止的巨大系统，仅凭人的智慧和能力，是根本不可能穷尽阴阳两极的奥妙的，如同人根本不可能完全穷尽道一样。

弟子：人不可能穷尽道和阴阳转化的规律，但是人完全有能力有智慧选择和管理自己的言行，使自己不至于因逆道而导致祸患和灾难。

老师：人是完全能够避灾少祸的，只要人能够言行合于道就行了。

弟子：如此看来，修身悟道，使自己的言行与道相合，是人生幸福、避免祸患的不二之选啊。

老师：虽然无法准确预测祸福究竟如何转化，在什么时候开始转化，但是若想人生幸福长久，遵道顺德是唯一可行的正道。

其无正，正复为奇，善复为妖。人之迷，其日固久

老师：祸中有福，福中藏祸，乐极生悲，否极泰来等祸福运动变化大的指导性规律，大家通常都能了解，但对于其内在的运行机制，此消彼长的动态变化过程，人根本无从完全解读和把握。人对祸与福的转化机制迷惑不解，是一种客观存在，是不以人的意志为转移的，不是一两天的事情，而是从人类存在就开始了。

弟子：自从有人类以来，没有一个人能够完全穷尽道，但是人类却生存发展得很好。由此看来，人类对世间的万象和奥秘，并非一定要全部弄得清楚明白，更多的时候，糊涂点反而更加有利于更好地生存和发展。

老师：面对浩瀚无垠的宇宙，面对虚无缥缈的道，面对复杂多变的阴阳变化，人糊涂点非但不是愚蠢，反而是一种大智慧。

弟子：这就是所谓的大智若愚吗？

老师：在现实生活中，往往很多愚蠢得让人无奈的人，反而拥有他人所没有的超能力和大智慧。这虽然只是个案，但也不能不说明对于真正的智者来说，愚蠢只是其外在表现，智慧才是真正的内核。因此，但凡真正有大智慧的人，通常都是大智若愚的。

弟子：如此看来，人不要害怕迷惑，人所害怕的，是逆道，是真正的愚蠢。

老师：人作为宇宙万物中小到不能再小的独立个体，相对于整个宇宙空间来讲，是几乎小到可以忽略不计的尘埃微粒。因此，人对宇宙自然的不解，是太正常不过的事情；相反，也正是人能够承认自身的微小和局限，接受自我迷惑的现实，方能显示出真正的智慧和能力。人，只有合于道，才拥有真正的智慧，逆道而行，非但愚蠢，更加可悲。

是以圣人方而不割，廉而不刿，直而不肆，光而不耀

老师：方正却不伤害人，有棱角却不刺伤人，直率却不放肆，光亮却不耀眼等并不是圣人刻意为之，而是他们合于道之后，自然而然选择并采取的行为模式。因为圣人清楚大道的运行规律，深知物极必反的道理，领悟阴阳转化的规律，明了祸福相依的道理，所以他们不会采取违背道和德的行为，他们自然能够保持长生久视。

「第五十九章」治人事天

一、原文

治人事天，莫若啬。夫唯啬，是谓早服。早服谓之重积德；重积德则无不克，无不克则莫知其极；莫知其极，可以有国；有国之母，可以长久。是谓根深固柢，长生久视之道。

二、译文

圣人遵从天道治理百姓，没有比节俭和爱惜自己更重要的了。唯有节俭和爱惜自己，才叫早作准备，服从自然规律。早作准备，服从自然规律，叫做注重积累德。注重积累德就无往而不胜，无往而不胜就无法知道他的深度和极限。无法知道他的深度和极限，就能够保有国家。拥有治理国家的道，就能够长治久安。这就叫根深蒂固，长生久视的道理。

三、演义

治人事天，莫若啬

老师：啬是老子提出遵道治民最根本的方式方法。

弟子：啬，不是吝啬、抠门、小气、一毛不拔的意思吗？

老师：吝啬、抠门、小气、一毛不拔等都属于过度，在老子看来，但凡过度的事物，皆是逆道的，老子如何会用逆道来治理百姓呢？

弟子：从道的层面来理解，啬如何解读最恰当呢？

老师：啬的本义指收割庄稼，后引申为节俭、爱惜之意，也引申为吝啬之意。本章的啬取节俭、爱惜之意。从人的对外取用层面来讲,啬取俭朴之意;若从个人自身来讲,则取爱惜自身之意。

弟子:人为什么要俭朴和爱惜自己呢?

老师:俭,是老子提出的圣人"三宝"之一,是极端重要的一宝。因为无论是自然资源还是人的身心健康,都是有限度的,都是不能透支和浪费的。同理,如果一个人不注重节俭,不注重爱惜自己的身心,那么他所拥有的资源和身心健康将会不断地只减不增,并且很快就消耗殆尽。因此,注重节俭和爱惜自己,才是顺应天道,才是有备无患。

弟子:这是对个人而言的,对治理国家而言也是一样的吗?

老师:经营自己和治理国家,道理是一样的。国家的资源和民众的力量都是有限的,统治者必须要学会节俭,不仅要善于节省财力、物力,更要善于爱惜民力,滋养民力,不浪费国家的物力和财力,不透支民力,才是真正的节俭和爱惜,才是真正的遵从天道。

弟子:勤俭持家并非虚言啊。

老师:整个人类社会就是由人、家、国、天下所构成的,没有个人的节俭,如何能做到家庭的节俭呢?同样的道理,没有家庭的节俭,如何能做到国家的节俭呢?没有国家的节俭,如何能做到天下的节俭呢?因此,节俭是整个人类社会生存和发展的宝,只有节俭,自然界有限的物质资源和人力资源才能得到最佳的利用,才能把好钢用在刀刃上,才不至于因为浪费而丧失保障。

弟子:无论何时,铺张浪费、骄奢淫逸都是违背天道的。

老师:自然资源和人力资源的有限性,决定了人要想很好地生存和发展,只能减省节约,凡事把握一个度,防止过犹不及。人一旦超过合理的度,非但于己无益,也祸害他人。因此,凡事过度往往就是不合于道的。

夫唯啬,是谓早服。早服谓之重积德

老师:所谓早作准备,是指凡事留有余地,留有空间,留有资源和保障,以备不时之需,以防未来之不测。

弟子:俭朴就能有备无患了吗?

老师:所谓俭朴,实质就是人对外在资源的取用遵循量入为出,能省则省,利用最大化的原则,以此保证可用资源始终处于有余的状态,避免透支和不足。人,只要能够始终保持对生存和发展资源的余存,自然就做

到了有备无患。

弟子：如果不俭呢？

老师：与啬相反的是奢，所谓奢是指人对外在资源取用铺张浪费，没有节制。自然资源总是有限的，无节制地对自然资源铺张浪费，本身就是逆道的，逆道能有好结果吗？

弟子：服从自然规律，就是注重积德吗？

老师：万事万物合于道的规律，就是德。因此，服从自然规律，就是合于道，自然是不断积德。

重积德则无不克，无不克则莫知其极；莫知其极，可以有国；有国之母，可以长久。是谓根深固柢，长生久视之道

老师：行善积德中的德，往往特指人伦道德或道德品行。这里的德，并非特指人伦道德或道德品行，而是指人内在合于道的本真。

弟子：积德就能有国、固根、长久和无往而不胜吗？

老师：守啬积德固根长久，奢侈损德伤根早亡。积德合于道，圣人顺道而行，还有什么能够阻挡得了他呢？圣人能够无往而不胜，自然也无法知道他的深度和极限，也能够担负起治理国家的重任，保证国家的长治久安，和谐太平。

第六十章 治大国

一、原文

治大国若烹小鲜。以道莅天下，其鬼不神；非其鬼不神，其神不伤人；非其神不伤人，圣人亦不伤人。夫两不相伤，故德交归焉。

二、译文

治理大的国家如同烹饪小鱼一样。用道治理天下，鬼怪不会异乎寻常。不是鬼怪不会异乎寻常，而是鬼怪异乎寻常也不伤害人。不是鬼怪异乎寻常也不伤害人，而是圣人也不伤害人。鬼怪和圣人都不伤害人，所以人们都交相归依于德。

三、演义

治大国若烹小鲜

老师：大国就是强大的国家，或者地域广大的国家。大国地大人多，事务多，关系复杂，各种问题纷繁复杂，层出不穷，治理起来难度极大。因此，大国，虽然宠大，然而它却往往很脆弱，很空虚，很难掌控，稍有不慎，就会出大问题。因此，治理大国是相当不容易的。

弟子：如何同烹饪小鱼相联系的呢？

老师：小鱼身体稚嫩，体软骨弱，禁不起折腾。烹饪小鱼最怕火候掌握不好，以及不停地翻动。小鱼往往经不起几次翻炒，便全部碎掉或者焦煳了，因此，小鱼是不容易烹饪的。烹饪小鱼需要顺应小鱼的特性，需要运用智慧和技巧。治理大国也一样，统治者务必要小心谨慎，顺应自身的特点，用合于道的规律来治国，让人民能够在祥和安定的环境中自由地生生不息，切忌主观强为，擅自干扰和破坏人民的正常生产和生活秩序，否则往往会牵一发而动全身。统治者一点小小的主观妄动，就可能造成连锁的不良反应，导致顾此失彼，动摇国家稳定的根基。

以道莅天下，其鬼不神

老师：从道的层面来解读，但凡离经叛道、恐怖凶残的邪恶存在，都称为鬼。

弟子：鬼不是指人死后的灵魂？

老师：人死后究竟有没有灵魂，自古就没有定论，因此，世俗之人所说的鬼，只是人主观杜撰的产物，至于究竟存在不存在，没有人能知道，也没有人能证实。

弟子：老子所说的鬼，是一种现实的存在？

老师：这个自然，这里的鬼不是单指某一个、某一类事物，而是指符合"离经叛道、恐怖凶残的邪恶"的一切存在。

弟子：什么是神呢？

老师：从道的层面来解读，但凡与道相合、和谐平衡、深奥玄妙的存在，都称为神。

弟子：不是特指神仙？

老师：神仙与鬼一样，也是人主观杜撰的产物，至于神仙到底存在不存在，从古至今也没有确切的定论，没有人知道，也没有人能证实。

弟子：神也是指现实世界的客观存在？

老师：但凡符合"与道相合、和谐平衡、深奥玄妙"的一切存在，都称为神。

弟子：那不神是什么意思呢？

老师：不神，指的是宇宙自然中普通、容易理解和把握，又并非玄妙深奥的事物。

弟子：普通、俗常、大众化就神不了啊。

老师：不能那么理解，因为大道至简，即便客观存在普通、俗常、大众化，如果到了极致，同样也能称为神。在日常生活中，即使是最简单的日常琐事，如果能够做到极致，也是神。

弟子：为什么会有俗常意义上的鬼神之说呢？

老师：鬼怪神灵，都是人类畏惧自然，无力与自然抗争，害怕遭到自然规律惩罚，人为思想虚构幻化的产物。通常情况下，人强则鬼神去，人弱则鬼神来；天下有道，鬼神遁迹；天下无道，群魔乱舞，世道黑暗。因此，鬼怪神灵本来就子虚乌有，它是人类生命本能恐惧的精神产物。在正气或阳气足的人身上，很难有鬼神的踪影；而在邪气或阴气重的人身上，总有鬼神的降临并作怪。

弟子：鬼怪异乎寻常会怎样呢？

老师：鬼怪，是邪恶势力的代表。鬼怪异乎寻常，往往就表明邪恶势力猖獗，社会混乱，祸害连连。邪恶势力所带给人类的，除了毁灭和灾难外，还有什么呢？

弟子：这就是正不压邪的表现吧。

老师：道是正，鬼怪是邪，自古邪不胜正。只要治理天下合乎于道，那么正就永远是社会的主流，邪则是支流。在正道的社会中，邪恶永远也成不了气候，怎么也不会异乎寻常。

弟子：也就是说，社会充满正义，邪恶就没有生存的空间和土壤，根本没有条件发展和壮大。

老师：正与邪，如同大道与杂草。一旦大道缺乏有效维护和经营，那么杂草就会快速地遍布生长。因此，邪恶永远存在于正道缺失或正道力量削弱的地方。正强邪弱，正弱邪强，这是千古不变的真理。

弟子：看来要想杜绝社会的邪恶，是根本不可能的事情，因为它们是构成社会的两极啊。

老师：有正才会有邪，如果没有邪，哪来的正呢？正与邪，也是事物阴阳的派生物，是此消彼长，此长彼消的对立统一体。因此，人类根本不能期求完全彻底地消灭邪恶，如同人类永远也不可能完全彻底地建立正道一样。人类只能以正胜邪，以正制邪，而不能以正除邪，因为邪根本是除不尽的，也是根绝不了的。

弟子：任由邪恶存在？只要邪恶存在，就早晚会有祸害人的一天啊。

老师：邪恶本来就是一直存在的，无论人类任不任由它的存在，它始终会一直存在。人类要想克服或减少邪恶所带来的灾祸，就只能走在正道上，用正义来压制邪恶，使邪恶没有存在和发展的空间，如此才是真正的

制邪。邪恶的存在，也正是对人不良行为的警醒，使人不敢胡作非为。因为人一旦开始逆道，正道的力量开始削弱，那么邪恶势力就会立即壮大发展，迅猛而又难以遏制地祸害人类。如此，人类敢不走在正道上吗？敢麻痹大意，敢胡作非为吗？

弟子：邪恶似乎是人类的克星，总是尽一切可能阻止人类进步，毁灭人类的文明，祸害人类的自由和幸福。

老师：人类要进步，要文明，要自由和幸福，就只能而且必须要走正道，没有任何别的选择。

非其鬼不神，其神不伤人

弟子：意思是说，在正道的社会和阳气足的人身上，即便鬼怪存在，也不会显灵和作怪，更不会祸害人吧。

老师：在强大的正义和正道面前，鬼怪根本没有立足之地，自然想祸害人也不可能。

非其神不伤人，圣人亦不伤人

老师：圣人是合于道的，是道的使者，是道的化身，他们自然不会伤害人。圣人治理的天下，是正道盛行的天下，邪恶自然失去生存和发展的空间和土壤。在合道的社会里，圣人养民爱民利民护民永远不会害民，而鬼怪也因为没有滋生的土壤而难以作怪和害人，整个社会自然和谐吉祥，繁荣昌盛。

夫两不相伤，故德交归焉

老师：在正道盛行的社会里，德行天下，和谐大同，民众祥和安康，不归依于德归依于什么呢？以道莅天下，才有真正的德治，才有天下大同。

第六十一章 大国下流

一、原文

大国者下流，天下之牝，天下之交。牝常以静胜牡，以静为下。故大国以下小国，则取小国；小国以下大国，则取大国。故或下以取，或下而取。大国不过欲兼畜人，小国不过欲入事人。夫两者各得其所欲，大者宜为下。

二、译文

强大的国家要像流水一样谦卑低下，要像天下雌性一样柔弱守静，从而使天下交相汇集。雌性总是用安静谦和胜过雄性，用安静谦和处于谦卑低下的位置。所以，强大的国家用谦卑低下对待弱小国家，就能得到小国的信任和依赖；弱小的国家用谦卑低下对待大国，就能得到大国的支持和帮助。因此，或者是谦卑低下而取得信任和依赖，或者是谦卑低下而得到支持和帮助。大国只是想网罗小国，小国只是想依附大国。大国和小国各自达成目标，大国应当处于谦卑低下的位置。

三、演义

大国者下流

老师：自然界的万事万物，只有合于道，才能长久生存和发展。而万事万物只要合于道，就必然是谦卑柔和低下的。大国要想长治久安、繁荣昌盛，就必须与道相合，因此大国也应与道和水一样，谦卑柔和与处下，这是大国合于道的品德和治国方略。

天下之牝，天下之交

老师：水至清则无鱼，人至察则无徒。自然万物唯有兼收并蓄，方能成就自身真正的大。

弟子：如果大国到处张扬显摆，骄横跋扈，横行霸道会怎么样呢？

老师：尊大逞强的国家，是处于《易经·剥卦》的位置，下泽上艮，始终处于剥损状态之中。当强大的国家不断地剥损时，还能维持长久吗？大国逆道，如同万物逆道一样，都在不停地招灾引祸、损人害己，即便暂时张狂不可一世，但很快就会败亡，注定不会长久。

牝常以静胜牡，以静为下

老师：自古英雄难过美人关，再强大的男人，往往也会拜倒在女性的石榴裙下，这就是女性柔弱谦和的力量。

弟子：男人通过征服世界来征服女人，女人通过征服男人来征服世界。世界上到底是男人强，还是女人强呢？

老师：男人和女人各有所长，也各有所短，彼此阴阳互补，和谐共存，无所谓谁强谁弱，只是最终获得胜利的，却常常是女性。

弟子：为什么呢？

老师：因为女性柔弱、柔和、温暖、谦卑、低下，看似与世无争，实则能胜一切。

弟子：现实世界是男人的世界，是男人在主导，女性往往处于从属的位置。

老师：那只是表面现象，事实上，整个世界是女人控制的世界。男人表面上是控制和主导了世界，本质上男人的一切所作所为，都是在为女人而努力和奔忙，因此，最终决定权还是掌握在女人的手里。

弟子：为什么这么说呢？

老师：纵观整个人类社会，在日常生活的方方面面，尤其是生活服务领域，哪里不是女人在支撑和主导，不是女人的天下？整个人类社会，如果没有日常生活和服务，那么社会就不叫社会，人类也不能称为文明人。同样的道理，如果一个家庭没有常规的生活事务保障，家庭也不能叫家。社会及家庭的常规生活事务保障由谁来控制和主导？自然是看似柔弱的女人！家庭的后代由谁来生养？自然也是女人！所以，整个世界从根本上讲是女人在主导和掌控，而不是表面上风光的男人。

弟子：男人离开女人还真的不行，但女人离开男人却可以。

老师：男人不能没有女人，因为男人需要女人的互补和服务；但女人却可以没有男人，因为男人能做的，女人同样能做，女人能够自己照顾自己，自己服务自己。女人的温暖与柔和，能够征服任何一个貌似强大的男人，孩童就更加不在话下。孩童在幼年时期，总是围绕在女性身边，而不是以男性为中心。

故大国以下小国，则取小国

老师：小国依附于大国而又没有妨害，如同万物依附于道而没有妨害一样，为什么不依附呢？难道一个小小的国家，能够包打一切，能够应付一切突发状况、麻烦和祸患吗？

弟子：小国依附于大国如果没有妨害，确实是有益无害啊。

老师：小国如果依附于大国，在小国生死存亡的关键时刻，大国可以轻而易举地帮助小国克服困难，渡过难关。而如果仅仅依靠小国自身，往往很难摆脱灭亡的命运。

小国以下大国，则取大国

老师：雌性柔弱谦卑低下，雄性为什么会买她账，为什么会支持和帮助她，甚至服从于她呢？

弟子：是柔弱胜刚强吗？

老师：不是因为雌性强大，而是因为雌性合于道。自然万物只要合于道，就是重积德，重积德就攻无不克，攻无不克就没人能知道它的深度和极限；没有人能知道它的极限，就能够保有国家；用道来治理国家，就能长久。这是根深蒂固，长生久视之道。因此，万物不在于大与小，也不在于强与弱，而在于合不合于道。小国只要合于道，只要保持柔和谦下，大国自然会支持和帮助它，为什么与它为敌呢？

弟子：看来大国支持和帮助小国，并不是什么丢面子的事。

老师：大国支持和帮助小国，既能利益小国，又能有益自己，双赢共存，有什么面子可丢呢？那种妄自尊大害怕丢面子的人或国家，才会真正地丢大面子。

故或下以取，或下而取。大国不过欲兼畜人，小国不过欲入事人。夫两者各得其所欲，大者宜为下

老师："物以类聚，人以群分。"宇宙万物，都有本能群合的趋向。同

类事物聚合在一起，彼此互相照应，取长补短，形成强大的合力，有利于共同应对变幻莫测的万千世界。因此，事物聚合共生是该事物存在和发展的必然选择，小国和大国也不例外。

弟子：如果大国不支持帮助小国，小国不信任依附大国，结果会怎样呢？

老师：大国和小国，如果不能团结互助共赢，往往就会彼此对抗消耗，能够真正做到你不犯我我不犯人是很少很少的。在大国和小国没有交集的情况下，大国往往会不自觉地恃强凌弱，小国就会不自觉地对抗防御，最终必然两败俱伤。

弟子：看来大国和小国之间是宜和不宜争啊。

老师：强力生对抗，谦恭和谐来。大国对待小国，强者对待弱者，大家对待小家，大集体大团队对待小集体小团队皆宜和不宜争。无论是国家、集体、家庭还是个人，只要能够用谦和处下互动互持，就能够和平安定，长治久安。相反，如果强者以暴力或武力强迫弱者服从或归附，弱者运用奸诈邪伪的手段获得强者的支持，那么当弱者开始强大，或者强者清楚明白上当受骗之后，就会通过各种可能的手段对对方实施打击或报复，结果总是两败俱伤，不能善终。无论强大还是弱小，唯有坚守谦恭处下，坚守公平正义，坚守道德和自然规律，才能得到长久的存在和发展。在现实社会中，但凡那些依托暴力或武力强迫弱者服从者，随着时间的推移，矛盾和积怨的积累和加深，双方的冲突和争斗在所难免，双方往往会因压迫和反抗，争斗和伤害而互相消耗，最终加快灭亡的进程。所以，黑恶势力往往只能强盛一段时间，始终不得长久，不能善终。

「第六十二章」

万物之奥

一、原文

道者，万物之奥，善人之宝，不善人之所保。美言可以市尊，美行可以加人。人之不善，何弃之有？故立天子，置三公，虽有拱璧以先驷马，不如坐进此道。古之所以贵此道者何？不曰求以得，有罪以免邪？故为天下贵。

二、译文

道，万物的幽隐之所，善人的法宝，不善的人用它来获得保全。美好的言辞能够换得他人的尊重，高尚的品行能够增益他人。人群中的不善者，怎么可以被抛弃呢？所以，天子即位，设立三公，即使有驷马进献在先，拱璧进献在后，还不如静守参悟这无所不能的道。古人为什么要贵重道呢？不是说求索能够得到，有罪过能够释免吗？所以，道才是天下人所尊贵的。

三、演义

道者，万物之奥，善人之宝，不善人之所保

弟子：道是善人的法宝，也是不善人的保护神吗？

老师：道护佑世间存在的万物，何况是善人和不善的人呢？不过道并不是保护不善的人，而是不善的人在用道来保护自己。

弟子：难道不善的人能悟道行道？

[第六十二章] 万物之奥

老师：道存在于人的内核之中，而且是日用而不知的，因此，无论是善人还是不善之人，都会自觉不自觉地遵循道、应用道。如果人能悟道行道，就是智者或圣人了，怎么会是不善之人呢？善人也会做坏事，恶人也会做好事，正所谓一念天堂，一念地狱啊！

弟子：为什么要弃恶扬善呢？

老师：恶是抛弃不了的，只能隐抑，因此应当叫抑恶扬善。善，属于积极阳光正能量的一极，是光明温暖增益万物成长发展的一极，自然是万物所宣扬的，所喜欢的一极；而恶则属于消极阴暗负能量的一极，是黑暗冰冷损害万物成长和发展的一极，自然是万物所隐抑的一极。

弟子：还是不能理解不善的人如何用道来获得保全。

老师：善是正道，恶是邪道。正道滋润生命，邪道损害生命。不善者逆道而行，总在做损害自己和他人他物的事情，因此，他们在伤害他人他物的同时，自己也受到反伤害。不善的人也是人，他也要好好地活，也需要生命的正能量，也需要善，以此来维持自身生命的存在和延续。不善的人总是会在某一个时段不自觉地做善事，做好事，这是生命本能的欲求，也是生命与道相合以求保全的无意识行为。

弟子：意思是说，不善的人并不是恶到了极点，而是会在邪恶的同时，也在做好事以求中和。那不善的人为什么还会有因果报应呢？

老师：当不善的人作恶的损害超过他善行所能中和程度时，他就一直处于生命减损之中，日积月累，不断渐进发展，一旦达到生命本身所不能承受的量变积累，就会发生质变，生命就会在瞬间垮掉。行善的人，生命始终处于不断增益的进程中；作恶的人，生命一直处在减损的进程之中。善有善报，恶有恶报，不是不报，时辰未到。恶人遭到恶的果报，都是自作自受，自我感召，怨不得别人。

弟子：不善的人，也一直在本能地用道来保全自己啊，虽然他主观都在作恶。

老师：人生命的本能行为，往往是人无法用理性和意识来控制的，往往都是自动自发的，是无意识的。尽管邪恶的人坏事做绝，他也会本能地去做一些好事，来中和自身作恶所带来的灾祸。无论不善的人知道不知道，有意还是无意，都是在用道来保全自己。所以说，道既保善人，也保恶人，如同圣人既善待善人，也善待不善的人一样。

美言可以市尊，美行可以加人

老师：趋利避害是人的本能，因此，没有人不喜欢对自己有利的人、事或物。真正美言和美行，是属于正能量滋养和增益生命的言行，是对人有益的，因此自然是大众所喜欢和推崇的。

弟子：如果是虚假的美言和美行呢？

老师：假作真时真亦假，真作假时假亦真。真的假不了，假的真不了。人发自内心的美言和美行，是真实的，是至诚的，会很自然地获得他人的尊重，同时也能够增益他人；而如果是做作出来的所谓美言和美行，由于没有实质性的内容，只有虚假的外壳，人自然能够很容易识破并远离，如此非但不能换来他人的尊重，相反会招致他人的怨恨、远离甚至打击；非但不能增益他人，反而最终损害自己。

弟子：害人者必自害，作假者必然会搬石头砸自己的脚啊。

老师：至真至诚，才是生命最可靠最真实的保护神。

人之不善，何弃之有

老师：对于不善的人，无论人喜不喜欢，讨不讨厌，都是不可能完全消失掉的。不善的人，并非对人类的存在和发展没有益处，他们只是人类的反面教材而已。也正因为有这些不善人的存在，人们才知道哪些行为是有害的，哪些行为是毁灭性的，哪些行为是应该避免的，他们给人类提供了不可多得的反面教材，警醒并鞭策人在正道上大步前行。

弟子：不善也有不善的价值啊！

老师：凡事要从正反两面来看。对于不善者而言，他们或许对当时的人或物祸害很大，但是当他们成为警示人的反面典型之后，往往能给后世的人以长鸣的警钟，能够让他人和后人从中吸取教训，运用自身的智慧和能力，尽可能免为或不为，从而少害或免害，保证一生平安少忧。因此，对于不善的人，正确的态度是隐抑他们，改造他们，使他们归于正道，而不是抛弃他们。

故立天子，置三公

弟子：天子即位，设立三公干吗的呢？

老师：就是为了抑恶扬善，引领和督促百姓遵道顺德，用正能量的善来成就人生，避免和克服负能量的不善对自己和他人的减损和伤害。

弟子：原来设立三公不是为了财富地位，不是为了扬名立万，而是以

德治国，和谐社会，天下大同啊。

老师：是让他们成为道的使者，使全体民众都在合于道的道路上繁荣昌盛，长治久安。

虽有拱璧以先驷马，不如坐进此道

老师：无论什么样的珍宝，人都是生不带来死不带走的，对人的幸福和谐长久而言都是微不足道的。更何况，珍宝总是数量有限，相对奇缺，人人都梦寐以求，结果往往只能依靠恃强凌弱、争夺、争斗或歪门邪道来获得。因此，珍宝往往不会给人带来幸福和平安，相反总会给人带来麻烦和祸患。对于人而言，是珍宝重要，还是生命重要呢？

弟子：当然是生命重要，那人怎么才能与道相合呢？

老师：遵道顺德，合道行道，内修实证开智慧。外物，只是用来维持和保障生命的，除此之外，什么外加的名、利、势、位、权、功、宝等，都是生不带来死不带走的东西，多了对生命并没多大益处，更多的时候反而会带来灾祸，导致身体健康的丧失和生命的夭折。只有道，才是生命永恒的保护神；也只有静守悟道，才是生命和谐健康幸福的根本。

古之所以贵此道者何？不曰求以得，有罪以免邪？故为天下贵

老师：道不远人，道就在人的身心之中，人何时修身悟道都不晚。道是博爱的，是博大的，是无私的，是无我的。因此，对于那些有罪过的人，道依然致力于保全他们，给他们改过自新的机会。只要他们能够抑恶从善，能够改过自新，那么道也会释免他们的罪过。

弟子：对于那些违法犯罪的人，国家和社会是给他们机会的，也是希望他们能够改过自新回归社会的，这也是合于道的表现吧。

老师：生命不息，可能性就永远异乎寻常。对任何人或事，都不能用绝对化静止或偏执的眼光来看，而要用长远全面合于道的观点来看。即使是作恶多端的人，只要他金盆洗手，改过自新，同样能够成为有益于他人和社会的善者。善于给不善的人改过自新的机会，才是最合于人道的，自然也是与道相合的，因为道从来不生无用之人，不生无用之物。

弟子：古人是因为求有所得或者赦免罪过才贵重道的吗？

老师：对于没有悟道的普通大众而言，他们压根不知道为何物，怎么去贵重呢？在现实生活中，人们所尊崇和贵重的，往往都是对自己有用的，能够增益自己，或者是能够为自己避灾减祸的事物，否则人为什么要尊崇和贵重呢？

弟子：人通常都很势利和现实啊！

老师：趋利避害是人的本性，追求有用、有利，追求平安少祸，是普通人本能的选择，而且这种追求往往都是无意识的，因此，也不能因此而给普通人贴上现实和势利的标签。

弟子：尊贵现实的功名利禄是一种正常现象？

老师：对于迷失自我的人，对于已经沦落为功名利禄奴隶的人，他们不尊贵功名利禄，还能尊贵什么呢？智者所认为的愚蠢和短视，恰恰是迷失的人所认为的智慧和长远。对于迷失太远而又不能觉悟的人，是不能与之论道的。

弟子：如此说来，能够尊贵道的人，定是没有迷失的人。

老师：道生育万物，养育万物，滋养万物而不占有，施惠万物而不自恃有功，领导万物而不主宰，当然是天下最为尊贵的。

第六十三章 无为无事

一、原文

为无为,事无事,味无味。大小多少,报怨以德,图难于其易,为大于其细。天下难事必作于易,天下大事必作于细。是以圣人终不为大,故能成其大。夫轻诺必寡信,多易必多难。是以圣人犹难之,故终无难矣。

二、译文

以无为之心去作为,以无事之心去做事,以无味之心去品味。以小为大,以少为多,用恩德报答仇怨。解决困难的事情要从简单容易之处着手,做大事情要从细小之处入手。天下的难事必定从简单容易发展而来,天下的大事必定从细微处积蓄而成。因此圣人始终不自以为伟大,所以才成就他的伟大。轻易许下的承诺必然很少能够兑现,把事情看得太容易必然会遭遇更多的困难。因此,圣人总是以难处事,所以最终没有困难。

三、演义

为无为

弟子:什么是为无为?

老师:以无为作为根本和出发点,以无为之心去作为。

弟子:为是为了无为?

老师:是的,不忘无为的初心去作为,一切的作为都是为了实现无为,如此作为才不会偏离目标,不会出现主观妄为的逆道现象。

弟子：作为的目标不同，出发点不一样，结果就不一样吗？

老师：梦想是能够成真的，心想是能够事成的。一个人发自内心的想法是什么，梦想是什么，目标是什么，那么他的行为往往就会趋向于什么。如果一个人的梦想、目标、初心都是不合于道的，那么他的作为一定是逆道的，怎么可能有好的结果呢？

弟子：人生的目标定位真是太重要了，定位准确合于道，那么他的所作所为往往就能合于道，就不会胡作非为，更不会逆道而行。

老师：思想决定行动，行动养成习惯，习惯成就性格，性格决定命运。思想正则人正，命运好；思想邪则人虽正亦邪，命运多难。

事无事

老师：人活着怎么可能什么也不做呢？人要生存就必须做事，不然怎么存在和发展呢？那不成了寄生虫了啊。

弟子：既然要做事，为什么老子总是提倡无事呢？

老师：以无事之心去做事。即合乎自然规律地做事，尊重万物自身的存在和发展规律，不去主观扰乱和随意干涉。当宇宙万物按照自身规律生生不息，繁荣发展的时候，整个世界一片祥和，没有外来力量的干扰和强制，这不是"无事"是什么？以不干扰万物，不把自己意志强加给万物为出发点去做事，才能真正做到顺其自然，是真正的无事。

味无味

老师：味不仅是人的一种主观感受，更是人的一种本能欲望的满足。这就是老子阐述的少私寡欲、为腹不为目的核心内涵。试想，人生在世，作为一个活生生的生命，作为拥有强大味觉系统的人，怎么可能做到绝对的无味呢？对特定的味道还是要品味的，甚至要享受，这是人活着根本无法逾越的关卡啊！对于修身求道者而言，把自身的本能欲望减少到最低限度，是他修炼的终极目标之一。因此，以无味为目标去品味，才能真正地享受味道，才能使自己的本能欲望得到最大限度的控制和约束，才不致于使自己陷入欲壑难填的疯狂境地而招致祸患。

大小多少

老师：俗话说："麻雀虽小，五脏俱全"，"一滴水也能反映太阳的光辉"，"一沙一世界，一叶一菩提"小中隐藏着大智慧。能够由小知大，是智慧；能够把大看小，是格局。

第六十三章 无为无事

弟子：什么是以少为多呢？

老师：把对外物的少量占有当成人生的多得。

弟子：这怎么可能呢？人都是以占有外物最大化为成功标志的。

老师：那是世俗之人的追求，非修道之人的目标。对于修道之人，总会以外物能够维持和保障生命最基本的需求作为最多的拥有，而把对道德精神升华和精进当成最大的富有。

弟子：如果人人都不追求外物占有的最大化，世界用什么力量来推动并发展呢？人自身欲望的满足，恰恰是人类进步和发展的核心动力啊。

老师：人类的文明和繁荣，确实是人类没有止境的欲望来推动的，老子也并没反对人去占有和拥有外在的财富和物质，只是人不能逆道而行，不能利己害人，不能没有止境。对于真正的修道者，如果不降低自身的欲望到最低程度，就不可能做到内在的虚空和静定，也就无法达到与道相合的境界。只有将身心修炼和谐，达到物我两忘，天人合一，才能达到道的最高境界。

弟子：这样看来，老子并没要求所有人都要修道，更没有要求所有人都成为圣人。

老师：修身悟道，是老子对每一个人获得平安幸福的基本要求，但是人的追求不同，人的目标和理想不同，最终的结果自然因人而异，不能强制统一。世界上修身悟道的人数不胜数，真正成为圣人的能有几人？

弟子：普通人修道有什么意义和价值呢？

老师：是为了正己化人，修己达人，减灾少祸，让自己更加和谐，更加幸福，更加成功。

弟子：普通人修道的原则是什么？总不能抛弃一切献身于道吧。

老师：成人修道的原则，就是以言行合于道为根本，以和谐守中为核心，抑恶扬善，防止过与不及，成就完美幸福的人生。

弟子：修道需要大量的时间和精力，会不会影响他人、家庭、工作和生活呢？

老师：这需要一个目标和方向的把握，需要一个度的控制。原则上，人把空闲时间用来修身悟道，非但于己、于他人无害，反而有益，因为他把大量的空余时间用在了自我完善上，而不是用在虚度光阴上，这难道不是好事情吗？这不是自己、家庭和社会稳定的根基吗？

弟子：对于修道问题，大家真的需要好好思考和把握，一定要避免过与不及，或者偏执失去本真。

老师：修身悟道，是每个人的人生必修课，是完美人生的必然要求，当然一定要适合自己才好，否则往往会混乱迷失，失去修道的初心。

报怨以德

老师：儒家是入世思想，道家是出世思想。对于人而言，活着，首先要入世，否则人为什么要活着呢？人先入世，当完成一定的人生目标或者达到一定境界之后，转而出世，开始自我修行悟道，修正和调整自我，不断提升和完善自我，从而真正成就完美人生。因此，人入世，就要用入世的标准；出世，则要用出世的标准。但最终的标准只有一个，那就是合于道。无论是儒家、道家还是佛家，最终标准只有一个，那就是道。

弟子：那孔子的以直报怨是不是更加浅近一点呢？

老师：以直报怨，在人入世的阶段，是恰当的，也是切合实际的。但对于整个人生、整个人类社会、宇宙万物来讲，以德报怨才是真正合于道的终极标准。

弟子：以德报怨，岂不是亏欠自己而成就他人？

老师：道何时不是亏欠自己而成就万物？圣人何时不是亏欠自己而利益众生？真正的圣人和大德，都是以利益他人、无私无我为出发点的。佛家也倡导人要广结善缘，化怨为亲，化敌为友。在这一点上，道家和佛家是一致的。

图难于其易，为大于其细

老师：贵以贱为本，高以下为基。无论是事还是物，都是以细小容易为根基，因此，凡事从容易开始，从小处着手，这是做事成事的关键，不能跨越和回避。容易的事情积累系统化，形成复杂困难的事；细微的小事，合并系统化，形成真正的大事情，都是不以人的意志为转移的客观规律。

轻诺必寡信，多易必多难。是以圣人犹难之，故终无难矣

老师：人，但凡是轻易许下的承诺，往往就是把事情看得太简单容易，而当人把事情看得简单容易之后，困难和麻烦便接踵而来。

弟子：为什么呢？

老师：外界的事和物，都是相互联系、相互影响的综合动态系统，总

是自成体系的，以一个人的思想和智慧，如何能够准确预测和把握无穷无尽的变化呢？既然人根本就不能准确预测和把握外在事情的发展变化，那么他又如何能够把事情看得简单容易呢？因此，当人开始就把事情看得太简单时，一旦开始去做，就会发现一切根本就不是他想象的那么简单，而是异常复杂和困难的。这也是人总是习惯于"床上千条路，天明卖豆腐"的根源所在。因为想的和做的，永远不是一回事。想是以自我为中心，忽略了外在事物的系统和变化，相对静止理想化的结果，怎么可能是事情的原来面貌呢？想得容易做得困难，才是事情的本质啊。

弟子：由此看来，人对待任何事情都不能太过盲目和轻率，而要抱着一颗战战兢兢、如临深渊、如履薄冰的心去思考和行为才行啊。

老师：做事的态度决定高度，做事的思路决定出路。对于人世间的事务，总有难易之分。任何事情，都不可能总是容易，更不可能总是困难。难与易是相辅相成、相互依存、对立统一的，有难就有易，有易就有难，难易相互转化，处于动态变化系统之中。所以，对于过多的易，背后必定存在更多的难。圣人因为把事物看得透彻，抓住了事物的本质，因此，他们总把自己看得很渺小，把世界万物看得很伟大；总是把简单的事情困难化，以困难的思想和行为对待容易的事情，反而最终没有困难。

弟子：人做事行为，其实奥妙得很，并非想象的那么简单容易啊。

老师：做事的基本原则，是难从易处开，大从小处始。凡事不能以难攻难，以大求大，以易得易，以小获小。正向反中求，才是真正的大智慧。解决问题的根本之道在问题的反面，而不是问题本身，这是放之四海皆准的真理。因为任何问题的产生，绝非某一单独因子造成的，往往是多种因素综合作用、长期积累的结果。问题的显现是背后看不见的因素由量变积累质变的结果，所以问题本身往往与真正的原因存在很大的差异，就问题解决问题，不可能从根本上解决问题。人，只有深知自己的渺小，深知万物的无穷和奥妙，深知道的幽深和玄妙，才能真正把事情做对，把困难克服掉，把事情做圆满。

「第六十四章」

其安易持

一、原文

其安易持,其未兆易谋,其脆易泮,其微易散。为之于未有,治之于未乱。合抱之木,生于毫末;九层之台,起于累土;千里之行,始于足下。为者败之,执者失之。是以圣人无为故无败,无执故无失。民之从事,常于几成而败之,慎终如始,则无败事。是以圣人欲不欲,不贵难得之货;学不学,复众人之所过。以辅万物之自然,而不敢为。

二、译文

局面安定时容易把持,情势未露征兆时容易谋划,脆弱的东西易分散,微小的东西易消散。在问题没有萌发之前做好准备,在祸乱没有滋生时做好预防。双臂合抱的大树,由细小的根芽长成;多层的高台,由一层一层的泥土堆积兴建而成;千里的行程,从一步一个脚印开始。主观妄为就会失败,强行把持就会失去。所以圣人顺其自然不妄为,所以不会失败;不强行把持,所以不会失去。人做事情,常常在接近成功的时候失败。如果自始至终谨慎小心,就没有失败的事情。因此,圣人向往他人所不向往的,不珍贵难得的财物;学习他人所不学习的,弥补众人所犯下的过失。圣人来辅助万物按其自身规律发生发展,而惧怕主观妄为。

三、演义

其安易持

老师：有与无相生，阴与阳相依，正与邪共存，善与恶同在，祸与福并行。人世间的任何局面，即便外在表现是安定祥和的，它内在的运动是一刻也不会停止的。只要阳的一面或正的一面力量开始减弱，那么阴的一面或邪的一面必然滋生并慢慢占据主导地位。也就是说，如果在局面安定时不对整个局面运用道的规律进行合理的把握，使阳和正的一面得到巩固和发展，阴和邪的一面受到抑制，那么大好的局面可能很快就丧失，整个局面朝向不利的方面发展。越是和谐安定的局面，越需要智慧的引领。

其未兆易谋

老师：任何事物，在产生和发展的最初阶段，都是比较弱小和容易把握的，是容易塑造和规范的。在事物初期进行谋划和干预，往往能够使事物按照自己所期望的方向发展和变化。

弟子：主观强行地图谋或干预事物的成长和发展，不是逆道吗？

老师：对于于人有益的事物，无须干预和图谋；而对于于人不利或祸害人的事物，就一定要提前加以图谋和干预，防止它的发展壮大危害到人类。合于道的无为而治，并不是什么也不做，一切顺其自然，而是当事物在正道上发展变化时，顺应它，不干预它；当它逆于道发展，有害于人或物时，就要用道的规律来图谋和干预它，使它回归正轨。

弟子：顺其自然也需要条件吗？

老师：道最本质的功用就是抑恶扬善，圣人的根本性作为就是匡正制邪，从而使天下万物都在正道上和谐平衡地生生不息，发展变化，实现根本性的天下大同。

其脆易泮，其微易散

老师：脆弱微小的东西宜呵护爱惜不宜大动干戈，如同煎小鱼一样，不能反复折腾翻炒，否则极易破坏。

为之于未有，治之于未乱

老师："预防为主""防微杜渐""防患于未然""隐患险于明火，防范胜于救灾""居安思危"等智慧警句，就是老子这一智慧的真实写照。

弟子：如果不准备不预防，会怎么样呢？

老师：虽然人人都知道这些智慧和道理，但总是不知道如何应用，或者根本就没有这方面的意识。当人连意识都没有的时候，智慧和道理对他而言，没有多大意义和价值。所以，人最要紧的，就是在日常生活中，训练和培养自己对智慧和道理的学习、领悟和应用能力，也只有培养了相应的能力和习惯，才能使智慧和道理成为珍宝，成为人生最为宝贵的财富。世间万物，都存在从无到有，从小到大，从弱到强的循环过程。因此，要想管理和控制某一事物，防止它的破坏和危害，就必须要在它刚开始萌芽的时候，就果断进行处置和控制，只有这样才能有效减少它所带来的危害，这是处置任何问题和隐患的根本准则。

合抱之木，生于毫末；九层之台，起于累土；千里之行，始于足下。为者败之，执者失之。是以圣人无为故无败，无执故无失

老师：世间万物都不是偶然或突然存在的，必然是经历了复杂、隐晦、不为人知的缓慢演化历程，从无到有，从小到大，从弱到强，生生不息，循环往复，无始无终。

弟子：任何偶然性的存在，都有其必然性吗？

老师：世间本没有偶然性，所谓的偶然性，只不过是事物发展在某阶段的巧合而已。

弟子：人类认识事物总是太过浅显，为什么不深刻一点呢？

老师：对于普通大众而言，他们的智慧和能力有限，对事物的认知更加欠缺，他们如何能深刻认知事物呢？即使他们能够深刻认知，由于他们不具备驾驭深刻认知的能力，这样对他们非但不是益，反而是害。因此，不同层次的人，对事物拥有不同的认知度，使认知与自身智慧和能力相合，这样才能更好地完成使命，平安幸福地度过一生。不自讨苦吃，不做超越自身智慧和能力的事情，这才是人真正的聪明之处。

弟子：那岂不是人天生就有分别？

老师：有分别才是人，无分别怎么能是人呢？连动物都不是啊，只能称为石头或水之类无生命的物质。有分别才有灵性，无分别就是实实在在的物。

弟子：怎么理解人类的等级和命运安排呢？

老师：人之所以为人，根本就在于行动。用行动去成就人生，用行动去改变命运，用行动去创造未来。无论是谁，终其一生，都必须要行动和

做事，关注和享受做事的过程，努力使自己的言行合于道，合于德，至于结果如何，则听天由命。只要你努力了，是你的，终究会是你的；不是你的，你再想再恨也没用，就这么简单。

弟子：遵道顺德，努力做事，重过程轻结果，这就是人生之道啊。

老师：这不仅仅是人生之道，也是万物之道，更是自然之道。如同小草只顾生长繁育不管被吃、被烧还是腐烂；家畜只管生生不息，吃好长好，不管是被吃还是自然消亡；细菌只管繁殖变异，不管是害人还是益物等一样，万物各归其道，自然存在和发展。总不会草因为害怕被吃就不再生长，家畜害怕被杀就不再繁殖，细菌不能长大就不再存在吧。

民之从事，常于几成而败之，慎终如始，则无败事。是以圣人欲不欲，不贵难得之货；学不学，复众人之所过。以辅万物之自然，而不敢为

弟子：总是习惯于在临近成功的最后一刻自动放弃，好像是人类的通病，为什么呢？

老师：是不能自始至终谨慎小心、不忘初心、始终如一的结果。荀子《劝学篇》中讲："锲而不舍，金石可镂。"只要能够科学规范地行事，能够坚持到底不放弃，那么整个世界都会为他让路。坚持到底、持之以恒、永不放弃，是人生及事业成功的法宝。

弟子：圣人总是反其道而行之，总是做普通人所不做的事情。

老师：圣人只做合于道的事情，与其他事情无关。

「第六十五章」善为道者

一、原文

古之善为道者，非以明民，将以愚之。民之难治，以其多智。故以智治国，国之贼；不以智治国，国之福。此两者亦稽式。常知稽式，是谓玄德。玄德深矣远矣，与物反矣，乃至大顺。

二、译文

古代善于遵循道的规律的人，不是使民众伪智巧诈，而是使民众敦厚质朴。民众难于治理，是因为他们多有伪智巧诈。因此，用伪智巧诈治理国家是国家的祸害，用淳厚质朴来治理国家是国家的福祉。以智治国和以不智治国也是两种治理国家的模式。总能明白这两种治国模式，持守以不智治国的方略，就叫玄妙深奥的德。玄德深不可测远不可及，和万物一起复归道的质朴，就达到了顺乎自然的至高境界。

三、演义

古之善为道者，非以明民，将以愚之

老师：民众合于道的聪明和智慧，是老子提倡和弘扬的，而伪智巧诈，才是老子所极力反对的。在老子看来，民众真正意义上的聪明智慧是合于道的敦厚质朴。

弟子：为什么世俗之人总把敦厚质朴认为是愚蠢老实、无能无用的代名词呢？

[第六十五章] 善为道者

老师：因为世俗之人的认知和智慧有限，他们往往很难悟道，更难遵循道和合于道。对于逆道背德的人而言，他们如果拥有聪明智慧，就会很自然地把聪明智慧用在邪道上，他们越是聪明，越是有智慧，对他们自身，对他人，对社会危害也就越大。因此，逆道背德之人的所谓聪明智慧，充其量只能算是伪智巧诈，并不是真正的聪明和智慧。聪明反被聪明误，指的就是这类人。

弟子：只要不能遵道顺德，任何聪明智慧都属于伪智巧诈，非但无益，反而有害。

老师：自取其祸，自我毁灭的，都是那些自以为聪明有智慧的人，因为他们言行不合于道，又无法有效地掌握自我的言行，导致自我离道越来越远，自身的聪明智慧非但没有助益自己，反而成为自身的祸害。

弟子：难怪那些善于遵循道的人，总是使民众保持敦厚质朴，而不是使民众聪明巧慧呢。

老师：对于没有智慧和能力遵道顺德的人而言，不聪明，少智慧，反而能更好地保全自己；如果搞小聪明，智慧不足，不能合于道，不能持守德，那么他的所谓聪明和智慧必然会成为祸害他的罪魁祸首。

弟子：原来这并不是愚民，而是保民和益民啊。

老师：道生养万物，利益万物，成就万物，何时愚弄过万物？圣人无我利他，德善天下，何时危害过民众？因此，把老子的智慧理解成愚民政策是错误的。

民之难治，以其多智

老师：民众往往都是自私自利的，都是以功名利禄为人生的根本的。他们为了获得各自欲求的满足和功名利禄的占有，就会想尽一切办法，通过各种手段，用尽一切聪明智慧，整天花样百出地你争我斗，你追我赶。面对这样的民众群体，如何能够有效管理他们，把他们引上正道呢？

弟子：总不能使民众有智慧不用，有聪明不显吧。

老师：智慧和聪明一定要用在正道上，而不是用在骄奢淫逸、欲望满足、损人利己和霸道邪恶上。如果把智慧和聪明用在利民安民、利益万物上，就是真正的聪明和智慧，而且是大聪明、大智慧。

故以智治国，国之贼

老师：如果以智巧来修身、齐家、治国、平天下，那么受到主导者智巧的榜样引领和教化，民众自然上行下效，学习并发展个人的智巧，从而使所有人都以智巧彰显为能事。如此治理模式，在初期阶段是有效的，也是能够稳定并获得支持和拥护的。但是随着民众智巧的不断提升和增强，管理者对民众的管理能力和效果就必定会大打折扣，严重的非但起不了任何作用，反而会受到民众的抵制，故而给整个国家或社会带来混乱和不安定的隐患。当民众的智巧超过当权者，当权者不能有效管理，甚至失去对民众的管理的时候，整个国家和社会就必定会发生混乱，从而加速国家的衰落进程。所以，此种治理模式负效应显著，后患无穷，是违背道的规律的治理模式，是国家的祸害。

不以智治国，国之福

老师：真正能够长久稳定的国家治理法则，是当权者对民众实施敦厚质朴的影响和教化。由于当权者顺其自然不妄为，不采用智巧对民众进行管理和施为，民众少约束，能够按照各自的方式自由存在和发展，彼此之间由于少有利益纠纷和冲突，彼此互敬互让，共同促进和发展，所以能够保持国家和社会的稳定与和谐，实现国家的繁荣和昌盛，达到长治久安的目的。所以，使民众智巧不如使民众敦厚质朴，以智巧治国不如用敦厚质朴的道的规律来治国，这才是合于道的"修身、齐家、治国、平天下"的基本法则。

此两者亦稽式。常知稽式，是谓玄德。玄德深矣远矣，与物反矣，乃至大顺

老师：知道了不践行，或者知道了却使用错误的治国模式，能叫德吗？那叫逆道背德，是错误和有灾祸的。玄德深不可测、远不可及，和万物一起复归道的质朴，就达到了顺乎自然的至高境界。这是对全章的总结性概述，指出只有合于道的国家治理方略，才能够最大可能地顺乎自然，使民众幸福安康，国家繁荣昌盛，天下和谐太平。

第六十六章　江海

一、原文

江海之所以能为百谷王者，以其善下之，故能为百谷王。是以圣人欲上民，必以言下之；欲先民，必以身后之。是以圣人处上而民不重，处前而民不害。是以天下乐推之而不厌。以其不争，故天下莫能与之争。

二、译文

江海能够成为众多河流汇集归依之地，是因为江海善于处在低下的位置，所以能成为百谷之王。因此，圣人想要居于民众之上，一定要用谦虚卑下的言辞对待民众；想要走在民众前面，一定要把自己的利益放在民众的后面。所以，圣人处在民众之上，民众没有重负；处在民众前面，民众没有祸害。因此，天下百姓都乐于推崇他、赞美他却不会厌恶他。正因为圣人从不与人相争，所以天下没有人能够和他相争。

三、演义

江海之所以能为百谷王者，以其善下之，故能为百谷王

老师：水的特性是向低处自然地流淌。江海由于自然低下，所以水总是自然而然地争相汇集，使江海成为百谷之王。海洋主宰着地球上水的变化和循环流转；道主宰着万物生生不息，循环往复。水无论怎么运动，最终必然回归海洋；万物无论怎么发展变化，最终必然回归于道。水和道有什么共同的特点呢？

弟子：请老师明示。

老师：水和道的共性就是包容。海洋不拒绝任何水流，无论是大的小的，清的污的，绿的红的，统统包容；道不拒万物，无论是正的邪的，大的小的，善的恶的，统统包容。海洋和道，正因为无所不容、无所不包，所以才成就了它们的大。

弟子：有容乃大，真不是虚言啊。

老师：无论是人还是物，要想大，必须要善于包容，必须能够顺其自然，必须避免把自己的意志强加给外物，否则万物是不可能心甘情愿竞相归附的。

弟子：不扰乱，不干涉万物，让万物顺其自然地生生不息，自然流转，万物才会自然归附吗？

老师：但凡小肚鸡肠，不能容人，总是干预扰乱他人，总是习惯于把自己的意志强加给他人的人，都是成不了大事，境界不高的人。而那些真正的大人物，都具有常人所不具备的包容忍耐之心，具有常人不具备的宽厚之心，他们总是谦卑低下，以人为本，益人利人，无私无我，因而使人总是心甘情愿地竞相归附。纵观人类历史上的上帝、佛、神、仙、圣等人类精神的化身，都是包容一切的典范，都是不扰乱和干预人的休养生息，使人按照自己的天性自由前进和发展，因此才使人竞相归依和归附。大必能容，有容乃大啊。

是以圣人欲上民，必以言下之

老师：正向反中求，这是老子至高的人生智慧。圣人合于道，顺其自然不妄为，自然包容且甘居下位。也只有甘居下位，包容所有人，对人谦卑低下，才能获得人民的拥护，才能身居人民之上。

弟子：直接求上位不行吗？现代人都是直接奔上位而去，哪管他人如何啊。

老师：真正的上位，是人民拥护而来的，而不是靠自己的强大争取而来的。即使依靠自己的强大争取到一时的上位，但用不了多久，就会有更强的人取而代之，是很难长久的。如同大海一样，它的王是百川汇集自然成就的，而不是大海争来抢来的；同理，道的博大和无穷，是万物自相归附而成就的。没有自然万物，道又从何而来呢？道派生了万物，万物成就了道，仅此而已。

欲先民，必以身后之

弟子：身不是指身体，而是指个人利益吗？

老师：是的，圣人想要走在民众前面，一定要把自己的利益放在民众的后面。民众利益优先满足，民众得到最大可能的休养生息，民众幸福安康，国家繁荣昌盛，圣人自然就成为领袖和先导。

弟子：如果人直接把自己的个人私利放在民众前面，有什么后果呢？

老师：这就是与民争利，那么民必与之争。争来争去，两败俱伤。圣人遵道顺德，根本不会与民争利，因此也没有人能与他相争。

是以圣人处上而民不重，处前而民不害。是以天下乐推之而不厌。以其不争，故天下莫能与之争

老师：圣人处在民众之上，民众没有重负；处在民众前面，民众没有祸害。天下百姓都乐于推崇他、赞美他却不会厌恶他。因为无论圣人处上还是处前，民众都能够自然生存和发展，没有重负，不受妨害。受到圣人的影响，民众自然放弃智巧，放弃成见，彼此互相帮助，互相成就，共同发展，共同繁荣和昌盛。在社会繁荣稳定昌盛和谐的状态下，民众自然会乐于奉献，成就太平盛世。

「第六十七章」道大不肖

一、原文

天下皆谓我道大，似不肖。夫唯大，故似不肖；若肖，久矣其细也夫。我有三宝，持而保之：一曰慈，二曰俭，三曰不敢为天下先。慈故能勇；俭故能广；不敢为天下先，故能成器长。今舍慈且勇，舍俭且广，舍后且先，死矣。夫慈以战则胜，以守则固。天将救之，以慈卫之。

二、译文

天下都说我所说的道广大而无边无际，好像没有形象。正因为大，所以才好像没有形象。如果有形象，早已微小不堪了。我有三件珍宝，持守并护爱着它们：一叫自然本性，二叫俭朴，三叫惧怕成为天下的先导。持守合于道的自然本性，因而能够敢做敢当，没有畏惧；持守俭朴，因而能够宽广无限；惧怕成为天下的先导，因而能够成为天下万物的首领。如果舍弃自然本性求取敢做敢当，没有畏惧；舍弃俭朴求取宽广无限；舍弃不敢为天下先而求取先导，就是自寻死路。慈用于作战就能取胜，用于防守就能坚固。天道要救助的事物，就用慈护佑它。

三、演义

天下皆谓我道大，似不肖。夫唯大，故似不肖；若肖，久矣其细也夫

老师：整个宇宙自然，几乎就是一种无形虚空的存在，有形的存在物只占极小极小的空间。因此，无论有形的事物有多么巨大，它都是小，甚至小到微不足道。

弟子：真是太不可思议了。

老师：道本身就极不可思议，有形的存在物，是宇宙自然物质浓缩的精华，精华能有多大呢？

弟子：如此看来，想要通过有形的物质世界来诠释道，思路真的是太狭窄了。

老师：道大，就必须用大的眼光和思想去诠释。局限于一点一面一物，当然能够了解道，诠释道，但距离真正的道，相差十万八千里。

弟子：难怪圣人要虚极静笃啊，原来是通过自我修炼，把自我的心胸无限扩大，大到与宇宙相通相融，然后才能与道相合啊。

老师：人不能与道相通相融，如何能够真正理解和诠释道，又如何能够合于道呢？

弟子：这就是道家所追求的天人合一的至高境界吧。

老师：天人合一中的天不是指狭义的天空，也不是指宇宙空间及其物质存在，而是指道；人指的是独立存在的人。因此，所谓天人合一，就是人与道合而为一，相通相融。

弟子：这怎么可能呢？

老师：莎士比亚称人是"宇宙的精华，万物的灵长。"人是物质之灵的最高进化和表达形式，因此，人也是道的最完美的进化物。既然人是道的产物，人类自然能够与道相通，母子还连着心呢。尤其是寄托在人肉体之上的思想和精神，具有无比神妙的灵动和变化，具有不可思议的广大和无穷。人总是受其思想意识的主导，即人的无管理和控制着人的有，如同道通过无来控制有一样。既然人类思想是人类的主导，那么完全可以通过对思想的管理和控制，达到身心合一的和谐境界。人的身心和谐合一，达到阴阳平衡，实现了有和无的融合，那么完全能够运用人的思想智慧，把人的有和无的和谐体与宇宙自然的道相通相融，实现人与道的合而为一。

弟子：人类还真的能够实现天人合一，最起码人身心合一是完全能够做到的。

老师：人的思想是非常奇妙的，人的思想能够引领人到达宇宙自然的任何空间和角落，因此，人的思想是和道的无相通的。人既然能够实现身心合一，用同样的方法，完全能够做到人与道的合而为一，人与道的相通相融。

弟子：原来天人合一并非指人与宇宙自然的合而为一啊。

老师：人与宇宙自然的合而为一，是一种相上的相合与相通相融，是天人合一修炼的必经阶段。人，只有首先实现人与自然的合而为一，然后才能实现人与宇宙的合而为一，最终实现人与道的合而为一。人的修炼，是不可能直接与道相合的，必须要经历由我到物，由物到自然，由自然到宇宙，由宇宙到道的渐进过程，不能稳步推进，不能一步一个脚印前行，是会出问题的。

弟子：修道也需要方法得当，循序渐进，不能急功近利，更不能投机取巧，否则是修不成道的。

老师：修身悟道是一个缓慢而又渐进的过程，是不可能通过短期效应获得临阵磨枪效果的。任何短期效应和投机取巧都是自欺欺人，非但无益，反而有害。

我有三宝，持而保之：一曰慈，二曰俭，三曰不敢为天下先

弟子：慈，是指仁慈、慈爱吗？

老师：老子要求人对待万事万物，要以道为最高标准，凡事合于道，凡事能够顺应事物自身的规律，不主观强求，不干预强加。在老子看来，人最大的仁慈，是能够顺其自然，顺应事物自身的规律，如果违背事物自身存在和发展的规律，那么非但于事物无益，反而有害。

弟子：原来仁慈和慈爱也有主观施为的成分，也并非是对施加对象完全有益的啊。

老师：只要是仁慈或慈爱违背了事物自身存在和发展的规律，那么无论施为者的发心和愿望如何美好，都是对施加对象有损害的。因此，仁慈和慈爱并不是万能的，也需要有针对性地施为才好。

弟子：看来很多人误解和滥用了仁慈和仁爱啊。

老师：一个不在道上的人对事物施加仁慈或慈爱，结果总是会自觉不自觉地变成意志强加，于人于己于物都不完美，都存在缺憾。

弟子：仁慈也要有道，大爱也要有道啊。

老师：万物皆有道，不合于道，怎么可以呢？

弟子：那慈指的是什么呢？

老师：兹，《说文解字》解读为草木多益，意思是指草木茂盛。慈，

是心上草木茂盛，引申为人内在旺盛的生命力，即生命的本真，或合于道的自然本性。

弟子：为什么慈是圣人的第一珍宝呢？

老师：因为圣人也是人，圣人也有七情六欲，圣人也是思想主导身心的。圣人的一举一动，一言一行从何而来？自然是从内在本真中来。因此，圣人如果想在思想言行上合于道，就只能持守内在合于道的本真，因为那才是人与道最为接近的宝藏，当然是圣人顶级的珍宝。

弟子：俭朴为什么是圣人之宝呢？

老师：俭朴，一方面是俭约，另一方面是对自我的珍爱和保护。老子指出，啬是圣人遵从天道治理百姓的第一准则。遵循这一准则，就是重积德，就可以有国，就可以长久，这是根深蒂固，长生久视之道。如此珍贵的俭，能不是宝吗？

弟子：简直是万能的灵药啊。

老师：这是圣人与道相合的自然结果，也是圣人的第二大宝。

弟子：俭朴有这么大的功用和益处，为什么位居第二呢？

老师：慈，是真我，归于道。而俭，则是在真我基础上的自然外显，如果没有真我的展现，俭也是会失去根本的。

弟子：原来是慈主导俭，俭再完美再有益，也必须要有慈，否则俭就成无本之木、无源之水了啊。

老师：真正意义上的俭，是建立在慈基础之上的俭。如果迷失了真我，那么人再俭朴，也很难有多大的功用和助益的。

弟子：不敢为天下先为什么是第三宝呢？

老师：不敢为天下先，是指圣人遵道顺德，自然无为，无私利他，谦和卑下，这是圣人的品德宝。无为、好静、无事、无欲、玄德、不言、不争、处下等都是圣人在拥有慈和俭之后的自然外显。也就是说，无论是圣人还是普通人，只要真正拥有了慈和俭，真正与道相合，那么都能和圣人一样，根本无须刻意去成就什么。因此，不敢为天下先只能居于慈和俭之后，属于第三宝。

弟子：为什么没有第四宝呢？

老师：道生一，一生二，二生三，中国俗语也有事不过三之说。圣人有三件宝贝了，就等于拥有了一切，还要什么宝呢？

慈故能勇

老师：慈是圣人内在合于道的本真，圣人与道相合，有道护佑，还有什么不敢做，有什么不敢当，有什么好害怕的呢？

弟子：道是人及万物最终极的保护神吗？

老师：道是宇宙自然及万物的主宰，还有谁能替代和超越呢？

俭故能广；不敢为天下先，故能成器长

老师：道不是求来的，真正的领袖也不是自己靠武力或强力获得的，而是人民和万物自然赋予的。圣人害怕做天下的先导，总是"外其身，后其身"，总是"谦下无私"，总是"处无为之事，行不言之教"，他们言行与道相合，人们会如同归于道一样自然地归附于圣人，因而圣人成为天下百姓和万物的首领。

今舍慈且勇，舍俭且广，舍后且先，死矣。

老师：顺道者昌，逆道者亡。丢掉宝贝而胡作非为，就是逆道而行，就是舍本逐末。况且没有根的所谓勇、广和先，如同水中花镜中月，如同空中楼阁，如同竹篮打水，如何能够达到目的？

弟子：只有遵道顺德才是根本出路啊。

老师：背道离德，无论怎么做，都是错路、邪路、死路。

夫慈以战则胜，以守则固

老师：慈是利他、益民、造福万物、正义的化身、正道的表达。以慈来战，就是用道和正义来战；用慈来守，就是用道和正义来守，如何能不胜和坚固呢？

天将救之，以慈卫之

老师：人对濒临灭绝的生物进行人性化的保护，是合于道的，因此是值得提倡和发扬的。对于地球上濒临灭绝的生物来讲，如果是属于道所保护的生物，在人类合于道的保护下自然能够生生不息，逐渐强盛起来；如果是属于不受道保护的生物，那么无论人如何对之实施人性化的保护，也阻止不了它们的灭绝进程。从这个层面来讲，地球生物存在发展与否，与自身是否与道相合有直接的关系，而与人的人性化保护没有多大的关系。如果生物一直逆道而生，那么无论人如何保护它，它都注定要灭亡，这是

规律。

弟子：这岂不是人在自然面前无能为力？

老师：对于生物的存在和发展而言，通常情况下都是无能为力的。人连自身的存在和发展都不能很好地解决和处置，又如何能够有能力决定和延续其他生物的存在和发展呢？

弟子：看来人首先要解决的是自身的存在和发展问题，自身的存在和发展问题解决了，其他生物存在和发展的空间和环境自然就有了，也就等于变相解决了其他生物的存在和发展问题。

老师：如今地球环境恶化，生物灭绝速度惊人，都是人类逆道而行的结果。人类本身就处在逆道的行程中，自己尚且自身难保，如何有能力解决其他生物灭绝的问题呢？

弟子：人类自己作的孽想通过自我努力来补救，虽然在主观意愿和行为上是合于道的，但这点儿合于道的主观行为也显得太微不足道了，又如何能有大的效果呢？

老师：人类只有真正遵道顺德，解决自身逆道的问题，实现人与自然的和谐平衡，才能从根本上解决生存环境恶劣和其他生物灭绝的问题。

弟子：难道人类目前都本末倒置了？

老师：人类诸多诸如拯救濒临灭绝的生物的行为，是人类自身对道的呼唤和本能的呐喊，是人类已经开始意识到自身对自然环境祸害所作的救赎，也是人类合于道的本能层次的欲求。当人类这种与道相合的欲求和呼声越来越高，形成一种势不可挡的力量时，人类就进入一个前所未有的新时代了，而这恰恰是人类发展的必然。

「第六十八章」

善士不武

一、原文

善为士者不武，善战者不怒，善胜敌者不与，善用人者为之下。是谓不争之德，是谓用人之力，是谓配天古之极。

二、译文

合于道的人不崇尚武力，善于打仗的人不会被激怒，善于战胜敌人的人不与敌人正面争斗，善于用人的人对人谦和低下。这叫不与人相争的德，这叫善用人的能力，这叫符合自然之道，是古代的准则。

三、演义

善为士者不武

老师：圣人遵道顺德，用道和德治理天下，而不是用武力。在任何一个朝代或社会，只要人们都崇尚武力，那么人们就必然背道离德。人人都以勇武自居，人人都通过勇武胜人，人人都通过勇武满足私欲。这样整个社会必然处处充满战争，充满以强凌弱。在勇武面前，人类的道德将成为摆设，人类的文明将成为泡影，人类的智慧将成为助纣为虐的工具。人们在勇武中胜出，又在勇武中失败，社会公正公平严重缺失，社会正义难以伸张，人们生活在水深火热之中，痛不欲生而又无可奈何。试想，在这样的社会环境条件下，人类哪还有自由和发展呢？

弟子：但是战争不可避免，圣人有时候也不得不卷入战争。

[第六十八章] 善士不武

老师：战争虽然不可避免，但是圣人卷入战争，只是借助战争除暴安良，抑恶扬善，只要达到目的，圣人便会立即停止战争。

弟子：纵观人类历史，好像就是一部完整的战争史，没有战争的时代真是极端少见的。

老师：人类的历史，不能说是一部战争史，而应当说是一部正义与邪恶较量的历史，是正义最终战胜邪恶的历史。

弟子：那些通过战争攻城略地的人，都是暴徒或侵略者，都是非正义的吗？

老师：但凡通过战争来满足自我对功名利禄的追求和占有的人，都是暴徒或侵略者，都是逆道的，都是祸国殃民的。

弟子：为了人民的自由和解放而发起的战争，就是正义的战争吗？

老师：只要是为了把劳苦大众从水深火热之中解救出来，就是正义的战争，就是合于道的战争。

弟子：战争都会造成巨大伤亡和财产损失，圣人难道不能通过兵不血刃而实现天下大治吗？

老师：面对暴力和邪恶，面对你死我活的战争，正义方的仁义道德，就是能够用最短的时间，用最快的速度，以最小的损失和代价来消灭暴力和邪恶；对暴力和邪恶手软或者仁慈，反而会使其更加嚣张狂妄，成了助纣为虐者。因此，以其人之道还治其人之身，用比暴力和邪恶更加奇诡智慧的策略打击暴力和邪恶，是真正意义上的正道。以暴制暴，只是为了维护正义，还人民一个太平盛世而已。面对你死我活的特殊情境，如果固守所谓的仁义道德，而使自己遭受暴力和邪恶的荼毒，是极端迂腐和逆道的。

善战者不怒

老师：在人类的生存斗争中，无论是战争还是利益纷争，善于争斗的人心理素质都极高，都拥有极强的个人本色，绝不轻易被人影响，被人控制和左右，自然就不容易被别人激怒。人在愤怒的情况下，往往会因情绪失控而做出荒唐可笑的事情，做出无法挽回的事情。所以，冲动，是人生历程中真正的魔鬼，它能使人无所不用其极，自取灭亡。当人非常沉着理性，自然很难造成无法挽回的后果和损失。不被激怒，是善战者最基本的心理素质。

弟子：冲动是魔鬼？

老师：人在愤怒、失去理智的情况下，总是会失去控制，做出极端又害人害己的事情，不是魔鬼是什么？争战的人一旦被激怒，就开始逆道，如何能叫善战呢？

弟子：不仅仅是在战争中不能冲动、发怒，人在日常生活中一样不能冲动、愤怒啊。

老师：冲动、愤怒的人不善于作战，同样不善于生活。人不善于生活，自然就不善于做人，违背人伦道德就是自然而然的事情了。

善胜敌者不与

老师：《孙子兵法》中讲："上兵伐谋，其次伐交，其次伐兵，其下攻城。"无论是军事战争还是其他纷争，正面争斗和冲突都不是最好的选择。所以善于战胜敌人的人，往往不战而屈人之兵，而不选择与敌人面对面地刺杀。因为人只要面对面地争斗和冲突，无论谁胜谁负，必然会造成双方直接或间接的伤害和损失，即使把对方打败，自己却身负重伤，结果都不是真正的胜利。任何争斗和冲突，往往都以双方互相伤害为终结。所以，善于战胜敌人的人，最懂得如何保护好自己，在自己不受直接伤害的情况下，用和平的手段，获得战争的胜利，这才是真正意义上的胜利。正面冲突往往是不得已而选择的下策，并不是争斗和纷争的最理想的形式。

弟子：什么叫不战而屈人之兵呢？

老师：能够用智慧和看不见的隐形力量，不通过双方军队正面交锋就使敌军屈服，就叫不战而屈人之兵，这就是真正意义上的善胜敌。

弟子：面对面作战往往更加能够立竿见影啊。

老师：但凡面对面的争斗，都是损人不利己的，都是在战胜对方的同时，自己也受到难以平复的创伤，这是规律。

善用人者为之下

弟子：但凡用人的人，都是高高在上的人，为什么反而要谦和低下呢？

老师：如果是你，对方总是高高在上，不尊重你，不理解你，不信任你，不支持你，对你吆五喝六，你愿意为他所用吗？

弟子：我也是人啊，我没有尊严，得不到尊重，干吗愿意被他所用？

老师：如果上级总是对你谦和，给你温暖，尊重你，关心你，支持你，信任你，包容你，你愿意为他所用吗？

弟子：当然愿意。士为知己者死，无论他要我怎么样，我都愿意，而

且会无条件地服从。

老师：领导者谦和卑下，你才能为他所用。你是这样，别人也是这样。因此，如果想要用人，如果想善于用人，无论是谁，也无论有多高的权势和地位，一定要谦和处下才成。

弟子：用人用暖，使人使心啊。

老师：只有合于人的本性，只有使人感受到应有的尊重和温暖，人才可能为他所用，否则即使暂时服从于他，往往也是口服心不服，凡事大打折扣。

弟子：会用人也是大智慧啊。

老师：善于用人的人，往往都是当权者。无论当权者有多大的能力和水平，都不可能一个人做完所有的事情，都必须要借助他人的力量，来完成任务。所以，善于用人的人，总是以谦恭处下的姿态对待下属。因为他们当权，占有足够的资源，拥有至高无上的权力，所以他们总是受到下属的尊敬和崇拜。当权者如果能够对下属谦恭处下，下属就拥有了依附和服从的理由，就能够心甘情愿地开展工作，配合当权者，齐心协力完成既定的任务。如果当权者自恃有权有实力，对下属采用强势或高高在上的态度，那么下属会因受到控制和约束，人身受到攻击和压迫而产生逆反心理，并由此心生不满和怨恨，失去依附当权者的理由，从而增加了与当权者同心同德的障碍和难度，使下属不能通畅无阻地完成既定的任务，给整个团队带来损失，自然也是对人才的巨大浪费。所以，聪明的用人者，总是给予下属足够的尊重，给予下属合适的利益，给予下属合适的位置和权力，使他们能够尽其所能，发挥专长，更好、更有效率地完成任务。

是谓不争之德，是谓用人之力，是谓配天古之极

老师：真正有德者根本不必争。因为真正的有德者，是与道相合者。合于道的人，既正又顺又久长，还要争什么呢？但凡要争的，往往都是与真正的德相背的。

弟子：以争斗为能事的人，都是背德之人？

老师：不仅背德，更加逆道。

弟子：如果为了正道而争呢？

老师：如果是为了维护正道而与暴力或邪恶势力争斗，就不叫争，而是替天行道。道是不必争的，德是争不来的。不争之德，符合自然之道，是古代的准则。

「第六十九章」用兵

一、原文

用兵有言："吾不敢为主而为客，不敢进寸而退尺。"是谓行无行，攘无臂，执无兵，扔无敌。祸莫大于轻敌，轻敌几丧吾宝。故抗兵相若，则哀者胜矣。

二、译文

领兵打仗有这样的言语："我惧怕主动进攻，宁愿坚守；惧怕前进一寸，宁愿后退一尺。"这叫布阵如同没有阵势；扬起手臂如同没有手臂；持有兵器如同没有兵器；与敌人对抗如同没有敌人存在。灾祸没有比轻视敌人更严重的了，轻视敌人就几乎会丧失我的法宝。所以，在两军势均力敌的情形下，心怀悲悯的军队能取得胜利。

三、演义

吾不敢为主而为客

老师：战争本来就是草菅人命的，因而也是非道的。如果主动进攻，岂不是草菅人命的恶魔？合于道的战争，是为自保或为人民争取和平和幸福不得已而战的，如何能够主动挑起战争呢？

弟子：主动进攻容易陷自身于不义吧。

老师：但凡主动进攻者，首先在道义上就输给了对方，当然对邪恶势力的打击和消灭除外；其次由于自己先行对对方实施侵略，往往会让对方感受到被欺负和凌辱，从而激发对方的愤怒和全力的反击，这对自己是极端不利的。而被动防守，则往往属于自保，属于为了自我生存和利益而抗争，属于为正义而战，往往能够变被动为主动。

弟子：在敌强我弱的情况下，最终还不是正义被邪恶所打败吗？

老师：只要弱势一方是正义的，就没有完全失败。因为正义的力量是无穷的，是持久的，邪恶势力虽然胜得了一时一地，但绝对胜不了永久，最终弱势正义方力量会因为邪恶势力的不断迫害而逐渐强大，最终战胜邪恶和强力。

不敢进寸而退尺

老师：人，主动给予他人德善，是善举，是人人乐于接受的；而主动侵犯或进攻，是恶行，是人人都厌恶反感的。主动与被动，要因地制宜，因事而动，并非一成不变。在战争中，先出手，先动武的一方失理失道；后出手，后动武的一方就占理，得道，拥有正义。所以，主动侵略或攻击他人的人，首先在道义上处于被动地位。而被攻击一方，由于受到对方的攻击，而又占据道义之理，所以能够团结一心，齐心对敌，因而更加容易胜利。

是谓行无行，攘无臂，执无兵，扔无敌

老师：战争、冲突和争斗，最要紧的是顺应天时、地利、人和。得天时、地利、人和者，将无往而不胜。战争的最高境界如同武道高人所谓"手中无剑，心中无剑"一样，动如未动，战如未战，行如未行，守如未守，神秘莫测，战胜于无形。

祸莫大于轻敌，轻敌几丧吾宝

老师：圣人为什么总是谦和卑下，不敢为天下先呢？

弟子：因为圣人深知自己的渺小，深知宇宙的博大，深知道的玄妙深奥，深知万物的不可欺。

老师：宇宙万物皆入道，道是天地万物的主宰，谁敢违背道呢？谁敢与道争大小比智巧呢？

弟子：如此说来，人要敬畏万物，而不能轻视万物。

老师：人的个体是多么微不足道啊，仅以个人的智慧和能力，如何又能够穷尽他人和外物的一切发展变化呢？人连万物尚且畏惧，更何况是具有一定规模和能量的邪恶势力呢？轻视邪恶势力，不但给自己带来祸害，同时也给他人和社会带来祸害。

弟子：轻敌就是主观妄为，就是自我彰显，就是背道而行。

老师：人都逆道而行了，以道为根本的"三宝"能不丧失掉吗？即便没有完全丧失，宝也不能称之为宝了。

弟子：面对复杂而又奇妙的外部系统，人真的不能轻视和不敬畏啊。

老师：真正有智慧的人，真正合于道的人，真正有德的人，是不可能忽略自然界任何微小的事物和变化的，相反会极端地敬畏，甚至自处卑下而不敢争先。因为自然界任何微小的事物或变化，都可能存在巨大不可预知的能量和发展变化，仅凭人的智慧和能力，是不可能准确预知它们的发展变化的，自然也无从有效地把握和控制。

弟子：那人面对宇宙自然，岂不是很无助，很无能？

老师：人合于道的助，才是真正的助；合于道的能，才是真正的能。

弟子：人类除了遵道顺德，没有任何别的选择喽？

老师：人本来就是道的产物，德的成就物，不遵道顺德，还要干什么呢？遵道顺德，是人类唯一的选择，也是最正确的阳光大道。

故抗兵相若，则哀者胜矣

老师：能够悲天悯人者，自然能够遵道顺德。对于遵道顺德者，属于正义之师，拥有道的神助，怎么可能不无往而不胜呢？因此，哀兵必胜！

弟子：哀兵，是正义之师，是正道的力量！

老师：正义必然战胜邪恶。正者，利他无我、利民安民；正者，得民心、得天下。

「第七十章」易知易行

一、原文

吾言甚易知，甚易行。天下莫能知，莫能行。言有宗，事有君。夫唯无知，是以不我知。知我者希，则我者贵。是以圣人被褐而怀玉。

二、译文

我说的道理很容易理解，很容易施行。但是天下却没有人能理解，没有人能施行。说话有主旨，办事有根据。正因为天下人不明白这个道理，所以才不理解我。理解我的人太少，能够效法我的人就更加难能可贵了。因此，圣人就像穿着粗布衣服，怀里却揣着美玉的人一样。

三、演义

吾言甚易知，甚易行。天下莫能知，莫能行

老师：圣人遵道顺德，他们的言行必以自然规律为准则，不会有主观妄为和逆道的言行。

弟子：自然规律是最难知、最难行的啊。

老师：大道至简，但凡自然规律，通常都是非常简单而又易于理解的，更是易于施行的。

弟子：为什么天下人都不能理解，更不能施行呢？

老师：因为人内在缺乏与规律相对应的共振频道，即便规律无时无刻不在他面前，他也视若无睹，既不能理解，更加不能执行。

弟子：什么叫与规律相对应的共振频道？

老师：所谓共振频道，是指与规律同频的知识体系和行为习惯模式，即对自然规律的知和行的能力。自然万物，同类才能相聚，同频才能共振。也就是说，如果人与道不在同一层次或频道上，没有交集，就不会发生共振，就没有道的意识和观念，更加不可能采取行动。

弟子：怎么做才好呢？

老师：要想让普通民众学习、运用自然规律，就必须对他们进行培养和训练，使他们内在拥有和自然规律相适应的思想和行为模式。当人与自然规律同频共振时，理解和运用将是自然而然的事情，无须努力和刻意强加。

弟子：王阳明的"知行合一"理论，是不是在此基础上的提炼和发展呢？

老师：知与行是辩证统一的，有知没有行，知也是假知，是表面上的知；行没有知，往往会迷失方向而导致混乱无序，事倍功半；只有既知又行，知行统一，以知促行，以行验知，反复循环，才是真正意义上的知行合一。

言有宗，事有君

老师：人的人生观、价值观是受世界观支配的，一切言论必须以终极本原为宗旨。人类的一切实践活动必须遵循自然规律，接受自然规律的主宰。

夫唯无知，是以不我知。知我者希，则我者贵

老师：无论能不能理解道，能不能效法道，道都是最珍贵的，这并不以人的意志为转移。如果有人能够效法圣人，那就更加难能可贵了。

是以圣人被褐而怀玉

老师：圣人遵道顺德，持柔守弱谦和处下，内美不外显，相貌不出众，所以才不被人注意和重视。虽然内藏珍宝，却很少有人能够发现、认识并效法，这也是圣人曲高和寡的根本原因。

弟子：酒香也怕巷子深啊。

老师：即便巷子不深，道之酒再香，不在道上的人也是无福受益的。

「第七十一章」 **知不知**

一、原文

知不知，尚；不知知，病。夫唯病病，是以不病。圣人不病，以其病病，是以不病。

二、译文

知道自己不知道，是高明；不知道却自以为知道，是毛病。正因为把毛病当成毛病来对待，所以才没有毛病。圣人没有毛病，是因为把毛病当成毛病来对待，所以没有毛病。

三、演义

知不知，尚；不知知，病

老师：人贵有自知之明，自知的前提就是能够实事求是，而不是不懂装懂。

弟子：不懂装懂是病态的吗？

老师：最起码属于非自然状态。

弟子：处于非自然状态的人，都逆道吗？

老师：不能一概而论，应当具体问题具体分析，因为自然态有合道也有逆道，非自然态同样有合道也有逆道。

弟子：如何判断非自然态的人是合道还是逆道呢？

老师：要用道的观点来看：如果非自然态的人与自然规律相违背，就是逆道的；如果非自然态的人与自然规律相合，就是合道的。

弟子：对于非自然态的物，比如人造物，也有合道与逆道之分吗？

老师：这个自然，人造物，同样有合道和逆道之别。

弟子：以什么为标准来衡量人造物合道还是逆道呢？

老师：但凡人造物，都是人类制造并服务人类的。它们究竟是合道还是逆道，只有一个标准，那就是正而益人益物。但凡害人害物者，但凡邪恶不正者，都属于逆道。

弟子：关于知与不知，究竟如何界定呢？

老师：不懂装懂叫伪懂，不知装知叫伪知。

弟子：知和不知有几种类型呢？

老师：知道自己知道，知道自己不知道，不知道自己知道，不知道自己不知道等四种类型。

弟子：伪知和伪不知，又有几种类型呢？

老师：主要有六种类型：①知道自己知道，却装作不知道。②知道自己不知道，却装作知道。③不知道自己知道，却装作知道。④不知道自己知道，却装作不知道。⑤不知道自己不知道，却装作知道。⑥不知道自己不知道，却装作不知道。

弟子：明白知和不知，伪知和伪不知的分类，确实有助于人规范和约束自己的言行。

老师：真正知道自己知道，知道自己不知道，都是明智的；不知道自己知道，或不知道自己不知道，都是糊涂的。而人的六种伪知道或伪不知道，则是狡猾、虚伪和愚蠢的。

夫唯病病，是以不病。圣人不病，以其病病，是以不病

老师：如果人能够认识到自己的缺点，然后又能承认自己的缺点，并努力加以改正，长此以往，人怎么会有缺点和毛病呢？

弟子：关键是先有自知之明，然后有相应的实际行动，使自己的言行合于道，如此就不会有缺点和毛病了。圣人能够做到没有缺点和毛病，普通人能做到吗？

老师：孔子说："人非圣贤，孰能无过？知错能改，善莫大焉。"圣人也有过失，只不过是他们能够及时认知自己的过失，并及时加以改正，使过失不再延续而已。圣人也是普通人，因此，圣人能做到的，普通人同样能做到。

第七十一章 知不知

弟子：人怎么对待自己的过错或缺点最理想呢？

老师：人对待过错的态度，有以下六种情况：①知道自己的过错，能够立即改正过错，并吸取教训，保证下次不犯或少犯同类过错，这类人是智慧的。②不知道自己的过错，所以对于过错听之任之，没有任何行动和改变，以前怎么错，以后还会怎么错，这类人是糊涂的。③知道自己过错，反而装作没有过错，非但不改过，反而错上加错，这类人是狡猾而愚蠢的。④知道自己过错，但却认死理，要面子，坚持过错而不作任何改变的人，是可耻的。⑤不知道自己有过错，却装着自己有过错，那是错上加错，是可笑的。⑥不知道自己有过错，却装着自己没过错，这类人是固执不可教的。任何人，能够诚实地对待自己的知道、不知道和过错，就是善的，是值得提倡和推崇的。

弟子：不把毛病当毛病对待，会怎么样呢？

老师：如果一个人的目标错了，或者路走错了，依然坚持错误不改变，这往往比没有目标或没有走路更加可怕；如果一个人不把缺点当缺点，不把毛病当毛病，那么他必定狂妄自大，什么都敢干，从而总把事情搞得一团糟。最狡猾最可耻的人，就是那些为了自我所谓面子、尊严或某种目的而伪知道、伪不知道、伪过错的人，他们的言行严重缺乏诚信，不但会误导和伤害到他人，同样会因自己的小聪明而自作自受，是人人所极力避免的。

弟子：在现实生活中，普通人应当怎么做呢？

老师：宇宙自然本身就是一个动态变化的巨大系统，万事万物无时无刻不在发展变化之中。人，只有能够与时俱进，把握事物发展变化的规律，及时调整自己的计划策略，使自己的言行与道相合，才能处处掌握主动权，立于不败之地。在现实生活中，我们一定要运用智慧和策略，认真对待和区分自己和他人的知道、不知道、过错、伪过错、伪知道、伪不知道，本着诚实守信的原则，实事求是地对待和处置，这样才不会有祸患。同时，每一个人，都要严防他人的伪善和做作行为，防止自己的善良被人利用，把自己推入痛苦受伤的境地。所谓害人之心不可有，防人之心不可无。害人会遭报应，绝对不能去做；防人是为了自我保全，是为了更好地走好人生之路，这是每一个人必须具备的最基本的为人处世态度。因此，既不能把别人想象得太理想，也不能把别人想象得太坏，而要以理性智慧的态度，来面对人世间的所有人、所有事。

「第七十二章」民不畏威

一、原文

民不畏威，则大威至。无狎其所居，无厌其所生。夫唯不厌，是以不厌。是以圣人自知不自见，自爱不自贵。故去彼取此。

二、译文

当民众不惧怕统治者权威的时候，统治者更大的威胁就降临了。统治者不要逼迫人民使人民不得安居，不要压榨人民使人民无以生计。统治者只有不压迫剥削民众，民众才不会厌恶。因此，圣人了解自己但不彰显自己，珍爱自己但不尊贵自己。所以，要舍弃自见、自贵，求取自知、自爱。

三、演义

民不畏威，则大威至

老师：权威是当权者的根本，官民平等和不惧怕并不意味着当权者权威的丧失。当权者失去了权威，就是失职，其位置自然不可长保。所以，无论什么原因，当下属不再畏惧或尊重当权者权威的时候，当权者的危险也就来临了。

弟子：圣人管理国家，治理百姓，就没有权威，民众也不惧怕他，然而圣人不但没有威胁，反而更加顺治与祥和，为什么呢？

老师：统治者或当权者是圣人吗？

第七十二章 民不畏威

弟子：当然不是。

老师：如果统治者或当权者是圣人，他们同样能达到圣人管理国家治理百姓的至高境界。然而他们并不是圣人，只是普通的管理者而已，他们的道德品行和学识涵养，与圣人不能相提并论。

弟子：这就注定他们只能在俗人的层面上管理国家、治理百姓吗？

老师：只要他们能够不断地修身悟道，使自己的思想言行合于道，他们同样能够成为圣人，因此，凡事都不能太绝对。

弟子：作为俗人层面的管理，当权者丧失了权威就意味着失去了管理效力了吗？

老师：任何一个当权者，不管职位大小，管理的人员多少，准确定位和确立权威是重中之重。有定位才有权威，有权威才能管理。只要权威不立，管理就难以顺畅和彻底，总会存在阻碍和障碍，导致管理无法正常进行。当一个当权者权威尽失的时候，他的管理就更加没有效力了。

弟子：当一个当权者无法有效管理下属的时候，他也就不能胜任这个职位了，也是他该下课的时候了。

老师：不在其位，不谋其政。然而在其位，不能谋其政，其后果就可想而知了，对他而言，不仅仅是权力受到威胁的问题，祸患也会跟着到来的。

弟子：会有什么祸患呢？

老师：轻则官位不保，重则因为自己失职或渎职，损害国家、集体或个人利益，或者由于管理不善，导致下属作乱出现问题。无论哪个方面，他都有逃脱不了的干系，他能没有危险和祸患吗？

弟子：看来当官也不是多么好的事情啊。

老师：凡事都有两面性，有好必有坏，最理想的是把握好度，只要一切刚刚好，恰到好处，就不会有什么问题。

弟子：世界上最困难的，恰恰就是对度的把握啊。

老师：即便不能很好地把握度，但也应当能够做到适可而止，防止过犹不及，如此就少有威胁和祸患。

弟子：智慧才是人生之本啊，没有智慧如何能够适可而止呢？

老师：人的智慧来源于修身悟道，遵道顺德。人只要能够致虚守静，用理性来管理和约束自己的言行，使自己的言行不出格，不越轨，不过头，智慧自然就拥有了。

弟子：理智和自我克制，才是智慧之源啊。

老师：道和德，才是智慧的根本。

无狎其所居，无厌其所生。夫唯不厌，是以不厌。是以圣人自知不自见，自爱不自贵。故去彼取此

老师：民以食为天，安居乐业是民众生存发展之本。任何一个管理者或当权者，首先必须要保证下属或民众能够安居乐业，能够稳定和不断提升生活质量和生命质量。只有能够安居乐业，拥有稳定可靠生计的时候，下属才能身心稳定，安心工作，服从管理。当当权者干扰下属导致下属不得安居，破坏下属导致下属生计没有保证，那么必然遭到下属的憎恨和反抗，管理者或当权者就等于给自己埋下了敏感而又危险的炸弹，随时可能引爆，给自己带来祸患或灾难。所以，先管安居，后管民生，最后才真正管人。只管人，不管安居，不管生计，管理的变数是非常多的，也是很难管理好的。

弟子：如今社会上流行的所谓感情留人、薪金留人和个人发展留人等，核心都是安居乐业吧。

老师：下属或民众安居乐业是管理的基础和核心，安居和乐业任何一个方面出现问题，都会直接影响下属的工作和去留，更不用说服从和尽职了。所以，管理者或当权者，首先要解决下属的后顾之忧，助益下属但绝不干扰和破坏下属的日常生活，不给自己留下后患，从而获得稳定和长久的进步与发展。

「第七十三章」

勇于敢

一、原文

勇于敢则杀，勇于不敢则活。此两者或利或害。天之所恶，孰知其故？是以圣人犹难之。天之道，不争而善胜，不言而善应，不召而自来，繟然而善谋。天网恢恢，疏而不失。

二、译文

敢做敢当又胆大妄为就会招致杀身之祸，敢做敢当又谨慎畏惧就能存活。这两种行为方式，一种获利，一种遭害。上天所厌恶的事物，谁知道其中的缘故呢？因此圣人更加感到为难。天道的法则，是没有争斗却善于取胜，没有言语却善于回应，没有召唤却善于来到，坦然从容却善于谋划。天道的法网广大无边，网孔稀疏却没有遗漏。

三、演义

勇于敢则杀

老师：慈能勇，但勇未必能慈。慈之勇是大勇，失慈之勇往往趋向于胆大妄为。

弟子：胆大妄为就是逆道而行吧。

老师：顺道者昌，逆道者亡。胆大妄为招致杀身之祸是自然而然的事情。

勇于不敢则活

弟子：敢做敢当又谨慎畏惧，是慈之勇吗？

老师：应当说合于慈，但并非完全是慈之勇，慈之勇是纯粹自然地存在于内，发自于外的，没有主观刻意的成分。

弟子：谨慎畏惧就能保全？

老师：人的存在系统，相对于万物的运动变化系统，相对于宇宙自然的运动变化系统，是脆弱而又微小的。面对奥妙无穷的道，面对纷繁复杂的万物及自然，人如何能不谨慎，如何敢不畏惧呢？个体的人面对强大无穷的外部大系统，却胆大妄为，不是拿鸡蛋碰石头吗？因此，人谨慎畏惧往往能够最大可能地降低风险，减少灾祸，获得保全。

此两者或利或害

弟子：同样是勇，为什么敢与不敢，结果却是天堂地狱之别呢？

老师：因为一个在作孽，另一个在自保。天作孽，犹可违；人作孽，不可活。

弟子：为什么勇而敢是作孽呢？

老师：建立在敢做敢当基础上的胆大妄为，由于主观偏执，不计后果，结果往往不是伤人就是害物。力，总是存在作用力与反作用力。伤人害物，无论是有意还是无意，都会受到人或物的反作用，自身也难免受到不同程度的伤害，这种害人害己的作为，不是作孽是什么？

弟子：损人是为了利己，这种敢做敢当而又胆大妄为，非但损人，同样也不利己啊。

老师：只要是损人利己，就是逆道，就是作恶，就是作孽。

天之所恶，孰知其故？是以圣人犹难之

弟子：这里的天指的是道吗？

老师：道，由于其虚空缥缈，无形无状，人们往往很难把握和理解。然而天就在人类的头顶上，直观可见而又易于理解，因此，人们往往用天来喻指道，以方便人们理解和遵从，但不能把天等同于道。

弟子：上天所厌恶之物，为什么不可知呢？

老师：整个宇宙自然是一个巨大无比、复杂不可名状的动态变化系统。道的变化无穷无尽，有谁能够准确地把握呢？人类是世界上最复杂的生命个体，不同的个体变化各不相同，各自都存在着永久的变数。人连自

身所厌恶的东西，都无法确切地明白原因，更何况是道所厌恶之物呢？

弟子：这岂不是不可知？

老师：自然万物虽然存在永久的变数，但任何一种事物的发展变化，都是遵循特定的规律的。人完全能够运用理性和智慧，主观能动地不断发现和总结事物发展变化的规律，并预知和把握宇宙万物。

弟子：面对圣人都犯难的情境，普通人应当怎么做呢？

老师：活在当下，遵道顺德，充分运用自己的聪明才智，尽自己所能，做自己能做的，把握自己能够把握的，利益他人，回报社会。

弟子：意思是人要务实而不要有非分之想？

老师：宇宙万物无穷无尽，复杂得超乎想象，以一人之力，能够穷尽吗？人可以有非分之想，但实际做必须要务实。与其把大量的时间和精力浪费在根本不可能实现的空想或事情上，不如脚踏实地为自己、为他人、为社会做点实事。

天之道，不争而善胜，不言而善应，不召而自来，繟然而善谋

老师：夫唯不争，故天下莫能与之争。不争，是道的无为；善胜，是道的无不为。

弟子：不言如何善应？

老师：不言，是无须言，是不必言。不言之教，教化虽然不用言语，但却能够通过实际行动对教育对象实施潜移默化的引领教化，使他们不知不觉就效法而行，这就是最好的回应。

弟子：不召自来，更加神奇。

老师：水善利万物，谦卑处下，百川之水竞相汇集；圣人利益众生，谦虚处下，百姓争相奔赴；凡事只有持守低洼才有充盈的向心力，外物才会自动充盈归附。

弟子：善谋者必坦然啊！

老师：自然和谐，是道本来的样子。能够与道相合的人，显现于外的，就是和谐自然，坦然从容，故而能够以静制动，以不变应万变，以无形胜有形，这才是真正意义上的善谋。

天网恢恢，疏而不失

老师：人在干，天在看，就是因为有一张正义之网在随时随地地监督他，审判他。天道就是一张大网，一张捕捉和捞取邪恶分子、违法犯罪分子、离德背道分子的网。无论是谁,只要是天地所不容的,就必定会被网住,使他不再作恶和祸害人。天网的网眼虽然稀疏,但却总是没有遗漏。因此,对于那些行邪就恶的人,无论他怎么折腾,都逃脱不了天道法网的制裁。

弟子:看来人真的不能干坏事。

老师:道就是一只捕捉邪恶的天眼,就是高悬人头顶惩治邪恶的一把利剑,天下万物,没有什么能躲得了,没有什么能逃得脱。因此,人岂止是不能干坏事,甚至连想也不能去想。

弟子:恶有恶报,原来是天网把他给网住了。

老师:微小如同尘埃的一个人,如何能够逃脱天网的监管呢?善有善报,恶有恶报,不是不报,时候没到啊!

弟子:那些已经做了坏事,但还没有被网住的人,应当怎么做才好呢?

老师:唯一的自我拯救之道,就是立即停止邪恶犯罪,放下屠刀,回归正道,通过遵道顺德,行善积德,利他奉献来为自己赎罪。上天有好生之德,对于做了坏事又能够悔过自新的人,上天还是会给他生路的,是给他赎罪的机会的。所以,人要想好,要想长生久视,就只能走正道,遵道顺德,努力行善积德,以求道的护佑,摆脱天网的审判和制裁。人若得到天道的护佑,还会担心天网网住自己吗?

「第七十四章」民不畏死

一、原文

民不畏死，奈何以死惧之？若使民常畏死，而为奇者吾得执而杀之，孰敢？常有司杀者杀，夫代司杀者杀，是谓代大匠斫。夫代大匠斫，希有不伤其手矣。

二、译文

民众不害怕死亡，如何用死亡来威吓他们呢？如果使民众总是害怕死亡，那么对那些作奸犯科的人，我捉拿并杀掉他们，谁还有胆量为非作歹呢？总是有专管行刑的人负责杀人，那些代替行刑者杀人的人，就叫代替高明的工匠砍木头。那些代替高明的工匠砍木头的人，很少有不砍伤自己手的。

三、演义

民不畏死，奈何以死惧之

弟子：民众为什么不惧怕死亡呢？

老师：感觉生不如死，死了反倒是个解脱，还会害怕死亡吗？

弟子：如果把死亡当成一种彻底的解脱，当作一了百了，那么死亡就真的没什么可害怕的了。然而，如果普通民众都感觉生不如死，都把死亡当成解脱，问题就严重了啊。

老师：如果统治者荒淫无度，横征暴敛，残害百姓，导致国家混乱，战争频发，人民生活在水深火热之中，整天惶恐不安，生不如死，死对于他们来讲，还有什么可怕的呢？

弟子：当民众把死亡当成解脱的时候，也就是统治者自取灭亡，改朝换代的时候了。

老师：这种情况下，用死亡来威吓，会有用处吗？

弟子：非但没有用，反而会更加激起人们的憎恨和反抗。

老师：这就是失去民心的下场。

弟子：即便在和平昌盛的年代，也有很多不怕死亡的人，为什么呢？

老师：在和平昌盛年代，大家都生活得幸福快乐，按理所有人都应当害怕死亡，毕竟生命一失，一切都变成空无。然而也有少数人例外，比如修炼达到至高境界合于道的人，能够看淡生死，不会害怕死亡；被疾病折磨得生不如死而且没有任何好转希望的人，会期望早点结束生命……最可贵的是那些正义之士，为了公平正义，为了大众利益，为了国家安定和社会和谐，与邪恶势力和犯罪分子做斗争的人，他们通常也把生死置之度外。除了这些特殊之外，几乎人人惧怕死亡，即便是那些已经病入膏肓的人也不例外。

弟子：对这些不怕死的人，用死亡来威吓他们同样没有用处吧。

老师：对于不要命的人，你还能威吓得了吗？他能威吓你还差不多。

弟子：胆小的怕胆大的，胆大的怕不要命的，因此，千万不要和不要命的人争长短，否则后果不堪设想啊。

老师：在和平年代，对于那些高境界看淡生死的人，对于为了国家和人民的利益而奋不顾身的人，要多接近，向他们学习，宣传他们，让他们的正能量得到发扬光大，影响更多的人。而对于邪恶斗狠之类不怕死的人，所有人都要远离他们，不要跟他们争长短，更不要把他们带进自己的生命中，这是人生的智慧，也是一种自保手段。

若使民常畏死，而为奇者吾得执而杀之，孰敢

弟子：对于怕死的人，杀鸡才能骇猴，杀一才能儆百吧。

老师：孔子说："君子有三畏：畏天命，畏大人，畏圣人之言。"君子尚且对天命、对大人、对圣人之言敬畏有加，何况普通人呢？人有畏惧心才可教，才能管，才能走上正道。如果无所不惧，那么就是神仙也无法把他领上正道。

弟子：怕是治的前提吧。

老师：惧怕才会不敢，珍惜才有约束。杀一儆百，只对那些真正感到害怕的人有用，否则，杀一千也儆不了一百。

弟子：没有文化，不知道害怕，还真是如此啊。

老师：人有所敬畏，有所惧怕，才能真正成人，真正遵道顺德，行善积德。

常有司杀者杀，夫代司杀者杀，是谓代大匠斫。夫代大匠斫，希有不伤其手矣

弟子：代替高明的工匠砍木头的人少有不伤自己的手，是因为业务不熟练，还是技术不过关？

老师：那只是技能层面的，本章真正的意思是对于那些超越自我管理权限或范围而胡作非为，甚至助纣为虐的人，必定会因为他们的邪恶或失当的行为遭到惩罚，付出代价。

弟子：本来不是自己职责范围内的事情就不能贸然插手，更何况是超出自己职责范围去为非作歹，作奸犯科呢？

老师：所以说，每个人，在管理好自己的事情，尽好自己应尽的职责和义务的前提下，如果有时间和精力，想去做超越自我权限和范围的事情，那么对于善行、对于有助于他人的事情，只要对方不反对，就可以尽情地去做。但是如果是恶行，是损人利己的事情，就宁愿什么也不做，也不能插手，这是人行为做事的基本原则。

弟子：看来做善事也是有条件的。

老师：做善事，首先要保证自我家庭和谐，生活有保障，幸福安康；其次是在自己能力范围之内，把自己已有的给予或付出给他人。

弟子：这两个条件达不到，就不能做善事了吗？

老师：当然能，只是如果你没有，你拿什么给别人呢？透支自我去利益他人，你有多少资源和力量来透支？损害自己的利益，或者伤害自己的身心去做所谓的善事，并不是真善，只能算是为达某种目的所付出的努力而已。

弟子：原来行善积德，前提是给予和付出自己已有的，而且首先是要能够对自己善。

老师：一个不能对自己善的人，能够真正对别人善吗？一个什么没有的人，能够给予别人什么呢？推己及人，善也需要从善待自己，完善自己，强大自己开始。

弟子：替代别人做事是门学问，做善事更加是一门学问啊。

老师：世事洞明皆学问，人情练达即文章。做善事本身就是一个与道、德相合的学问，是一门正能量的学问，是一门长生久视的学问。

第七十五章 民之饥

一、原文

民之饥，以其上食税之多，是以饥。民之难治，以其上之有为，是以难治。民之轻死，以其上求生之厚，是以轻死。夫唯无以生为者，是贤于贵生。

二、译文

民众遭受饥饿，是因为统治者征收吞食赋税太多。民众难以治理，是因为统治者强作妄为。民众轻视生命，是因为统治者生活奉养过于丰厚。只有顺应自然，不追求生命厚养，全心全意为人民服务的统治者，才比厚养生命的统治者更胜一筹。

三、演义

民之饥，以其上食税之多，是以饥

老师：道不生无用只知享受和享乐之人，人活着就要创造价值，有益于他人和社会。天下没有任何一个人能够长久地无功受禄，更没有一个人能够长久地只享受享乐而不需付出和努力。因此，那些依靠手中权力和优势强行剥夺和侵吞民众赋税的人，就是导致民众饥饿的直接元凶。

弟子：这些无道的统治者，凭借手中的权力和优势，无止境地贪求民众的财物。人的欲望是无止境的，天下的资源却是有限的。民众有限的资源被统治者无止境的贪欲强取霸占，结果导致少数统治者"厌饮食"，而

第七十五章 民之饥

绝大多数民众却"无饮食",只能被迫挨饿。

老师:这都是统治者逆道而行,祸国殃民造成的,是纯粹的人祸,是完全能够避免的。

弟子:怎么做才好呢?

老师:统治者如果能够遵道顺德,无私无我,利他爱民,行善积德,那么即便天下遭受天灾,民众又如何能够有真正的饥饿呢?

弟子:如果大家都没有吃的,那么民众不是同样要忍受饥饿吗?

老师:如果是天灾原因,导致上下统统吃不饱、穿不暖,而且统治者能够和民众一样忍饥挨饿,即便民众处于饥饿的威胁之中,也属于上下一心,共同对抗自然灾害,那么还有什么困难不能克服,什么问题不能解决呢?

然而对于由统治者逆道而造成的人祸,却是人祸的缔造者无法解决和处置的,除非进行革命。因此,最大的灾祸是人祸而不是天灾。

弟子:革命是解决人祸的唯一方式吗?

老师:虽然不能那么绝对,但是革命却是最直接、最有效解决人祸的方式。

弟子:统治者只要穷凶极恶,祸国殃民,那么必然会引发革命。

老师:革命是弃旧迎新,是消灭妖魔鬼怪,使人类回归正道,还世界稳定与和平。因此,革命必定是人类前进和发展的最重要手段。

弟子:为什么放着好好的日子不过,非要为非作歹、祸国殃民呢?

老师:人体内70%以上是水,因此人性如同水性。水会自然地流向低处,人也自然而然地会向低处走。如同水一样,人自身很难有力量使自己向上走。

弟子:也就是说,人学坏是一种自然本能,非常容易;而学好向善则总是违背人的本性,往往很困难吗?

老师:学好向善是切合人的本真,但未必顺应人的本能。在现实生活中,人似乎什么力量都有,唯独欠缺内在向上的力量,却也是不容怀疑的事实。

弟子:人如何才能向上走呢?

老师:水怎么才能向上走呢?

弟子:用外力强迫它向上走,它就不得不向上了。

老师：也就是说，必须给予水以正能量，即热量或动能，才能使之不断向上走。

弟子：意思是说，人如果要向上走，也需要外力强迫？

老师：不能说外力强迫，而应当说需要外在正能量的推动。

弟子：还真的是那么回事呢，太多的人，知道自己有缺点需要不断学习和进步，但就是没有力量，就是没有实际行动，最终沦为无用之人，原来是他们缺乏外力的推动啊。

老师：任何人内在都拥有无尽的潜能，只是自己不能发现并运用而已。因此，人不是自身没有力量，而是缺乏外力的激发和调动，缺少正能量的温暖和催化。人的潜能一旦被激发出来，将拥有无穷无尽的力量，推动着他不断地前进和提升。

弟子：原来人还是比水强，能够自己向上走。对于潜能没被激发的人，如何让他们向上走呢？

老师：需要外力的强行推动，需要正能量的影响和潜移默化。至于他能不能向上，能不能变好，只能看他的因缘和造化，并不一定外力推动就有用，正能量影响就有效。

弟子：调动自我内在的力量才是人积极向上的灵丹妙药啊。

老师：自知者明，自胜者强嘛。

弟子：如此看来，自己的命运还是掌握在自己的手中，靠他人是不行的。

老师：人，最终还得靠自己。

民之难治，以其上之有为，是以难治

老师：统治者有心作为，然而以一人之智慧和能力，面对外界复杂多变的动态大系统，是不可能事事顺心如意的，在作为的过程中遭受挫折和障碍是极端正常的。当一心作为的统治者在施行其所谓的治国方略时遇到挫折和障碍时，他们会怎么做呢？

弟子：作为高高在上的统治者，想要让他们停止施为，主动承认错误会很困难，即便是遇到挫折和障碍，他们也会坚持他们的作为而不会轻易停止。当民众不支持他们时，他们就会采用强力迫使民众服从。

老师：人都是厌恶他人的意志强加的。面对他人的意志强加，人往往要么回避，要么对抗。当他们回避不了，对抗不成时，就会自然而然地由

第七十五章 民之饥

明转暗，在背地里暗暗地进行对抗，试图破坏掉外在的意志强加。当统治者强令民众服从，而民众又表面服从，暗地里对抗和削弱统治者时，结果会怎么样呢？

弟子：那就是统治者与民众在进行压制和反压制，在搞猫捉老鼠的游戏。

老师：在统治者看来，民众是什么样子的呢？

弟子：自然个个是刁民，处处是对抗，难治又顽劣。

老师：再者，上行下效是自古有之的传统。统治者有心作为，或者强作妄为，那么民众受到统治者的影响，也会纷纷效仿。于是乎，有心作为或强势妄为便成为社会风尚，人人要作为，人人要意志强加，整个国家将会成什么样子呢？

弟子：那不光是民众难治的问题，从上到下都行为变态，心理异常了。

老师：统治者高高在上，有着无上的资源和特权，哪是百姓所能比拟的呢？当统治者只顾自己，损民利己，害民富己，剥民益己的时候，民众没有自我，没有自由，没有发言权，没有保障。他们为了求生，为了自保，自然会想尽一切办法，运用一切手段来对抗统治者。

弟子：统治者为什么不反省自己，是自己祸国殃民造成的呢？

老师：如果统治者能认识到这一点并想尽一切办法避免损民害民，也就不会有民众难治的问题了。

弟子：难道他们总是逆道而不自知？这也太可怕了吧。

老师：统治者走在错误的道路上，走在逆道背德的邪恶之路上而不自知，非但对自己的错误逆道行为不约束控制，反而变本加厉，越发不可理喻，越发自我感觉良好，自认为有功有成，民众能有好日子过吗？

弟子：原来民众难治的根在上层，如何解决这个问题呢？

老师：用道和德来约束指导统治者。如果他们能够遵道顺德，那么民众自然会回归淳厚纯朴；如果他们执迷不悟，民众就只能起而革之，把他们打倒，让社会回归正道。

弟子：民众才是人间正道的维护者和创造者啊。

老师：民众是人类的基础和根本，没有民众，人类如何延续和发展？民众虽然处于底层，但却是人类的中坚力量，是人类一切思想和智慧的源泉，是人类基础保障资源的创造者，是人间正道的根本所在。

弟子：损民害民就是逆道的吗？

老师：不能够真正地以民为本，不以利民爱民为核心，不以民众生存和发展为导向，无论统治者怎么做，做什么，都是逆道的，都不是正道。

弟子：人间正道是沧桑，原来沧桑在民啊。

老师：人类历史上最为沧桑的群体，就是普通民众啊。民众沧桑，正道能不沧桑吗？

民之轻死，以其上求生之厚，是以轻死

老师：民众不惧怕死亡，本质就是轻视生死。对生不抱希望，对死无所谓，那人还活着干吗呢？只不过是行尸走肉而已啊。

弟子：如果民众被统治者迫害到这个份上，统治者离灭亡也就不远了。

老师：民众如同草的根，虽然草根以上的部分全部被剪除干净，但只要根在，春天一到，又会绿草如茵。想彻底除尽民众，是根本不可能的；想彻底征服民众，同样是不可能的。

弟子：也就是说，统治者一旦过分厚养自己的生命，那么他们离毁灭就不远了。

老师：统治者所有的厚养，都是寄生在民众的供给之上的。他们厚养，民众受罪，一旦达到某一极限，便会正反转化，统治者就该受罪了。

弟子：寄生虫的本性就是祸害寄主的，那些寄生在民众身上的统治者，必定是祸害民众的。

老师：如果统治者享用民众创造的资源和财富的同时，为民众创造条件，创造更多的资源和财富，或者总是想尽一切办法利民爱民，那么他们就不是寄生虫，而是民众心中的父母官，是神一样的上位者。

弟子：取之于民，用之于民，是自古不变的真理啊。

老师：如果统治者反其道而行之，取之于民，用之于己。虽然民众的财物取之不尽，用之不竭，但是他们如此逆道背德的邪恶行径，如何能够长久呢？

弟子：宇宙万物都是平衡的，一旦失衡，必然会出问题。

老师：平衡是宇宙万物存在的根本，和谐是万物繁荣昌盛的核心。只取不给，或者只给不取，都是会失衡的，都是有背于道的，自然是不会长

久的。

夫唯无以生为者，是贤于贵生

老师：无论是统治者、当权者还是强者，都必须坚持不从民众身上征收太多的赋税，不强行妄为，横行霸道，不侵吞搜刮民财使自己的生命奉养过于丰厚，否则，必然会因为扰民、害民、贱民而引发民众的反抗和憎恨，于无形中，给自己树立了最为广大的敌手，招来祸患，从而自取其祸，自取灭亡。

弟子：如果把这个观点放到个人身上，也是老子的养生观吧。

老师：人的生命应当珍爱而不应当厚养，任何厚养生命都是对生命本身的损害。从这个角度讲，确实是属于养生之道。

弟子：为什么厚养生命反而会损害生命呢？

老师：因为人维持生命存在所需要的能量和营养是有限的，既不能严重不足，也不能过度丰富，只有刚刚好，才是对生命最好的养护。能量或营养摄入不足，必然会透支身体，导致身心的损伤；而能量和营养过于丰富，导致身体根本无法消化和处置，一来加重内脏负担，二来增加身体的脂肪堆积，束缚并影响身体机能的正常发挥，形成一种对身心恶性循环的损害。因此，生命是不能拿来厚养的，只能拿来珍爱。珍爱生命的目的，就是创造生命的意义和价值，而生命的全部意义和价值，就在于利他和奉献。因此，真正的养生，是珍爱自己的生命，然后用自己宝贵的生命，利益他人、奉献社会，将自己的光芒普照人间！

第七十六章 人之生

一、原文

人之生也柔弱，其死也坚强；草木之生也柔脆，其死也枯槁。故坚强者死之徒，柔弱者生之徒。是以兵强则灭，木强则折。强大处下，柔弱处上。

二、译文

活着的人身体是柔软灵活的，死去的人身体是僵硬的。活着的万物及草木形质是柔软脆弱的，死后就是干枯残败的。所以说，坚强的东西属于死亡的一类，柔弱的东西属于有生命的一类。因此，用兵逞强就会失败，树木粗大就会被砍伐。所以，强大处于下位，柔弱居于上位。

三、演义

人之生也柔弱，其死也坚强；草木之生也柔脆，其死也枯槁

老师：柔软往往是判定人或物是否活着的直接标准，然而也引申为判定人或物是否具有生命力的根本标准。

弟子：柔软也是事物具有生命力的象征？

老师：柔弱胜刚强，强大的事物属于不断减损衰弱的一类，而柔弱的事物属于不断增益壮大的一类，当然是生命活力的直接表征。

故坚强者死之徒，柔弱者生之徒

弟子：死坚强、生柔弱，能代表一切事物的性状吗？

老师：虽然不能绝对，但却拥有普遍而又现实的价值和意义。

弟子：怎么说呢？

老师：任何一个人，在其人生历程中，如果过于刚强，过于强硬，那么总是会处处受到打击，甚至因刚强或强硬而招来杀身之祸。所以，过分地刚强和强硬，并不是人安身立命的理想状态，而是最容易遭受挫折和失败的状态。相反，那些能够坚守柔弱的人，具有强大的适应性和生存能力，他们往往能够在各种各样的人生困境中安然自若，平安生存。所以，柔弱和善，才是人安身立命的理想状态。

弟子：在现实生活中，似乎软弱并不是好事，往往会让人失去一切。

老师：丛林法则遵循弱肉强食的规则，人类社会则遵循强者更强，弱者更弱的法则。对于一个身体和智力都正常的人而言，如果懦弱无能，是注定要被人类所抛弃的。即使人类不抛弃，大自然也会抛弃他。因为大自然没有弱者生存的空间，也不允许弱者长久地生存。

弟子：那柔弱属于哪种类型的呢？

老师：老子所提倡的柔弱，是本质强大而外显柔弱，是具有强大生命力的柔弱，并不是本质的懦弱。

是以兵强则灭，木强则折

老师：兵逞强如同人逞强一样，人如果性格刚强外显不收敛，则最终必定会死在自己所谓的刚强之上。世界上任何形式的强大，都只是暂时的强大，迟早有一天，会有比他更强大的事物取而代之，这是自然规律。

强大处下，柔弱处上

老师：强大处下是为了避免减损衰弱，以期更好更长久地存在；柔弱者处上，是一种合于道的自然的结果，并非有意要处上。由于柔弱胜刚强，所以，柔弱自然居于刚强之上。

弟子：也就是说，强大者需要有意隐抑自我，而柔弱者则需要顺其自然吗？

老师：强大者如果不用道来规范和约束自己，任强大自然存在和发展，那么很快就会衰弱和灭亡。强大者隐抑自己，是求取长生久视的必然选择。柔弱者本身就处在上升和发展状态之中，本身就居于下位，因此无须刻意去隐抑什么。因为它们本身就是与道相合的，自然要顺其自然。

「第七十七章」

天之道

一、原文

天之道，其犹张弓与？高者抑之，下者举之，有余者损之，不足者补之。天之道，损有余而补不足。人之道则不然，损不足以奉有余。孰能有余以奉天下？唯有道者。是以圣人为而不恃，功成而不处，其不欲见贤。

二、译文

大自然的法则，难道不是像拉弓射箭一样吗？抬高了就压低一些，放低了就抬高一些，拉过了就放松一些，拉的不足就再张拉一些。大自然的法则，是减损多余以供给不足；人的法则就不是这样的，是减损不足以供给有余。谁能减损有余供给天下的不足呢？只有合于道的人。因此，圣人有所作为却不自恃有功，功业有成却不居功自傲，因为他不想彰显自己的才德。

三、演义

天之道，其犹张弓与？高者抑之，下者举之，有余者损之，不足者补之

老师：真正的射箭之道，并不仅仅是弓举得高低，拉得有余还是不足的问题，还包括射箭者握箭的力度、位置，放箭的时间点选择和控制；握弓的位置、力度、方式及稳定程度，射箭者的整体稳定性控制、心理素质以及对整个射箭过程的控制和把握、射箭者周围时空事物组成的动态系统状况等。总之，射箭之道，是人、弓、箭、靶以及外在动态系统的动态控制和合平衡的结果。只要整个动态系统中任何一个因子出现异常，就会直接影响射箭结果。

弟子：简单的一项射箭技能，原来也那么复杂和深奥啊。

老师：射箭如此，其他诸如琴、棋、书、画、舞蹈、音乐等，无不是人、物及外界时空动态系统的动态控制和合平衡的结果，都各有各的道。

弟子：如果不按各自的规则行事，而是按照自己的意愿行事，结果会如何呢？

老师：结果不言自明，必然难成甚至无成。

弟子：老子的守中和孔子的中庸，是一回事吗？

老师：当然不是一回事。儒家的中庸之道，尽管本意是中正恒久之道，但给人的直观认知却往往是缺乏积极进取的精神，易使人沦于平庸，沦于消极被动，其负面影响是很严重的。本质上，守中并不是持守中庸之道，而是持守阴阳和合的最佳状态，即持守完美和谐和强大、最具生命力的状态，以适应环境，改造环境，建功立业。正所谓中庸误人，中正成人，中和益世，中盛创同。

天之道，损有余而补不足。人之道则不然，损不足以奉有余

老师：万物生于道，最终必然回归于道。道是公平的，它平等地对待宇宙众生。无论人类怎么损不足以奉有余，都不会影响和改变宇宙自然的大循环，都不会撼动大自然的法则。古代的大德们，为了使人类不至于离道太远，为了能够让人类长生久视，在道的基础上，创立了德，用德来规范和引领人类在正确的道路上前进，避免自取其祸，自取灭亡。在现实社会中，但凡那些功成名就，名利双收的人，都会自觉不自觉地把自己多余的财物或资源用于公益或慈善事业，用他们的有余来增补他人的不足，这就是典型的行善积德，也是在遵循天之道。

孰能有余以奉天下？唯有道者

弟子：也就是说，那些功成名就、名利双收之人，跳出了"人之道"，在奉行"天之道"，他们就是合道的人吗？

老师：不能那么绝对，因为那些功成名就、名利双收的人，他们所减损的，只是自己拥有的极少部分，并非做到把自己的有余全部用于增补他人的不足，因此，他们只能属于无意识、间接地合于道，并非真正意义上

「第七十七章」 **天之道**

的与道相合。

弟子：难怪圣人是道的使者，因为圣人真正做到了"损有余以奉不足"。

老师：圣人"不自见，不自是，不自伐，不自矜"，凡人"自见、自是、自伐、自矜"。圣人遵道顺德，所以能够长久；凡人失德背道，所以不能长生。

是以圣人为而不恃，功成而不处，其不欲见贤

老师：圣人是超越了人类本能欲望和个人私利的人，因此，他们是全人类的道德标杆，是人类存在和发展的引领者和拯救者。他们有所作为却不自恃有功，功业有成却不居功自傲，德才兼备却总是不想彰显自己。正因为有了圣人的存在，才使人类不至于离道太远，不至于背道太深，不至于自取灭亡。

「第七十八章」柔弱于水

一、原文

天下莫柔弱于水，而攻坚强者莫之能胜，其无以易之。柔之胜刚，弱之胜强，天下莫不知，莫能行。是以圣人云："受国之垢，是谓社稷主；受国不祥，是谓天下王。"正言若反。

二、译文

天下万物没有比水更柔弱的，然而攻击坚硬强壮之物没有能胜过它的，因而水是没有事物可以代替得了的。柔胜刚，弱胜强，天下没有人不知道，但没有人能做到。所以圣人说："能承担国家的屈辱，就能做国家的主人；能承担国家的灾难，就能做天下的君王。"正话好像反说一样。

三、演义

天下莫柔弱于水

老师：柔是指事物具有延展性，可变形性和复原性，无论它的外形怎么变化，其质和量都不会发生变化，而且能够很容易地恢复原状。

弟子：空气似乎比水更加柔。

老师：空气由氮气、氧气、稀有气体等各种气体混合而成，虽然它能够跟水一样变换各种形状，然而对于不同的形状，空气的质和量是有变化的，因此空气不能称为柔。特定体积的水，无论它的外形怎么变化，其质和量都不会发生任何变化。

弟子：光也比水更柔弱啊？

老师：光虽然全部是由光子构成，然而它具有单向不可逆转性，因此光也不能称为柔。

弟子：也就是说，电磁波、声波等，都和光一样，属于弱而不柔的物质吗？

老师：若事物在形状改变之后，其性状或数量跟着发生改变，就不能称为柔，只能称为重组、变形或破坏。

弟子：各种如同水一样的液体物质，比如酒、醋、油、各种化学液体等，都是液态的，都具有水一样的特性，难道不属于柔吗？

老师：当然属于柔，然而有比水更加柔的吗？

弟子：这个好像还真的没有，如此看来，水才是真正的柔弱之物啊。

老师：水至柔至弱，为天下柔弱的典范。

而攻坚强者莫之能胜，其无以易之

弟子：世界上威力强大的水，莫过于巨大无比的海啸了。虽然海啸能够将海边的各种事物摧枯拉朽，然而对大山却好像无能为力。也就是说，水的威力再巨大，也奈何不了高大巍峨的高山。

老师：从理论上讲，只要水积聚的能量足够大，任何高山都能被摧毁。巨大的海啸虽然表面上没有撼动大山，然而海啸经过之处，大山必然受到减损。大山还存在，是因为水的能量还没大到摧毁高山的程度。

弟子：那挺立在海边的巨石和高山，从形成开始就一直存在，并未因水的攻击而毁灭啊！

老师：从宏观来看，似乎高山和巨石没有发生任何变化，没有受到任何减损。如果从微观来观察，就会发现高山和巨石无时不在减损，无时不受水冲击的破坏，只是表现不明显而已。

弟子：也就是说，高山和巨石对于水而言，永远是失败者吗？

老师：高山和巨石，无论如何也胜不了水。即便暂时战胜了水，然而天长日久，水最终必然战胜高山和巨石，水才是最终极的胜利者。

弟子：比如金钢锯，能轻易切割金属和石块，水能做到吗？

老师：实践已经证明：高压水射流能够轻易地切割钢板。从理论上讲，只要水积蓄足够的能量，世界上任何坚硬的物体都能被轻易切割，即便是世界上硬度最大的金刚石也不在话下。

第七十八章　柔弱于水

弟子：金钢锯在切割坚硬物体的时候，其本身总在折损，然而高压水射流切割物体的时候，却不会改变水的属性，只不过是有少部分水分子逃逸变成气态水而已，水真的是太神奇了啊。

老师：水至柔至善，滋养万物但从不与万物相争，总是自居于众人所厌恶的低洼污浊之地。水似乎百毒不侵，甚至能够去除百毒。水，似乎一切都可以轻易对它产生影响，但却又没有什么能真正影响其本性，因此，一切祸患都不能影响和祸害它。水，可以称为天下最柔弱的事物了，但是它的力量却强大无比，能够摧枯拉朽，破坏和毁灭任何一种事物。所以说，水，是世界上任何事物也替代不了的，它是真正的貌弱实强，是人类最现实的榜样。

弟子：水的稳定性真是强大啊。

老师：水虽然善于变化，然而其本质似乎是永恒的。

弟子：现代科学证明，人类能够轻易改变水的性质，比如电解水，能够使水分离成氢和氧，这不是改变水的本性了吗？

老师：世界上的万物都是可变的，难道只有水才可变吗？然而相对于万物来讲，恰恰是水最为恒定。水能够与万物相融而不改变其本质，能够改变万物而自身保持不变，宇宙间什么事物能与水相比呢？

柔之胜刚，弱之胜强，天下莫不知，莫能行

老师：唐玄宗《御解道德真经》中讲："以坚攻坚，必是两败俱伤；柔制强者，则强损而柔全。"意思是说，以强攻强，必定是两两损伤；而以柔制强，则柔胜而强损。

弟子：如今的时代是强者通吃的时代，现实情况往往是强胜弱，而不是弱胜强啊。

老师：生命的法则就是弱肉强食、适者生存。在弱肉强食的社会里，人是不能软弱的，软弱往往意味着会被别人吃掉，或者永远处于被压迫、被奴役的地位。因此，人们自小受到强存弱亡思想观念的影响和引领，不由自主地开始了漫长而又无止境的争夺和竞争。同时，人都是有私心和欲望的，人的一生，本身就是一个私心和欲望不断产生的循环往复过程。所以，人们总是习惯通过竞争或争斗来满足自我的私心和欲望，并以此来彰显自己的强大；总是通过拥有功名利禄或占有管理控制他人他物作为自我强大的标志。人终其一生不停地成长壮大，使自己越来越强，以求鹤立鸡群，获得自己想要的一切。然而现实是，他越是希望自己强大，往往越难以真正强大，相反会有越来越多数不清的强者不断地战胜他、打击他。也就是说，在争强的人生里，永远没有真正的强者，只有越来越多的失败者和由此而招致的祸患。

受国之垢，是谓社稷主

老师：当一个国家的主人在国家受到屈辱不能承担时，他会带领或者强迫民众奋力抗争，甚至与对方拼个你死我活，那么国家会怎么样呢？

弟子：国家必然陷入动荡之中啊。

老师：国家陷入动荡之中，老百姓会怎样呢？

弟子：国家争斗动荡，最苦的是老百姓啊。

老师：不能承受屈辱，冲动发动争斗，这对国家是利还是害呢？

弟子：肯定是害，益处好像并不太多。

老师：争斗必然造成两败俱伤，甚至可能导致国家灭亡，这样的国家主人能胜任吗？

弟子：还真的不能让他当主人啊，否则会有意想不到的祸患，因为无论是个人还是国家，遭受屈辱是根本无法避免的事情，谁能保证无论何时都没有屈辱呢？

受国不祥，是谓天下王

老师：如果一个国家的君主在国家遭遇灾难时临阵脱逃，那么国家会怎么样呢？

弟子：那是不敢想象的，几乎什么状况都可能发生。如果国家的君主承担国家的灾难，岂不是忍辱负重？

老师：不忍辱如何负得了重呢？

弟子：难道想负重就必须先忍辱吗？

老师：吃得苦中苦，方为人上人。没有对屈辱的忍耐，没有对挫折的磨炼，没有对灾难的承受，他如何能够担当起大任呢？如何能带领民众克服困难，渡过难关呢？

弟子：孟子说："天将降大任于斯人也，必先苦其心志，劳其筋骨，饿其体肤，空乏其身，行拂乱其所为，所以动心忍性，增益其所不能。"这与老子的智慧是一脉相承的啊。

老师：宇宙自然只有一个道，因此，宇宙万物皆一脉相承。

正言若反

老师：有无相生，难易相成，阴阳相应，祸福相依，正反共存。万物都是完整的对立统一体，存在正的一面，必然存在反的一面。因此，人如果想得正，必须要从反面入手，通过解决反面的障碍，促进事物向正的方向自然转化，获得真正的正。正言若反，本质就是事物的阴阳转换规律，即对立统一规律。

「第七十九章」和大怨

一、原文

和大怨，必有余怨，安可以为善？是以圣人执左契，而不责于人。有德司契，无德司彻。天道无亲，常与善人。

二、译文

调和大的仇怨，一定有残余的怨恨，怎么能是妥善的解决办法呢？因此，圣人持有借据的存根，却不向人索取偿还。有德的人就像持有借据的人那样宽容不索取，无德的人就像掌管税收的官员那样苛取。自然法则没有亲疏，常常帮助有德行的人。

三、演义

和大怨，必有余怨，安可以为善

老师：调和人与人之间的仇怨，只是就仇怨解决仇怨，虽然在当时能够得到缓和，但只是解决了表面上的问题，根本性、原则性的问题并没有解决，怎么能说是好的解决办法呢？就问题解决问题，只能解决表象问题，是人在各种因素的影响和作用下，或者说在现时无法解决的压力的驱使下，不得不屈服低头以求缓和平安的权宜之计。人的任何问题或事情，只要没有从根本上得到解决，就不是真正解决。

弟子：如何才能深入问题的根本呢？

老师：解决人的仇怨问题，根本之道是遵循道的规律，用高尚的德行来化解。以德报怨，是解决人与人之间仇怨最根本的方法，但少有人能够接受，更少有人能真正做到。

弟子：为什么呢？难道当事人不想把仇怨化解吗？

老师：因为人最不能克服的是自我内心的私欲和尊严、面子问题。很多人为了所谓的尊严或面子，甚至不惜牺牲一切，毁灭一切，这才是人真正可怕之处。人，只有真正处理好个人私欲和功名利禄的关系问题，才能真正遵从德和道的规律，放下面子和尊严，仁慈、谦恭、和善而又自然不妄为，才能够做到以德报怨。所以，以德报怨需要高境界的个人修为作基础，普通人并不是做不到，而是极难做到。

弟子：真是死要面子活受罪啊。

老师：很多情况下，人与人之间的恩怨并不是严重到生与死的边缘。当人面对个人恩怨时，个人对自我的得失和尊严面子的维护远远强过了恩怨本身，因此，解决个人恩怨问题往往演变成解决个人的得失和尊严面子问题，如何能够没有后患呢？

是以圣人执左契，而不责于人

弟子：欠债还钱，天经地义，为什么不追讨呢？

老师：手持借据却不追讨偿还，这是圣人的德。

弟子：如果他根本就不打算还，恶意赖账呢？

老师：那是他的无德，因此也顺其自然，不追不讨。

弟子：那岂不没有偿还的指望了？只能白白损失了？

老师：他无德，赖了账就能好过了吗？就能安然无恙了吗？

弟子：这倒不好说，反正不还，就是他独占了债主的财物。

老师：君子爱财，取之有道，如果他想不费吹灰之力就独占他人的财物，你觉得他能达到目的吗？通过非正道获得的财物，必定会通过非正当的渠道丧失掉。

弟子：这正是："积善之家，必有余庆；积不善之家，必有余殃。""善有善报，恶有恶报，不是不报，时辰未到"。

老师：既然欠账者不打算还，那么你追讨就会还你吗？

弟子：应该不会，但追讨还有还的希望，如果不追讨，可能连半点希望也没有了啊。

老师：估计结果都是一样的，对于不想偿还债务的人，你追他逼他，他非但不愿意还你，反而因为你的逼迫而记恨你，甚至在冲动的情况下攻击你、伤害你。

弟子：追讨债务反而容易给自己惹祸？

老师：对于有偿还能力的人而言，他在你的逼迫下不得已还了债务，尚且没什么问题；对于暂时困难或者根本没有能力偿还债务的人来说，你逼迫他，就相当于在他的伤口上撒盐，对他落井下石，让他更加困难和不好过。你要回了你的东西，然后你更加好过，他更加不好过，你认为他还会感激你，对你表达善意？

弟子：逼人还债还真的是问题多多啊，最好不要发生债务才好。

老师：人生一世，怎么可能没有债务发生呢？

弟子：那岂不是人因债务而产生的纠纷或祸患不可避免？

老师：不是不可避免，而是要智慧待之，不能感情用事，更不能冲动用强。

弟子：那圣人还拿债券干吗？干脆毁掉得了。

老师：手执债券是天道，这是一种平衡，一种公平。执债券而不讨要，是德。毁掉债券是助纣为虐，是逆道。圣人为什么要逆道呢？

弟子：看来啥都有道啊，圣人无所谓得失，自然不会看重手中的债券偿还与否，怎么会去追讨呢？

老师：圣人遵道顺德，言行合于道，总是顺其自然，自然不会责备于人。

有德司契，无德司彻。天道无亲，常与善人

老师：主观妄为，苛刻强取是逆于道的，有背于道，德从何来？

弟子：看来人有德无德从自然无为和主观妄为就能显现出来啊。

老师：有德之人的自然无为并非什么也不做，而是顺其自然，尊重人或物自身的规律，使之自然成长和发展而不人为扰乱和干涉，最终实现无为而无不为。无德之人总是强调有为，总是把自己的意志强加给人或物，因而总是武断地扰乱和干涉人或物自身的规律，影响其正常的成长和发展秩序。

弟子：随便地扰乱和干涉他人，是最让人讨厌的，也是无德的。

老师：万事不能太绝对。对于邪恶之人，为了阻止他们的邪恶或者抑制他们的邪恶而进行的扰乱和干预，非但不是无德，反而是大德。

弟子：这主要要看对象，具体问题具体分析？

老师：一切的一切，都归于是否合于道，是否顺于德。只要人行的是正道，是利他爱人的，就是有德者。

弟子：这就是"天道无亲，常与善人"的本意吧。

老师：自然法则没有亲疏，常常帮助有德行的人。道永远与与道相合的人相伴，这是由道的本性所决定的。

弟子：行善的人会得天助？

老师：与道相合的人，合于德的人，道和德自然合于他。道与德与人相合，自然就得到了天助。这也是善有善报、积善之家必有余庆的根本所在。

「第八十章」小国寡民

一、原文

小国寡民。使民常有什伯之器而不用，使民重死而不远徙。虽有舟舆，无所乘之；虽有甲兵，无所陈之。使民复结绳而用之。甘其食，美其服，安其居，乐其俗。邻国相望，鸡犬之声相闻，民至老死不相往来。

二、译文

建立的国家要小，人民要少。使民众有各种各样的器具却不去使用，使民众重视生命却不向远方迁徙。虽然有船和车却没有必要去乘坐；虽然有武器装备，却没有必要布阵交锋。使人民回归到使用结绳记事的远古自然状态中去。使民众饮食甘甜美味，穿着华丽舒服，居所安全舒服，生活习俗快乐而满足。国家与国家之间能够互相看得见，鸡鸣犬吠之声能够互相听得到，民众直到老死也不相互往来。

三、演义

小国寡民

老师：老子治国富民的核心思想是小而活。小到一个家庭，一个团队，一个单位，一个集体，大到一个国家，整个世界，唯有小而精，才能灵而活，才能富而足，才能高效管理，才能长久太平。

弟子：小真的就那么好吗？

老师：小的事物，消耗和占用的资源少，保持高质量的生活及环境条件容易而且简单，实施管理所耗费的人力、物力和财力必然很少，既经济又节约，从而能保证整体最高效地生存和发展。

弟子：小而美？

老师：凡事只要小，就必然灵活容易变通，能够较好地适应自身及外部环境的变化。小而活，小而美，小而富足，小而自由快乐，小而幸福美满。

弟子：如此看来，凡事根本没必要求大求多。

老师：凡事没必要求大求全，只要能够拥有高效率、高质量、高水准、高富足，就是最理想的了。盲目求大求全，如果硬件和软件不能及时跟上，往往会越大越毁，越大浪费越严重，越大效率越低，越大适应性越差，越大越容易贫穷。虽然大的事物由于惯性作用不会一下子倒塌，但同样也不可能一下子转好。由于太过庞大，所以无论是前进还是后退，都会受到自身惯性的拖累而难于灵活自如地生存和发展。

弟子：如何处理大与小的关系呢？

老师：顺其自然，能大则大，不能大就尽可能经营好现有的小。大有大的优势，小有小的活力。小比大更具有生命力和发展潜力。因此，正确处理好大与小的关系，准确定位大与小，才能实现真正的长治久安。

使民常有什伯之器而不用，使民重死而不远徙。虽有舟舆，无所乘之；虽有甲兵，无所陈之

弟子：有东西不用，为什么呢？

老师：因为根本不需要使用。一切应有尽有，自给自足，人们不再对外物有过多的需要，外物或器具即使存在，也没有必要去使用。

弟子：一切应有尽有，怎么可能呢？人不去努力劳作，不去生产创造，哪来那么多现成的有呢？

老师：在目前看来是不可能，然而并不是未来不可能实现。随着科学技术的进步和发展，人类完全能够制造出各种各样人工的替代物，通过各种机器或机器人的劳作，来创造人类所需要的一切，那时无须人类付出多少努力，就能够获得想要的一切。

弟子：如此看来，还真的存在这种可能性啊，那时候就能够真正地实现共产主义了。

老师："在人类的原始社会，就是这样的一种共产主义的生存状态啊。

弟子：那毕竟是人类生产和发展的初级阶段，人类没有条件也没有可能拥有过多的东西，那是由当时人类的客观现实所决定的，并不是人本身就想那样。

老师：虽然在远古时期，人类的生存条件和物质条件不如现代人，然而他们却具有现代人所不具有的公平和谐共处的大同思想，拥有公正无私的共产主义观念，拥有人人为我，我为人人的共同目标追求，拥有现代人所不具有的快乐、稳定与和谐。

弟子：是啊，人类越发展，自我意识越强，越是自私和残酷，就越是痛苦和失衡，为什么呢？

老师：都是因为人过分追求物质的占有，财富的拥有，功名的成就和利益的最大化。人把自己所有的时间和精力全部用在了外在功名利禄的追求和获取上，用在了自我本能欲望的满足上，用在了如何巧取豪夺剥削榨取上，用在你死我活的竞争上，因而为外物所役，迷失了自我。

弟子：现在越来越多的人，感觉自己终其一生不知是为了啥拼命，人活着究竟是为了什么。

老师：那是因为人类离生养自己的自然越来越远了。人类本来是要依赖自然才能蓬勃发展的，如今却转变为依赖外物而生存和发展。外物总是发展变化的，总是生生灭灭的，是人终生所能依赖的吗？人，外在物质财富能够满足自身温饱和日常取用就可以了，超出这个限度，人必然就开始骄奢淫逸，开始追求享乐，开始追求刺激，开始作奸犯科等。总之，人对外在物拥有的越多，能学好做好事的可能性越小，邪恶和逆道的可能性越大，最终自己把自己送上了不归路。

弟子：为什么会这样呢？

老师：现代人之所以迷失，之所以痛苦，就是外求过度造成的。人变成了追求外物的机器或奴隶，没有了真正属于自己的自由、空间和独立性，哪来的快乐和幸福呢？

弟子：也就是说，现代人离道越来越远了啊，人应当怎么做才能找回久违的快乐和幸福呢？

老师：很简单，返璞归真，亲近自然，修身悟道就好了。

弟子：人类已经在错误的道路上迷失很久了，想返璞归真，哪那么容易啊？

第八十章 小国寡民

老师：简单的事情不容易，容易的事情不简单。人类一切的一切，都取决于他的思想认知，解决了人的思想认知问题，就能够解决人的几乎一切问题。人类并非不能返璞归真，也并非不能亲近自然，而是人类受到世俗功利的驱使，不愿意也不想那么做而已。

弟子：如何解决人的思想认知问题呢？

老师：让人们行善积德，内求修身，遵道顺德，一切自然而然就能够解决。

弟子：最终人还是回归自然，与道相合吧。

老师：顺道者昌，逆道者亡，这是千古不变的规律。

弟子：为什么人重视生命了就不向远方迁移了呢？

老师：一个人在一个地方活得好好的，干吗要瞎折腾呢？

弟子：这与重视生命有什么关联吗？

老师：人一旦重视生命，必然更加关注稳定和安全。人在什么情况下才会选择向远方迁移呢？

弟子：通常情况下都是感觉没有安全感，或者活不下去，或者远方有更好的生活等着他等原因吧。

老师：趋利避害是人的本性。民众行动的根本前提，就是自身的安全保障问题，如果没有安全保障，必定会选择逃离；如果衣食无忧，安全有保障，让他们随便迁移也做不到。

弟子：为什么呢？

老师：因为人在一个地方生活久了，对当地的环境和外部条件都比较熟悉，都能够较好地把握。人到了陌生的地方，能有安全感吗？他的生命能有可靠的保障吗？

弟子：无利不起早，无利不远行，一切都是利益在作怪吧。

老师：因利而动，那不是重视生命，而是属于"人为财死，鸟为食亡"的行径。重视生命的人，总会把个人安全和生存保障作为一切思想和行为的出发点，不会因利而冒险，更不会为利而把自己置身于一个捉摸不定、变化莫测的环境之中。因此，重视生命的人，通常是不会选择向远方迁移的。

使民复结绳而用之

弟子：这是倡导人们放弃现代的科学技术成果，回归到原始状态中去吗？

老师：别说倡导，即便是强行逼迫，又能回得去吗？

弟子：无论如何，也不可能让现代人回归原始人的生活状态，那老子这个提法究竟是什么意思呢？

老师：本质就是返璞归真，要求人们在日常生活中，要以诚相待，以真行为，而不是巧智奸诈邪恶，人不成人，兽不成兽。

弟子：真的，现代的人，自己的作为往往把自己陷入不人不兽的尴尬境地，甚至会让人觉得连禽兽都不如，难道都是社会混乱，奸诈邪恶盛行的缘故吗？

老师：那是因为整个社会失去了本真，失去了人与人之间最起码的信任，失去了公平心对待一切的意识，失去了善的根基。

弟子：就是因为人类逆道的缘故吧。

老师：一是一，二是二，真实可信，在现代早已经难能可贵了。公、正、和、平、真、善、美等人类积极正能量的品质，都是建立在与道相合基础之上的。人一旦开始逆道，一切都会变质，这是人类在自取其祸。

弟子：人类为什么总是把自己向毁灭的道路上推呢？

老师：那是人类把自己的生命寄托在外，放弃自我身心和谐统一的结果。

弟子：这岂不是人的精神和肉体处于分离状态了？

老师：人迷失了自我，就是自我身心的分离。当人处于肉体和精神分离的状态时，人能和谐快乐幸福吗？

弟子：人的肉体和精神本来就是统一的，现在却人为地强行把它们分开了，这真是太可怕了，这就是一切祸患的根源吧。如何解决这一问题呢？

老师：人是道的化身，人本身什么都具备，只是人不愿意也不知道寻找而已。一切都在自己身心之中，只要静定身心，内求悟道，那么一切问题都能得到圆满解决。

弟子：人都在向外寻找快乐，岂不知快乐就在自己心中；人都在向外寻找自我，却不知道自我就在自己内心深处；人都在向外寻求和谐统一，却不知道和谐本来就在人的身体里。拥有宝贝却不知道寻找和拥有，却拼命地向外索求，真是本末倒置啊。

第八十章 小国寡民

老师：人的身体是人一切的根本，丢掉自己去追求外物，能得到吗？因此，人最理想的生存模式是首先经营好自己，使自己身心和谐统一，快乐幸福，然后再追求外在的成功和成就，而不是脱离根本去追求那些本不属于自己的东西。

弟子：这也就是儒家所倡导的"修身，齐家，治国，平天下"的人生递进阶梯啊。

老师：天下本一统，万性终归一。

甘其食，美其服，安其居，乐其俗。邻国相望，鸡犬之声相闻，民至老死不相往来

老师：这是老子终极的理想国。

弟子：这理想国确实令人神往啊。

老师：在理想的国度里，人们拥有丰富的精神世界，拥有充实、欢乐、祥和的现实世界，拥有完美的社会风俗和文化生活，没有阶级，没有剥削，没有压迫，没有战争和掠夺，没有贫富分化，没有功名利禄之争，没有邪恶和违法犯罪，人民生活富足，一切自给自足，是一个真正意义上的共产主义社会和天下大同。

弟子：既然人类已经实现了天下大同，为什么国与国之间老死不相往来呢？

老师：相互往来干什么呢？

弟子：彼此互通有无，共同进步和发展啊。

老师：一切已经应有尽有，已经天下大同，已经实现了人与人之间的平等无差别，还要发展什么呢？还要向哪前进呢？难道准备去外太空定居吗？

弟子：人类总要不断地前行和发展吧。

老师：在理想的社会中，人的精神和肉体统一和谐，人与自然相伴相生，和谐共存，人类幸福快乐圆满，始终走在合于道的阳光大道上，人类的前进和发展是自然而然的，是一种真正意义上的和谐发展，长生久视。

「第八十一章」信言不美

一、原文

信言不美，美言不信；善者不辩，辩者不善；知者不博，博者不知。圣人不积，既以为人，已愈有；既以与人，已愈多。天之道，利而不害；圣人之道，为而不争。

二、译文

真实的语言不华丽，华丽的语言不真实。善良的人不巧辩，巧辩的人不善良。智慧的人不广博，广博的人不智慧。圣人不私自积藏，尽力帮助别人，自己反而更富有；尽力给予别人，自己反而更丰富。自然的法则是利益万物而不妄加伤害；圣人的法则是施惠众人而不与人相争。

三、演义

信言不美，美言不信

弟子：这个论断似乎有点过于绝对吧。

老师：看似绝对，实则最为真实。孔子说："巧言令色，鲜矣仁。"庄子说："道隐于小成，言隐于荣华。"真实可信的言辞，都是实事求是，反映的是现实生活中实实在在的事物或信息，没有功名利禄的影响和左右，根本不需要，也不能够对之进行修饰，所以并不会华美诱人。而无论何种言辞，一旦被人主观修饰或包装，就必定会掺杂个人的主观意愿成分，使言辞失去真实。而且，但凡对言辞进行修饰和包装的人，大多存在功名利

第八十一章 信言不美

禄贪欲之心，为了达到某一目标或结果而故意为之，自然不会真实可靠。人的任何言辞，一旦掺杂入人的主观意愿或意志，就必定失真虚假，这是规律。

弟子：在现实社会中，大部分人还是喜欢听美言，厌恶听真言，为什么呢？

老师：人天生具有被人尊重的渴求，具有期望他人认可的欲望，具有成为重要人物的梦想。在人的这种本能欲望的支配之下，人总会自觉不自觉地喜欢和相信那些对自己美言者，而极端厌恶真言和忠言。因为真言和忠言直指他的弱点和缺陷，打击他的自尊，使他自认为没有面子，没有尊严，个人的能力受到质疑，怎么可能不厌恶、不讨厌呢？

弟子：可那些明明是假的、不真实的啊，有的还是别有用心甚至是邪恶的呢？

老师：普通人缺乏智慧，不具备辨别真假善恶的能力，一切依自己惯常的行为习惯和模式生存，一切以自己的喜怒哀乐为转移。他们是依据自身本能而活的，在人本能的控制之下，当然是能够满足本能欲望的事物讨自己喜欢，违背本能欲望的事物令自己厌恶，哪管什么真的假的，善的恶的，有心还是无心呢？

弟子：只依据自己本能生活的人，跟动物有什么两样呢？人的主观能动性，人的高贵不是被埋没了啊。

老师：受本能和习惯支配而生存的人，其实也不想这样，只是他没有智慧和能力去改变，他并不知道如何去识别真假，辨别善恶，分清有无，只能由着自己的性子生存，这是由他们的认知所决定的。

弟子：是不是人天生就有分别，有的人有智慧，有的人就普通，甚至有的人就傻呢？

老师：只要是身体机能正常的人，生下来都是一样的，并没有天生好坏善恶之别。

弟子：那为什么人的差别那么大呢？

老师：那是因为他们在成长过程中所受的教育、影响，所习得的行为模式和习惯，以及自我选择的道路和努力的方向存在差异。

弟子：人的差异来自后天，而不是先天吗？

老师：是的，人的差异来自人后天的学习、努力和坚持，与先天关系真的不是很大，除非那些天生有缺陷的人，才是真正天生就与常人有差异的人。

弟子："由此看来，但凡普通人，都是后天不学习或者学习很少的人吗？

老师：但凡后天沉迷于个人享乐，沉迷于追求外物的占有，沉迷于个人私利的满足，而放松学习和成长，忽略修身和养德，那么他注定就是俗人一个。

弟子：也就是说，人天生都一样，只是后天由于个人选择生活道路和习惯的不同，而把自己的智慧给埋没了，因而才变得俗不可耐的吗？

老师：智慧人人都有，人人都能成为圣贤，只是很少有人真的能够效法圣贤并始终如一地坚持做下去而已。

弟子：人完全能够开智慧，只要能够坚持学习和修身悟道。

老师：只要人能够始终坚持走在正道上，能够不断地学习提升，修身悟道，遵道顺德，那么他非但一定会开智慧，而且完全能够成为圣贤之人。

弟子：既然人人拥有智慧，为什么人还会被美言所迷惑呢？

老师：那是因为智慧未开，只要人的智慧一开，所有的美言都会在第一时间现出原形，再华丽的言辞，也不会对他产生影响和作用。

弟子：智慧才是人生的指路明灯啊。

老师：智慧是人安身立命的法宝，也是人区别于物的根本标志。

善者不辩，辩者不善

老师：善良是指人心地纯洁，正直无私，利他为人。邪恶是指人自私不正而且凶恶。真正善良的人，内心纯正无私，公平和善，犹如圣洁的佛，一切尽在不言中。他们由于本性仁慈博爱，与人为善，所以他们总是有益于人，总是对他人存有包容宽大之心，不会与别人斤斤计较，更不会为了一己私利而与别人争辩，因为他们根本不可能巧言善辩。而那些巧言善辩之人，总是以自我为中心，以自我贪欲的满足为第一要务，追求功名利禄是他们的一贯作风和行为，所以，他们在现实生活中，无论遇到什么样的人，无论面对什么样的事，总是要争个高低上下，总是要想方设法增加自己的优势，增强自己的影响力和控制力，增加自我对财富或名誉的占有量。因此，只有心地不端，自我迷失，心存恶意，自私自利的人，才会

以与他人争辩斗狠为能事。

弟子：如此看来，善良的人不是不能辩，而是不屑辩。

老师：正和善，使善良的人根本无须去辩；只有邪和恶，才依靠与他人争口舌之先来赢得虚假的满足和胜利。

弟子：口胜并非真胜，品胜才是真胜。

老师：争辩如同面对面争斗或战争，必然是两败俱伤，没有任何一方是胜利者，因此，善良的人是不会选择做这样的傻事的。

弟子：争辩容易激发情绪，容易冲动，最后演变成人格上的攻击和尊严上的伤害。

老师：正的无须争，争的难端正。为了不端的事物去争辩，怎么可能得到端正呢？怎么可能有真正的胜利呢？又辩来辩去干什么呢？"言多必失""祸从口出"的古训还不够清楚明白吗？

弟子：语言胜似利箭，能直射人的内心而使人久久不能平复。

老师：人的语言有正能量的语言和负能量的语言之分。正能量的语言是有益于人的，能给人带来快乐和助益；而负能量的语言，是有损于人的，会直接伤害人脆弱的心灵，使人痛苦、使人疯狂。

弟子：为什么负能量的语言对人的伤害那么厉害呢？

老师：因为人的智慧未开，正能量不足，内心端正不足、邪恶有余，是自己主动让他人的语言伤害自己的，并不是别人的语言真的有那么大的杀伤力。

弟子：怎么可能呢？谁会主动让他人的语言来伤害自己呢？那岂不是很愚蠢，很傻？

老师：但凡能够被他人的语言所伤害的人，即便不愚蠢，不傻，也好不到哪里去。试想，别人的语言只不过是他的主观意念，只是他嘴动动而发出的声音而已，如何又能够伤害到自己呢？

弟子：由此看来，人会受到语言的伤害，根本原因还是在自己，是自己受到对方语言信息的提示，进而触发自我内心的自虐程序，并引发连锁反应啊。

老师：如果人内心没有相应的自虐程序，外来的语言信息会起作用吗？一声鸟叫，一串爆竹声响，一阵风的呼啸声等，能够造成人内心的伤害吗？

弟子：当然不能，如果什么声音都能伤害人，那人早就没法活了。

老师：既然世界上绝大多数的声音都不能伤害到人，那仅仅是人的只言片语，如何又能对人造成伤害呢？这不是自作自受是什么？

弟子：因他人的语言而自我伤害的人，真是愚蠢透顶，如何能避免他人语言的伤害呢？

老师：做一个善良的人，做一个学习完善的人，做一个行善积德的人，做一个修身悟道的人，做一个智慧的人。一句话，做一个堂堂正正的君子。

弟子：要想解除他人语言上的伤害，关键还是自我内修和完善啊。

老师：内心纯正强大了，一切外来的语言只是信息或噪音，对自己不会造成任何的影响和干扰。如果内心不正，那么即便是风吹草动，也能影响到他，伤害到他。

知者不博，博者不知

老师：智慧，本质就是人的真知灼见，是能够透过现象看到本质的能力。有真知灼见的人，深明大自然的法则和道的规律，能够从普遍现象中发现事物的本质。世界本原是相同的，万事万物都由道而生，万物同宗，故而人往往精通一门技艺，其他技艺对他来说往往就不再是难事，一通百通，一能百能，道理就在于此。所以，真正有真知灼见的人，根本不需要从外界获得过多的书本知识或他人的经验，自己的认知和洞察能力，能够保证他安全顺利地应付任何事情。而那些执着于书本知识和他人经验理论学习的人，由于过多过滥地将各种各样的知识和思想装进自己的头脑，一方面存在理论、知识或经验不兼容，甚至相互排斥，相互制约，相互影响问题；另一方面也因自己无法全部消化吸收，导致消化不良，思想混乱。如何能够静下心来修身悟道，获得真知呢？所以，人只要不能将所学的知识消化吸收，那么学得越多，往往越混乱，越没有自我真实的思想和理论。一旦把记忆和转述别人的语言和思想当成习惯，就再也没有自己了，成了他人思想言论的传声筒，哪里还会有真知灼见呢？

弟子：也就是说，人的智慧来自于自我的修为和体悟，而不是更为广博的外部知识吗？

老师：宋代诗人陆游在《冬夜读书示子聿》中说："纸上得来终觉浅，绝知此事要躬行。"毛泽东主席也讲："实践出真知。"自然的才是最美的，

人的真知来源于自我的实修实证。智慧是不能仅凭主观愿望、主观想象来辨别和成就的，也是很难从纸上直接得来的。

弟子：并不是知道得多就是有才，而是有智慧才叫有才啊。

老师：真正的才能源自于对宇宙自然规律性的理解和把握，能够通过事物的纷繁乱象直接抓住事物的本质，而不会为外在乱象所干扰和迷惑。大道至简，真正有才能的人往往非常专而简，而不是博而多。万事万物都归于一个道，通晓了道，难道不能直接推知万事万物吗？还需要通过学习和掌握万事万物的相才能知晓万事万物吗？

弟子：看来普通人都做错了，都直接在相上下足了功夫，结果非但什么也没得到，反而把自己搞丢。

老师：在宇宙自然中，人是那么微不足道，人有多大的精力和能力，来学习和掌握宇宙自然的知识呢？任何一个领域，无论人有多高的智商和多大的能力，都不可能达到最极致的境界，更何况是面对万事万物呢？

弟子：博学并不一定是好事情，很多时候会直接把人带入迷途。

老师：老子提倡"少则得，多则惑。"以一个人一生有限的时间和精力，能够在某一个领域专精进去，就已经非常成功和伟大了，为什么一定要广种薄收呢？当然，对于在某个领域已经达到一定造诣的成功者来说，他涉足多个领域并不足为奇。因为宇宙自然一通百通，一会百会。他能在一个领域学好学精，就能用同样的方法，学精学好其他领域的知识。

圣人不积，既以为人，已愈有；既以与人，已愈多

老师：圣人与道相合，应有尽有，根本无须私藏什么。

弟子：这就更让人疑惑了，圣人怎么可能应有尽有呢？

老师：孔子富有吗？

弟子：孔子一生穷困潦倒，没有物质和财富的富余。

老师：后世的中国人，乃至天下人都尊崇孔子，信奉孔子，你说孔子是富有还是贫穷呢？

弟子：从这个层面看，他比任何人都富有。

老师：孔子身虽不存，但是精神却永远活在人们的心中，获得了真正的永生，他能算贫穷吗？

弟子：历史上那些富得流油的人，没有一个能达到永生的，往往很快就被历史的车轮所碾灭。

老师：老子、孔子和毛泽东等圣人或伟人，他们拥有了天下，因而根本不是贫穷；他们获得了永生，因而最为富有。这是圣人或伟人的功德，是人类对圣人或伟人的最高褒奖。

弟子：圣人尽力帮助别人，怎么反而会更富有呢？

老师：自然万物都是相互依存，互为补充，互为辅助的，共同遵循作用力与反作用力的规律。舍得舍得，有舍才有得；得失得失，有得必有失；给予必有回报，贪得必有损出。圣人尽力帮助众人，众人受到圣人帮助之后，反作用于圣人，即反给予圣人的助益，却是难以估量了；圣人以一给众，个人能得到多少呢？众人以众给一，哪怕每个人的给予都微不足道，当汇合于圣人一人，积少成多，聚沙成塔，也会多到不敢想象，圣人怎么可能会不富有呢？

弟子：之前讨论过，人首先要经营好自己，善待自己，才能给予他人。圣人们好像从来不珍爱自己，但他们却在无止境地给予他人，他们的给予是从何而来呢？

老师：圣人遵道顺德，言行合于道。道是宇宙万物的主宰，圣人是道的代言人，能说圣人欠缺什么吗？能说圣人没有什么吗？圣人不珍爱自己，自然有道珍爱，有民众珍爱；圣人不经营自己，因为他根本无须经营，无须成就。

弟子：经营好自己，给予自己拥有的，而不能给别人自己没有的，并不是对圣人而言的吧。

老师：那自然是针对普通的世人而言的，圣人应有尽有，根本没有有和无的概念。所谓圣人的有和多，也是通过普通世俗之人的眼光来观察和了解的，本质上圣人什么都拥有，无所谓世人所看到的有和多。

弟子：但凡存在有和无，我和他之别的人，都是普通世俗之人吗？

老师：道无好坏、善恶、你我、有无之分，道本身应有尽有，包含一切，因此，只有做到真正的无分别心，才是真正的入道，才能成为真正意义上的圣人。

天之道，利而不害；圣人之道，为而不争

老师：世界上大多数人都生活在功名利禄的纠缠迷乱之中，总是自私利己，付出总要欲求回报。而利己必然妨害他人或他物，必然存在争斗和摩擦，如何能做到利而不害呢？又如何能做到为而不争呢？

弟子：看来只有圣人才能做到啊。

老师：只要是遵道顺德的人，都能够做得到。

弟子：真是益世恒言啊！

老师：道不远人，人不离道，道尊和生，道即生活。德不远身，身不离德，德贵睦成，德即生命。

弟子：道德活命？

老师：命活道德！